(사)한국어문회 주관 | 국가공인급수

한자능력 검정시험

3급Ⅱ

기출·예상 문제집

배정한자 + 기출문제 완벽 반영!
예상문제 13회 + 기출·예상문제 5회 수록!

- 한자어의 이해와 활용능력을 길러주기 위한 다양한 유형의 문제 수록
- 본 시험과 같은 유형의 기출·예상문제 수록
- 실제 시험처럼 연습할 수 있는 답안지 수록

머리말

한자능력검정시험 3급 Ⅱ 기출·예상문제집

문자는 언어를 체계화하여 인간의 내면세계를 구체화하고 서술하는 데에 필요한 도구이다. 따라서 한 나라의 문자 정책은 그 나라의 이상과 추구를 구체화하며 아울러 세계 인류의 의식세계를 교류하는 데에 가교架橋 역할을 한다.

지금 우리나라는 문자 정책의 혼선으로 말미암아 어문 교육 정책은 실마리를 찾지 못하고 있으며, 사회 각처에서의 언어적 무가치와 무분별한 외래어 남용을 해소할 수 없어 내 나라 내 글인 한국어의 우수성을 저버리고 있다.

새삼 한국어의 구성을 강조하지 않더라도 한국어는 한자와 한글로 구성되었음은 누구나 아는 사실이다. 특히 그 구성에 있어서 한자 어휘가 약 70% 이상을 차지하고 있으므로 한자와 한글을 따로 떼어서 교육하려는 것은 굴대에서 바퀴가 빠진 수레를 몰고자하는 것과 같다. 그럼에도 불구하고 학자들 간의 이권利權으로 말미암아 어문 정책이 양분되어 논쟁을 벌이는 것은 불필요한 지식 소모에 지나지 않는다.

이로 인하여 **(사)한국어문회**에서는 우리글인 한국어를 올바로 인식시키고, 고급 지식의 경제 생산을 이룩하기 위하여 초등학생부터 일반인에 이르기까지 '한자능력검정시험'을 시행하고 있다. 매년 수험생이 증가하고 있어 다행한 일이라 여겨지기는 하나 전국민이 학교의 의무 교육으로부터 올바른 한국어 교육을 받을 수 있도록 정책을 세우는 것보다는 못할 것이다.

한편 사회 각처에서 국한國漢혼용의 필요성이 대두되면서 한자교육학회의 난립과 한자검정시험이 난무하고 있어, 오랜 세월 학자들이 주장해온 국한 혼용의 본래 취지와 한국어 교육의 참뜻을 저해할까 두려운 마음이 앞선다.

다행히 무분별한 외래문화의 수용 속에서 우리 것을 바로 알고 지켜나가는 **(사)한국어문회**가 어문 정책의 일환으로 추진하는 '한자능력검정시험'이 꾸준히 뿌리를 내리고 있어 한결 마음 뿌듯하며, 한국어 학습자와 수험생에게 조금이나마 보탬이 되고자 이 책을 펴낸다.

원 기 춘

차 례

시작하기 전에

01 본 문제집은 급수별 시험에 대비하는 학생이나 사회인이 한자어의 이해와 활용 능력을 기르는 데에 도움이 되도록 엮은 것이다.

02 본 문제집은 (사)한국어문회에서 주관하고 한국한자검정회에서 시행하는 한자능력검정시험의 출제유형에 따라 예상문제와 기출·예상문제를 구성한 것이다.

03 본 문제집은 한자능력검정시험과 같이 문제지와 답안지를 별도로 수록하여, 본 시험에 대비해 보다 실전에 가까운 체험을 할 수 있도록 꾸며졌다.

04 본 문제집은 먼저 답안지에 1차 답안을 작성하여 채점한 후에 틀린 부분을 문제지에서 다시 풀어 볼 수 있도록 구성하였다.

05 본 문제집의 예상문제는 출제기준에 따라 각 급수에 배정된 한자의 범위 안에서 엮은 것으로, 본 시험에 가깝게 난이도를 조정하였으며 별도로 정답과 해설을 수록하여 문제의 이해를 높이려고 하였다.

06 (사)한국어문회에서 주관하고 한국한자검정회에서 시행하는 한자능력검정시험은, 급수별로 8급(50자) / 7급Ⅱ(100자) / 7급(150자) / 6급Ⅱ(225자) / 6급(300자) / 5급Ⅱ(400자) / 5급(500자) / 4급Ⅱ(750자) / 4급(1,000자) / 3급Ⅱ(1,500자) / 3급(1,817자) / 2급(2,355자) / 1급(3,500자) / 특급Ⅱ(4,918자) / 특급(5,978자) 등에 배정된 한자의 범위에서 출제되고 있어서 국내 여러 한자검정시험 중 급수별로 가장 많은 배정한자를 지정하고 있다.

07 한자 관련 시험의 종류로는 (사)한국어문회에서 주관하고 한국한자능력검정회에서 시행하는 한자능력검정시험과 국내 각종 한자자격시험 및 한자경시대회 등이 있다.

출제기준

- 상위급수 한자는 모두 하위급수 한자를 포함하고 있습니다.
- 쓰기 배정 한자는 한두 급수 아래의 읽기 배정한자이거나 그 범위 내에 있습니다.
- 공인급수는 특급 ~ 3급II이며, 교육급수는 4급 ~ 8급입니다.
- 출제기준표는 기본지침자료로서, 출제자의 의도에 따라 차이가 있을 수 있습니다.
- 급수는 특급, 특급II, 1급, 2급, 3급, 3급II, 4급, 4급II, 5급, 5급II, 6급, 6급II, 7급, 7급II, 8급으로 구분합니다.

구분	특급	특급II	1급	2급	3급	3급II	4급	4급II	5급	5급II	6급	6급II	7급	7급II	8급
독음	45	45	50	45	45	45	32	35	35	35	33	32	32	22	24
한자쓰기	40	40	40	30	30	30	20	20	20	20	20	10	0	0	0
훈음	27	27	32	27	27	27	22	22	23	23	22	29	30	30	24
완성형(成語)	10	10	15	10	10	10	5	5	4	4	3	2	2	2	0
반의어(相對語)	10	10	10	10	10	10	3	3	3	3	3	2	2	2	0
뜻풀이	5	5	10	5	5	5	3	3	3	3	2	2	2	2	0
동음이의어	10	10	10	5	5	5	3	3	3	3	2	0	0	0	0
부수	10	10	10	5	5	5	3	3	0	0	0	0	0	0	0
동의어(類義語)	10	10	10	5	5	5	3	3	3	3	2	0	0	0	0
약자	3	3	3	3	3	3	3	3	3	3	0	0	0	0	0
장단음	10	10	10	5	5	5	3	0	0	0	0	0	0	0	0
한문	20	20	0	0	0	0	0	0	0	0	0	0	0	0	0
필순	0	0	0	0	0	0	0	0	3	3	3	3	2	2	2
출제문항(計)	200			150			100				90	80	70	60	50
합격문항	160			105			70				63	56	49	42	35
시험시간(분)	100	90		60			50								

- 한자능력검정시험은 《(사)한국어문회》가 주관하고, 《한국한자능력검정회》가 1992년 12월 9일 전국적으로 시행하여 현재에 이르기까지 매년 시행하고 있는 국내 최고의 한자자격시험입니다. 또한 시험에 합격한 재학생은 내신 반영은 물론, 2000학년부터 3급과 2급 합격자를 대상으로 일부 대학에서 특기자 전형 신입생을 선발함으로써 더욱 권위있고 의미있는 한자자격시험으로 인정받고 있습니다.
- 《(사)한국어문회》는 1992년 6월 22일에 문화부 장관 인가로 발족하고, 그 산하에 《한국한자능력검정회》를 두고 있습니다.
- 한자능력검정시험은 국어의 전통성 회복과 국어 생활을 바르게 하는 데에 그 목적이 있습니다. 따라서 시험에 출제되는 내용은 교과서·교양서적·논고 등에서 출제될 것입니다.

참다운 실천

왕수王壽라는 사람이 책을 짊어지고 周나라로 가던 途中에 은사隱士인 서풍徐馮을 만났다. 서풍이 왕수에게 말했다.

"일이라는 것은 實踐하는 것이오. 같은 일을 해도 때에 따라 그 結果가 다르기 때문에 언제나 똑같이 處理할 수는 없는 법이오. 책이라는 것도 옛사람의 말을 記錄해 놓은 것으로, 말이란 다만 知識에서 비롯된 것이오. 그러므로 옳게 아는 사람은 책 따위에 기대지 않는 법인데, 그대는 어찌하여 책을 짊어지고 다니는 것이오?"

그 말을 들은 왕수는 짊어졌던 책을 모두 불살라 버리고 기뻐하며 덩실덩실 춤을 추었다.

眞正한 지식을 갖춘 사람은 말로만 가르치지 않고, 智慧있는 사람은 책을 쌓아 두고 배우지 않는다고 하였다.

이후 왕수는 크게 깨닫고 바른 길로 돌아와 새로운 것을 배웠다.

－『韓非子』, 「喻老篇」 중 －

승리를 위해

조趙나라 경대부卿大夫인 양주襄主는 왕량王良에게서 말馬을 부리는 技術을 배웠다. 그는 아직 熟達되지 못했음에도 不拘하고 왕량에게 試合을 하자고 하였다. 양주는 말을 세 번이나 바꿔 탔는데도 결국 지고 말았다.

그러자 양주가 말했다.
"그대는 나에게 제대로 가르쳐 주지 않은 것 같다."

왕량이 對答했다.
"기술은 이미 가르쳐 드렸는데, 그 方法이 잘못된 것입니다. 말을 부림에 있어서 가장 重要한 것은 말과 수레가 一致해야 하고, 또 부리는 사람과 말의 마음이 調和를 이루어야 하는 것입니다.

그러나 지금 양주께서는 뒤지면 앞지르려고 초조焦燥해 하고, 앞지르면 뒤떨어질까 걱정했습니다. 하지만 말을 달려 먼 곳까지 競走를 하려면 앞설 때도 있고, 뒤떨어질 때도 있습니다.

당신께서는 앞설 때나 뒤질 때나 늘 마음이 저에게 쏠려 있으니, 그래서야 어찌 말과 一致되어 調和를 이룰 수 있겠습니까? 그런 까닭에 저에게 진 것입니다."

– 『韓非子』, 「喩老篇」 중 –

급수별 배정한자(가나다 순)

ː표는 長音, ‣표는 長·短音 漢字임

8급 배정한자

教	가르칠	교ː	攴-총11획
校	학교學校	교ː	木-총10획
九	아홉	구	乙-총 2획
國	나라	국	口-총11획
軍	군사軍士/軍事	군	車-총 9획
金	쇠	금	
	성姓	김	金-총 8획
南	남녘	남	十-총 9획
女	계집	녀	女-총 3획
年	해	년	干-총 6획
大	큰	대‣	大-총 3획
東	동녘	동	木-총 8획
六	여섯	륙	八-총 4획
萬	일만	만ː	艸-총13획
母	어미	모ː	毋-총 5획
木	나무	목‣	木-총 4획
門	문	문	門-총 8획
民	백성百姓	민	氏-총 5획

白	흰	백	白-총 5획
父	아비	부	父-총 4획
北	북녘	북	
	달아날	배	匕-총 5획
四	넉	사ː	口-총 5획
山	메	산	山-총 3획
三	석	삼	一-총 3획
生	날	생	
	낳을	생	生-총 5획
西	서녘	서	襾-총 6획
先	먼저	선	儿-총 6획
小	작을	소ː	小-총 3획
水	물	수	水-총 4획
室	집	실	宀-총 9획
十	열	십	十-총 2획
五	다섯	오ː	二-총 4획
王	임금	왕	玉-총 4획
外	바깥	외ː	夕-총 5획
月	달	월	月-총 4획
二	두	이ː	二-총 2획

人	사람	인	人-총 2획
日	날	일	日-총 4획
一	한	일	一-총 1획
長	긴	장‣	長-총 8획
弟	아우	제ː	弓-총 7획
中	가운데	중	丨-총 4획
青	푸를	청	青-총 8획
寸	마디	촌ː	寸-총 3획
七	일곱	칠	一-총 2획
土	흙	토	土-총 3획
八	여덟	팔	八-총 2획
學	배울	학	子-총16획
韓	나라	한‣	
	한국韓國	한‣	韋-총17획
兄	형	형	儿-총 5획
火	불	화‣	火-총 4획

※ 8급은 모두 50자입니다. 8급 시험에서 한자쓰기 문제는 출제되지 않습니다.
하지만, 8급 한자는 모든 급수의 기초가 되므로 많이 읽고 그 쓰임에 대하여 알아보는 것이 중요합니다.

7급Ⅱ 배정한자

家	집	가	宀－총10획
間	사이	간▸	門－총12획
江	강	강	水－총 6획
車	수레	거	
	수레	차	車－총 7획
空	빌[虛空]	공	穴－총 8획
工	장인匠人	공	工－총 3획
記	기록할	기	言－총10획
氣	기운氣運	기	气－총10획
男	사내	남	田－총 7획
內	안	내ː	入－총 4획
農	농사農事	농	辰－총13획
答	대답對答	답	竹－총12획
道	길	도ː	
	말할	도ː	辶－총13획
動	움직일	동ː	力－총11획
力	힘	력	力－총 2획
立	설	립	立－총 5획
每	매양每樣	매▸	毋－총 7획
名	이름	명	口－총 6획
物	물건物件	물	牛－총 8획
方	모[四角]	방	方－총 4획
不	아닐	불	一－총 4획
事	일	사ː	亅－총 8획
上	윗	상ː	一－총 3획
姓	성姓	성ː	女－총 8획
世	인간人間	세ː	一－총 5획
手	손	수▸	手－총 4획
時	때	시	日－총10획
市	저자	시ː	巾－총 5획
食	먹을	식	
	밥	사/식	食－총 9획
安	편안便安	안	宀－총 6획
午	낮	오ː	十－총 4획
右	오를	우ː	
	오른(쪽)	우ː	口－총 5획
自	스스로	자	自－총 6획
子	아들	자	子－총 3획
場	마당	장	土－총12획
電	번개	전ː	雨－총13획
前	앞	전	刀－총 9획
全	온전	전	入－총 6획
正	바를	정▸	止－총 5획
足	발	족	足－총 7획
左	왼	좌ː	工－총 5획
直	곧을	직	目－총 8획
平	평평할	평	干－총 5획
下	아래	하ː	一－총 3획
漢	한수漢水	한ː	
	한나라	한ː	水－총14획
海	바다	해ː	水－총10획
話	말씀	화	言－총13획
活	살[生活]	활	水－총 9획
孝	효도孝道	효ː	子－총 7획
後	뒤	후ː	彳－총 9획

※ 7급Ⅱ는 8급[50자]에 새로운 한자 50자를 더하여 모두 100자입니다.

7급 배정한자

歌	노래	가	欠－총14획
口	입	구▸	口－총 3획
旗	기	기	方－총14획
冬	겨울	동▸	冫－총 5획
洞	골	동ː	
	밝을	통ː	水－총 9획
同	한가지	동	口－총 6획
登	오를[登壇]	등	癶－총12획
來	올	래▸	人－총 8획

老	늙을	로:	老–총 6획
里	마을	리:	里–총 7획
林	수풀	림	木–총 8획
面	낯	면:	面–총 9획
命	목숨	명:	口–총 8획
文	글월	문	文–총 4획
問	물을	문:	口–총11획
百	일백	백	白–총 6획
夫	지아비	부	大–총 4획
算	셈	산:	竹–총14획
色	빛	색	色–총 6획
夕	저녁	석	夕–총 3획
所	바	소:	戶–총 8획
少	적을[젊을]	소:	小–총 4획
數	셈	수▸	
	자주	삭	攴–총15획
植	심을	식	木–총12획
心	마음	심	心–총 4획
語	말씀	어:	言–총14획
然	그럴	연	火–총12획
有	있을	유:	月–총 6획
育	기를	육	肉–총 8획
邑	고을	읍	邑–총 7획

入	들	입	入–총 2획
字	글자	자	子–총 6획
祖	할아비	조	示–총10획
住	살	주:	人–총 7획
主	임금	주	
	주인主人	주	丶–총 5획
重	무거울	중:	里–총 9획
地	땅[따]	지	土–총 6획
紙	종이	지	糸–총10획
川	내	천	巛–총 3획
千	일천	천	十–총 3획
天	하늘	천	大–총 4획
草	풀	초	艸–총10획
村	마을	촌:	木–총 7획
秋	가을	추	禾–총 9획
春	봄	춘	日–총 9획
出	날	출	凵–총 5획
便	편할	편▸	※'편'만 장단음
	똥오줌	변	人–총 9획
夏	여름	하:	夊–총10획
花	꽃	화	艸–총 8획
休	쉴	휴	人–총 6획

※ 7급은 7급Ⅱ[100자]에 새로운 한자 50자를 더하여 모두 150자입니다. 7급에서 한자쓰기 문제는 출제되지 않습니다. 하지만, 7급에서 사용되는 한자는 앞으로 공부할 모든 급수에서 중요한 한자이므로 모두 쓸 수 있도록 학습하는 것이 좋습니다.

6급Ⅱ 배정한자

各	각각	각	口–총 6획
角	뿔	각	角–총 7획
計	셀	계:	言–총 9획
界	지경地境	계:	田–총 9획
高	높을	고	高–총10획
功	공[功勳]	공	力–총 5획
公	공평할	공	八–총 4획
共	한가지	공:	八–총 6획
科	과목科目	과	禾–총 9획
果	실과實果	과:	木–총 8획
光	빛	광	儿–총 6획
球	공	구	玉–총11획
今	이제	금	人–총 4획
急	급할	급	心–총 9획
短	짧을	단▸	矢–총12획
堂	집	당	土–총11획

代	대신할	대ː	人-총 5획
對	대할	대ː	寸-총14획
圖	그림	도	口-총14획
讀	읽을	독	
	구절句節	두	言-총22획
童	아이	동▸	立-총12획
等	무리	등ː	竹-총12획
樂	즐길	락	
	노래	악	
	좋아할	요	木-총15획
理	다스릴	리ː	玉-총11획
利	이할	리ː	刀-총 7획
明	밝을	명	日-총 8획
聞	들을	문▸	耳-총14획
班	나눌	반	玉-총10획
反	돌이킬	반ː	又-총 4획
半	반	반ː	十-총 5획
發	필	발	癶-총12획
放	놓을	방▸	攴-총 8획
部	떼[部類]	부	邑-총11획
分	나눌	분▸	刀-총 4획
社	모일	사	示-총 8획
書	글	서	曰-총10획
線	줄[針線]	선	糸-총15획
雪	눈	설	雨-총11획
省	살필	성	
	덜	생	目-총 9획
成	이룰	성	戈-총 7획
消	사라질	소	水-총10획
術	재주	술	行-총11획
始	비로소	시ː	女-총 8획
神	귀신鬼神	신	示-총10획
身	몸	신	身-총 7획
信	믿을	신ː	人-총 9획
新	새	신	斤-총13획
藥	약	약	艸-총19획
弱	약할	약	弓-총10획
業	업	업	木-총13획
勇	날랠	용ː	力-총 9획
用	쓸	용ː	用-총 5획
運	옮길	운ː	辶-총13획
飮	마실	음▸	食-총13획
音	소리	음	音-총 9획
意	뜻	의ː	心-총13획
昨	어제	작	日-총 9획
作	지을	작	人-총 7획
才	재주	재	手-총 3획
戰	싸움	전ː	戈-총16획
庭	뜰	정	广-총10획
題	제목題目	제	頁-총18획
第	차례	제ː	竹-총11획
注	부을	주ː	水-총 8획
集	모을	집	隹-총12획
窓	창	창	穴-총11획
淸	맑을	청	水-총11획
體	몸	체	骨-총23획
表	겉	표	衣-총 8획
風	바람	풍	風-총 9획
幸	다행多幸	행ː	干-총 8획
現	나타날[現象]	현ː	玉-총11획
形	모양	형	彡-총 7획
和	화할	화	口-총 8획
會	모일	회ː	曰-총13획

※ 6급Ⅱ는 7급[150자]에 새로운 한자 75자를 더하여 모두 225자입니다.
단, 6급Ⅱ에서의 한자쓰기 문제는 8급[50자]에서 출제됩니다.

6급 배정한자

感	느낄	감:	心–총13획
強	강할[強=强]	강▸	弓–총11획
開	열	개	門–총12획
京	서울	경	亠–총 8획
苦	쓸[味覺]	고	艸–총 9획
古	예	고:	口–총 5획
交	사귈	교	亠–총 6획
區	구분할	구	
	지경地境	구	匸–총11획
郡	고을	군:	邑–총10획
近	가까울	근:	辶–총 8획
根	뿌리	근	木–총10획
級	등급等級	급	糸–총10획
多	많을	다	夕–총 6획
待	기다릴	대:	彳–총 9획
度	법도法度	도▸	
	헤아릴	탁	广–총 9획
頭	머리	두	頁–총16획
例	법식法式	례:	人–총 8획
禮	예도禮度	례:	示–총18획
路	길	로:	足–총13획
綠	푸를	록	糸–총14획
李	오얏	리:	
	성姓	리:	木–총 7획
目	눈	목	目–총 5획
米	쌀	미	米–총 6획
美	아름다울	미▸	羊–총 9획
朴	성姓	박	木–총 6획
番	차례	번	田–총12획
別	다를	별	
	나눌	별	刀–총 7획
病	병	병:	疒–총10획
服	옷	복	月–총 8획
本	근본根本	본	木–총 5획
死	죽을	사:	歹–총 6획
使	하여금	사:	
	부릴	사:	人–총 8획
石	돌	석	石–총 5획
席	자리	석	巾–총10획
速	빠를	속	辶–총11획
孫	손자孫子	손▸	子–총10획
樹	나무	수	木–총16획
習	익힐	습	羽–총11획
勝	이길	승	力–총12획
式	법法	식	弋–총 6획
失	잃을	실	大–총 5획
愛	사랑	애▸	心–총13획
野	들[坪]	야:	里–총11획
夜	밤	야:	夕–총 8획
陽	볕	양	阜–총12획
洋	큰바다	양	水–총 9획
言	말씀	언	言–총 7획
永	길	영:	水–총 5획
英	꽃부리	영	艸–총 9획
溫	따뜻할	온	水–총13획
園	동산	원	口–총13획
遠	멀	원:	辶–총14획
油	기름	유	水–총 8획
由	말미암을	유	田–총 5획
銀	은	은	金–총14획
衣	옷	의	衣–총 6획
醫	의원醫院/醫員	의	酉–총18획
者	놈	자	老–총 9획
章	글	장	立–총11획
在	있을	재:	土–총 6획

한자	훈	음	부수·획수
定	정할	정ː	宀-총 8획
朝	아침	조	月-총12획
族	겨레	족	方-총11획
晝	낮	주	日-총11획
親	친할	친	見-총16획
太	클	태	大-총 4획
通	통할	통	辶-총11획
特	특별할	특	牛-총10획
合	합할	합	
	홉	홉	口-총 6획
行	다닐	행▸	※'행'만 장단음
	항렬行列	항	行-총 6획
向	향할	향ː	口-총 6획
號	이름	호▸	虍-총13획
畫	그림	화ː	※'화'만 장음
	그을[劃]	획	田-총13획
黃	누를	황	黃-총12획
訓	가르칠	훈ː	言-총10획

※ 6급은 6급Ⅱ[225자]에 새로운 한자 75자를 더하여 모두 300자입니다.

5급Ⅱ 배정한자

한자	훈	음	부수·획수
價	값	가	人-총15획
客	손[賓客]	객	宀-총 9획
格	격식格式	격	木-총10획
見	볼	견ː	
	뵈올	현ː	見-총 7획
決	결단할	결	水-총 7획
結	맺을	결	糸-총12획
敬	공경恭敬	경ː	攴-총13획
告	고할	고ː	口-총 7획
課	공부할	과▸	
	과정課程	과▸	言-총15획
過	지날	과ː	辶-총13획
關	관계할	관	門-총19획
觀	볼	관	見-총25획
廣	넓을	광ː	广-총15획
具	갖출	구▸	八-총 8획
舊	예	구ː	臼-총18획
局	판[形局]	국	尸-총 7획
己	몸	기	己-총 3획
基	터	기	土-총11획
念	생각	념ː	心-총 8획
能	능할	능	肉-총10획
團	둥글	단	囗-총14획
當	마땅	당	田-총13획
德	큰	덕	彳-총15획
到	이를	도ː	刀-총 8획
獨	홀로	독	犬-총16획
朗	밝을	랑ː	月-총11획
良	어질	량	艮-총 7획
旅	나그네	려	方-총10획
歷	지날	력	止-총16획
練	익힐	련ː	糸-총15획
勞	일할	로	力-총12획
類	무리	류▸	頁-총19획
流	흐를	류	水-총10획
陸	뭍	륙	阜-총11획
望	바랄	망ː	月-총11획
法	법	법	水-총 8획
變	변할	변	言-총23획
兵	병사兵士	병ː	八-총 7획
福	복	복	示-총14획
奉	받들	봉ː	大-총 8획
史	사기史記	사ː	口-총 5획
士	선비	사ː	士-총 3획
仕	섬길	사▸	人-총 5획
産	낳을	산ː	生-총11획
相	서로	상	目-총 9획

한자	훈	음	부수·총획
商	장사	상	口-총11획
鮮	고울	선	魚-총17획
仙	신선神仙	선	人-총 5획
說	말씀	설	
	달랠	세:	
	기쁠	열	言-총14획
性	성품性品	성:	心-총 8획
洗	씻을	세:	水-총 9획
歲	해	세:	止-총13획
束	묶을	속	木-총 7획
首	머리	수	首-총 9획
宿	잘	숙	
	별자리	수:	宀-총11획
順	순할	순:	頁-총12획
識	알	식	
	기록할	지	言-총19획
臣	신하臣下	신	臣-총 6획
實	열매	실	宀-총14획
兒	아이	아	儿-총 8획
惡	악할	악	
	미워할	오	心-총12획
約	맺을	약	糸-총 9획
養	기를	양:	食-총15획
要	요긴할	요▸	襾-총 9획
友	벗	우:	又-총 4획
雨	비	우:	雨-총 8획
雲	구름	운	雨-총12획
元	으뜸	원	儿-총 4획
偉	클	위	人-총11획
以	써	이:	人-총 5획
任	맡길	임▸	人-총 6획
材	재목材木	재	木-총 7획
財	재물財物	재	貝-총10획
的	과녁	적	白-총 8획
典	법法	전:	八-총 8획
傳	전할	전	人-총13획
展	펼	전:	尸-총10획
切	끊을	절	
	온통	체	刀-총 4획
節	마디	절	竹-총15획
店	가게	점:	广-총 8획
情	뜻	정	心-총11획
調	고를	조	言-총15획
卒	마칠	졸	十-총 8획
種	씨	종▸	禾-총14획
週	주일週日	주	辶-총12획
州	고을	주	巛-총 6획
知	알	지	矢-총 8획
質	바탕	질	貝-총15획
着	붙을	착	目-총11획
參	참여할	참	
	갖은석	삼	厶-총11획
責	꾸짖을	책	貝-총11획
充	채울	충	儿-총 5획
宅	집	택	
	집	댁	宀-총 6획
品	물건物件	품:	口-총 9획
必	반드시	필	心-총 5획
筆	붓	필	竹-총12획
害	해할	해:	宀-총10획
化	될	화	匕-총 4획
效	본받을	효:	攴-총10획
凶	흉할	흉	凵-총 4획

※ 5급Ⅱ는 6급[300자]에 새로운 한자 100자를 더하여 모두 400자입니다. 단, 5급Ⅱ에서의 한자쓰기 문제는 6급Ⅱ[225자]에서 출제됩니다.

5급 배정한자

加	더할	가	力-총 5획
可	옳을	가:	口-총 5획
改	고칠	개▸	攴-총 7획
去	갈	거:	厶-총 5획
擧	들	거:	手-총18획
健	굳셀	건:	人-총11획
件	물건物件	건	人-총 6획
建	세울	건:	廴-총 9획
輕	가벼울	경	車-총14획
競	다툴	경:	立-총20획
景	볕	경▸	日-총12획
固	굳을	고▸	口-총 8획
考	생각할	고▸	老-총 6획
曲	굽을	곡	曰-총 6획
橋	다리	교	木-총16획
救	구원할	구:	攴-총11획
貴	귀할	귀:	貝-총12획
規	법法	규	見-총11획
給	줄	급	糸-총12획
汽	물끓는김	기	水-총 7획
期	기약할	기	月-총12획
技	재주	기	手-총 7획
吉	길할	길	口-총 6획
壇	단	단	土-총16획
談	말씀	담	言-총15획
都	도읍都邑	도	邑-총12획
島	섬	도	山-총10획
落	떨어질	락	艸-총13획
冷	찰	랭:	冫-총 7획
量	헤아릴	량	里-총12획
領	거느릴	령	頁-총14획
令	하여금	령▸	人-총 5획
料	헤아릴	료▸	斗-총10획
馬	말	마:	馬-총10획
末	끝	말	木-총 5획
亡	망할	망	亠-총 3획
買	살	매:	貝-총12획
賣	팔[賣却]	매▸	貝-총15획
無	없을	무	火-총12획
倍	곱	배▸	人-총10획
比	견줄	비:	比-총 4획
費	쓸	비:	貝-총12획
鼻	코	비:	鼻-총14획
氷	얼음	빙	水-총 5획
寫	베낄	사	宀-총15획
思	생각	사▸	心-총 9획
査	조사할	사	木-총 9획
賞	상줄	상	貝-총15획
序	차례	서:	广-총 7획
選	가릴	선:	辶-총16획
船	배[船舶]	선	舟-총11획
善	착할	선:	口-총12획
示	보일	시:	示-총 5획
案	책상冊床	안:	木-총10획
魚	고기	어	
	물고기	어	魚-총11획
漁	고기잡을	어	水-총14획
億	억[數字]	억	人-총15획
熱	더울	열	火-총15획
葉	잎	엽	
	고을이름	섭	艸-총13획
屋	집	옥	尸-총 9획
完	완전할	완	宀-총 7획
曜	빛날	요:	日-총18획
浴	목욕할	욕	水-총10획
牛	소	우	牛-총 4획
雄	수컷	웅	隹-총12획
原	언덕	원:	厂-총10획

願	원할	원	頁–총19획
院	집	원	阜–총10획
位	자리	위	人–총 7획
耳	귀	이:	耳–총 6획
因	인할	인	口–총 6획
再	두	재:	冂–총 6획
災	재앙災殃	재	火–총 7획
爭	다툴	쟁	爪–총 8획
貯	쌓을	저:	貝–총12획
赤	붉을	적	赤–총 7획
停	머무를	정	人–총11획
操	잡을	조▸	手–총16획
終	마칠	종	糸–총11획
罪	허물	죄:	网–총13획
止	그칠	지	止–총 4획
唱	부를	창:	口–총11획
鐵	쇠	철	金–총21획
初	처음	초	刀–총 7획
最	가장	최:	曰–총12획
祝	빌[祝福]	축	示–총10획
致	이를	치:	至–총10획
則	법칙法則	칙	
	곧	즉	刀–총 9획
他	다를	타	人–총 5획
打	칠[打擊]	타:	手–총 5획
卓	높을	탁	十–총 8획
炭	숯	탄:	火–총 9획
板	널	판	木–총 8획
敗	패할	패:	攴–총11획
河	물	하	水–총 8획
寒	찰	한	宀–총12획
許	허락할	허	言–총11획
湖	호수湖水	호	水–총12획
患	근심	환:	心–총11획
黑	검을	흑	黑–총12획

※ 5급은 5급II[400자]에 새로운 한자 100자를 더하여 모두 500자입니다. 단, 5급에서 한자쓰기 문제는 6급[300자]에서 출제됩니다.

4급II 배정한자

街	거리	가▸	行–총12획
假	거짓	가:	人–총11획
減	덜	감:	水–총12획
監	볼	감	皿–총14획
講	욀	강:	言–총17획
康	편안	강	广–총11획
個	낱	개▸	人–총10획
檢	검사할	검:	木–총17획
潔	깨끗할	결	水–총15획
缺	이지러질	결	缶–총10획
慶	경사	경:	心–총15획
警	깨우칠	경:	言–총20획
境	지경	경	土–총14획
經	지날	경	
	글	경	糸–총13획
係	맬	계:	人–총 9획
故	연고	고▸	攴–총 9획
官	벼슬	관	宀–총 8획
求	구할[求索]	구	水–총 7획
句	글귀	구	口–총 5획
究	연구할	구	穴–총 7획
宮	집	궁	宀–총10획
權	권세	권	木–총22획
極	극진할	극	
	다할	극	木–총13획
禁	금할	금:	示–총13획
器	그릇	기	口–총16획
起	일어날	기	走–총10획
暖	따뜻할	난:	日–총13획

한자	훈	음	부수·획수
難	어려울	난▸	隹-총19획
怒	성낼	노ː	心-총 9획
努	힘쓸	노	力-총 7획
斷	끊을	단ː	斤-총18획
端	끝	단	立-총14획
檀	박달나무	단	木-총17획
單	홑	단	
	오랑캐임금	선	口-총12획
達	통달할	달	辶-총13획
擔	멜	담	手-총16획
黨	무리	당	黑-총20획
帶	띠	대▸	巾-총11획
隊	무리	대	阜-총12획
導	인도할	도ː	寸-총16획
督	감독할	독	目-총13획
毒	독[毒藥]	독	毋-총 8획
銅	구리	동	金-총14획
斗	말	두	斗-총 4획
豆	콩	두	豆-총 7획
得	얻을	득	彳-총11획
燈	등	등	火-총16획
羅	벌릴	라	网-총19획
兩	두	량ː	入-총 8획
麗	고울	려	鹿-총19획
連	이을	련	辶-총11획
列	벌릴/벌일	렬	刀-총 6획
錄	기록할	록	金-총16획
論	논할	론	言-총15획
留	머무를	류	田-총10획
律	법칙	률	彳-총 9획
滿	찰	만▸	水-총14획
脈	줄기	맥	肉-총10획
毛	터럭	모	毛-총 4획
牧	칠[牧養]	목	牛-총 8획
武	호반	무ː	止-총 8획
務	힘쓸	무ː	力-총11획
味	맛	미ː	口-총 8획
未	아닐	미▸	木-총 5획
密	빽빽할	밀	宀-총11획
博	넓을	박	十-총12획
防	막을	방	阜-총 7획
房	방	방	戶-총 8획
訪	찾을	방ː	言-총11획
配	나눌	배ː	
	짝	배	酉-총10획
背	등	배ː	肉-총 9획
拜	절	배ː	手-총 9획
罰	벌할	벌	网-총14획
伐	칠[討]	벌	人-총 6획
壁	벽	벽	土-총16획
邊	가[側]	변	辶-총19획
報	갚을	보ː	
	알릴	보	土-총12획
步	걸음	보ː	止-총 7획
寶	보배	보ː	宀-총20획
保	지킬	보▸	人-총 9획
復	회복할	복	※'부'만 장음
	다시	부ː	彳-총12획
府	마을[官廳]	부▸	广-총 8획
婦	며느리	부	女-총11획
副	버금	부ː	刀-총11획
富	부자	부ː	宀-총12획
佛	부처	불	人-총 7획
非	아닐	비▸	非-총 8획
備	갖출	비ː	人-총12획
飛	날	비	飛-총 9획
悲	슬플	비ː	心-총12획
貧	가난할	빈	貝-총11획
謝	사례할	사ː	言-총17획
師	스승	사	巾-총10획

寺	절	사	※'시'만 장음
	내관內官	시:	寸-총 6획
舍	집	사	舌-총 8획
殺	죽일	살	
	감할	쇄:	※'쇄'만 장음
	빠를	쇄:	殳-총11획
常	떳떳할	상	巾-총11획
床	상[床=牀]	상	广-총 7획
想	생각	상:	心-총13획
狀	형상	상	※'장'만 장음
	문서	장:	犬-총 8획
設	베풀	설	言-총11획
星	별	성	日-총 9획
聖	성인	성:	耳-총13획
盛	성할	성:	皿-총12획
聲	소리	성	耳-총17획
城	재[內城]	성	土-총10획
誠	정성	성	言-총14획
細	가늘	세:	糸-총11획
稅	세금	세:	禾-총12획
勢	형세形勢	세:	力-총13획
素	본디	소▸	
	흴[白]	소	糸-총10획
掃	쓸[掃除]	소▸	手-총11획
笑	웃음	소:	竹-총10획
續	이을	속	糸-총21획
俗	풍속	속	人-총 9획
送	보낼	송:	辶-총10획
收	거둘	수	攴-총 6획
修	닦을	수	人-총10획
受	받을	수▸	又-총 8획
授	줄	수	手-총11획
守	지킬	수	宀-총 6획
純	순수할	순	糸-총10획
承	이을	승	手-총 8획
施	베풀	시:	方-총 9획
視	볼	시:	見-총12획
詩	시	시	言-총13획
試	시험	시▸	言-총13획
是	이[斯]	시:	
	옳을	시	日-총 9획
息	쉴	식	心-총10획
申	납[猿]	신	田-총 5획
深	깊을	심	水-총11획
眼	눈	안:	目-총11획
暗	어두울	암:	日-총13획
壓	누를	압	土-총17획
液	진	액	水-총11획
羊	양	양	羊-총 6획
如	같을	여	女-총 6획
餘	남을	여	食-총16획
逆	거스를	역	辶-총10획
研	갈[研磨]	연:	石-총11획
煙	연기	연	火-총13획
演	펼	연:	水-총14획
榮	영화	영	木-총14획
藝	재주	예:	艸-총19획
誤	그르칠	오:	言-총14획
玉	구슬	옥	玉-총 5획
往	갈	왕:	彳-총 8획
謠	노래	요	言-총17획
容	얼굴	용	宀-총10획
圓	둥글	원	囗-총13획
員	인원	원	口-총10획
衛	지킬	위	行-총16획
爲	하	위▸	
	할	위	爪-총12획
肉	고기	육	肉-총 6획
恩	은혜	은	心-총10획

陰	그늘	음	阜-총11획
應	응할	응:	心-총17획
義	옳을	의:	羊-총13획
議	의논할	의▸	言-총20획
移	옮길	이	禾-총11획
益	더할	익	皿-총10획
引	끌	인	弓-총 4획
印	도장	인	卩-총 6획
認	알[知]	인	言-총14획
障	막을	장	阜-총14획
將	장수	장▸	寸-총11획
低	낮을	저:	人-총 7획
敵	대적할	적	攴-총15획
田	밭	전	田-총 5획
絶	끊을	절	糸-총12획
接	이을	접	手-총11획
政	정사	정	攴-총 9획
精	정할	정	
	자세할	정	米-총14획
程	한도	정	
	길[道]	정	禾-총12획
濟	건널	제:	水-총17획
提	끌[提携]	제	手-총12획
除	덜	제	阜-총10획
制	절제할	제:	刀-총 8획
祭	제사	제:	示-총11획
際	즈음	제:	
	가[邊]	제	阜-총14획
製	지을	제:	衣-총14획
助	도울	조:	力-총 7획
鳥	새	조	鳥-총11획
早	이를	조:	日-총 6획
造	지을	조:	辶-총11획
尊	높을	존	寸-총12획
宗	마루	종	宀-총 8획
走	달릴	주	走-총 7획
竹	대	죽	竹-총 6획
準	준할	준:	水-총13획
衆	무리	중:	血-총12획
增	더할	증	土-총15획
指	가리킬	지	手-총 9획
志	뜻	지	心-총 7획
至	이를	지	至-총 6획
支	지탱할	지	支-총 4획
職	직분	직	耳-총18획
進	나아갈	진:	辶-총12획
眞	참	진	目-총10획
次	버금	차	欠-총 6획
察	살필	찰	宀-총14획
創	비롯할	창:	刀-총12획
處	곳	처:	虍-총11획
請	청할	청	言-총15획
總	다[皆]	총:	糸-총17획
銃	총	총	金-총14획
蓄	모을	축	艸-총14획
築	쌓을	축	竹-총16획
蟲	벌레	충	虫-총18획
忠	충성	충	心-총 8획
取	가질	취:	又-총 8획
測	헤아릴	측	水-총12획
治	다스릴	치	水-총 8획
置	둘[措置]	치:	网-총13획
齒	이	치	齒-총15획
侵	침노할	침	人-총 9획
快	쾌할	쾌	心-총 7획
態	모습	태:	心-총14획
統	거느릴	통:	糸-총12획
退	물러날	퇴:	辶-총10획
破	깨뜨릴	파:	石-총10획

波 물결	파	水-총 8획
砲 대포	포:	石-총10획
布 베[펼]	포·	※'보'는 장음
보시	보:	巾-총 5획
包 쌀[裹]	포·	勹-총 5획
暴 사나울	폭	※'포'만 장음
모질	포:	日-총15획
票 표	표	示-총11획
豐 풍년[豊=豐]	풍	豆-총13획
限 한할	한:	阜-총 9획
航 배	항:	舟-총10획
港 항구	항:	水-총12획
解 풀	해:	角-총13획
鄕 시골	향	邑-총13획
香 향기	향	香-총 9획
虛 빌	허	虍-총12획
驗 시험	험:	馬-총23획
賢 어질	현	貝-총15획
血 피	혈	血-총 6획
協 화할	협	十-총 8획
惠 은혜	혜:	心-총12획
護 도울	호:	言-총21획
呼 부를	호	口-총 8획
好 좋을	호:	女-총 6획
戶 집	호:	戶-총 4획
貨 재물	화:	貝-총11획
確 굳을	확	石-총15획
回 돌아올	회	口-총 6획
吸 마실	흡	口-총 7획
興 일[興盛]	흥·	臼-총16획
希 바랄	희	巾-총 7획

※ 4급II는 5급[500자]에 새로운 한자 250자를 더하여 모두 750자입니다. 단, 4급II에서 한자쓰기 문제는 5급 중[400자]에서 출제됩니다.

4급 배정한자

暇 틈	가:	
겨를	가	日-총13획
覺 깨달을	각	見-총20획
刻 새길	각	刀-총 8획
簡 간략할	간·	
대쪽	간	竹-총18획
干 방패	간	干-총 3획
看 볼	간	目-총 9획
敢 감히	감:	
구태여	감	攴-총12획
甘 달	감	甘-총 5획
甲 갑옷	갑	田-총 5획
降 내릴	강:	※'강'만 장음
항복할	항	阜-총 9획
更 다시	갱:	※'갱'만 장음
고칠	경	曰-총 7획
據 근거	거:	手-총16획
拒 막을	거:	手-총 8획
居 살	거	尸-총 8획
巨 클	거:	工-총 5획
傑 뛰어날	걸	人-총12획
儉 검소할	검:	人-총15획
激 격할	격	水-총16획
擊 칠[打擊]	격	手-총17획
犬 개	견	犬-총 4획
堅 굳을	견	土-총11획
鏡 거울	경:	金-총19획
傾 기울	경	人-총13획
驚 놀랄	경	馬-총23획
戒 경계할	계:	戈-총 7획
季 계절	계:	子-총 8획
鷄 닭	계	鳥-총21획
階 섬돌	계	阜-총12획

系	이어맬	계ː	糸-총 7획
繼	이을	계ː	糸-총20획
庫	곳집	고	广-총10획
孤	외로울	고	子-총 8획
穀	곡식	곡	禾-총15획
困	곤할	곤ː	口-총 7획
骨	뼈	골	骨-총10획
孔	구멍	공ː	子-총 4획
攻	칠[攻擊]	공ː	攴-총 7획
管	대롱	관	
	주관할	관	竹-총14획
鑛	쇳돌	광ː	金-총23획
構	얽을	구	木-총14획
群	무리	군	羊-총13획
君	임금	군	口-총 7획
屈	굽힐	굴	尸-총 8획
窮	다할	궁	
	궁할	궁	穴-총15획
勸	권할	권ː	力-총20획
券	문서	권	刀-총 8획
卷	책	권▸	卩-총 8획
歸	돌아갈	귀ː	止-총18획
均	고를	균	土-총 7획

劇	심할	극	刀-총15획
勤	부지런할	근▸	力-총13획
筋	힘줄	근	竹-총12획
奇	기특할	기	大-총 8획
紀	벼리	기	糸-총 9획
寄	부칠[寄書]	기	宀-총11획
機	틀	기	木-총16획
納	들일	납	糸-총10획
段	층계	단	殳-총 9획
盜	도둑	도▸	皿-총12획
逃	도망할	도	辶-총10획
徒	무리	도	彳-총10획
卵	알	란ː	卩-총 7획
亂	어지러울	란ː	乙-총13획
覽	볼	람	見-총21획
略	간략할	략	
	약할	략	田-총11획
糧	양식	량	米-총18획
慮	생각할	려ː	心-총15획
烈	매울	렬	火-총10획
龍	용	룡	龍-총16획
柳	버들	류▸	木-총 9획
輪	바퀴	륜	車-총15획

離	떠날	리ː	隹-총19획
妹	누이	매	女-총 8획
勉	힘쓸	면ː	力-총 9획
鳴	울	명	鳥-총14획
模	본뜰	모	木-총15획
妙	묘할	묘ː	女-총 7획
墓	무덤	묘ː	土-총14획
舞	춤출	무ː	舛-총14획
拍	칠[拍手]	박	手-총 8획
髮	터럭	발	髟-총15획
妨	방해할	방	女-총 7획
犯	범할	범ː	犬-총 5획
範	법	범ː	竹-총15획
辯	말씀	변ː	辛-총21획
普	넓을	보ː	日-총12획
複	겹칠	복	衣-총14획
伏	엎드릴	복	人-총 6획
否	아닐	부ː	
	막힐	비	口-총 7획
負	질[荷]	부ː	貝-총 9획
粉	가루	분▸	米-총10획
憤	분할	분ː	心-총15획
碑	비석	비	石-총13획

批	비평할	비ː	手–총 7획
祕	숨길[秘=祕]	비ː	示–총10획
辭	말씀	사	辛–총19획
私	사사로울	사	禾–총 7획
絲	실	사	糸–총12획
射	쏠	사▸	寸–총10획
散	흩을	산ː	攴–총12획
傷	다칠	상	人–총13획
象	코끼리	상	豕–총12획
宣	베풀	선	宀–총 9획
舌	혀	설	舌–총 6획
屬	붙일	속	尸–총21획
損	덜	손ː	手–총13획
松	소나무	송	木–총 8획
頌	칭송할	송ː	
	기릴	송	頁–총13획
秀	빼어날	수	禾–총 7획
叔	아재비	숙	又–총 8획
肅	엄숙할	숙	聿–총13획
崇	높을	숭	山–총11획
氏	각시	씨	
	성씨姓氏	씨	
	나라이름	지	氏–총 4획

額	이마	액	頁–총18획
樣	모양	양	木–총15획
嚴	엄할	엄	口–총20획
與	더불	여ː	
	줄	여	臼–총14획
易	바꿀	역	※'이'만 장음
	쉬울	이ː	日–총 8획
域	지경	역	土–총11획
鉛	납	연	金–총13획
延	늘일	연	廴–총 7획
緣	인연	연	糸–총15획
燃	탈	연	火–총16획
營	경영할	영	火–총17획
迎	맞을	영	辶–총 8획
映	비칠	영▸	日–총 9획
豫	미리	예ː	豕–총16획
優	넉넉할	우	人–총17획
遇	만날	우ː	辶–총13획
郵	우편	우	邑–총11획
源	근원	원	水–총13획
援	도울	원ː	手–총12획
怨	원망할	원▸	心–총 9획
委	맡길	위	女–총 8획
圍	에워쌀	위	口–총12획

慰	위로할	위	心–총15획
威	위엄	위	女–총 9획
危	위태할	위	卩–총 6획
遺	남길	유	辶–총16획
遊	놀	유	辶–총13획
儒	선비	유	人–총16획
乳	젖	유	乙–총 8획
隱	숨을	은	阜–총17획
儀	거동	의	人–총15획
疑	의심할	의	疋–총14획
依	의지할	의	人–총 8획
異	다를	이ː	田–총11획
仁	어질	인	人–총 4획
姿	모양	자ː	女–총 9획
姉	손윗누이	자	女–총 8획
資	재물	자	貝–총13획
殘	남을	잔	歹–총12획
雜	섞일	잡	隹–총18획
裝	꾸밀	장	衣–총13획
張	베풀	장	弓–총11획
奬	장려할	장▸	大–총14획
帳	장막	장	巾–총11획
壯	장할	장ː	士–총 7획
腸	창자	장	肉–총13획

底	밑	저ː	广-총 8획
績	길쌈	적	糸-총17획
賊	도둑	적	貝-총13획
適	맞을	적	辶-총15획
籍	문서	적	竹-총20획
積	쌓을	적	禾-총16획
轉	구를	전ː	車-총18획
錢	돈	전ː	金-총16획
專	오로지	전	寸-총11획
折	꺾을	절	手-총 7획
點	점	점▸	黑-총17획
占	점령할	점▸	
	점칠	점	卜-총 5획
整	가지런할	정ː	攴-총16획
靜	고요할	정	靑-총16획
丁	장정	정	
	고무래	정	一-총 2획
帝	임금	제ː	巾-총 9획
條	가지	조	木-총11획
潮	조수潮水	조	
	밀물	조	水-총15획
組	짤	조	糸-총11획
存	있을	존	子-총 6획

鍾	쇠북[鍾=鐘]	종	金-총20획
從	좇을	종▸	彳-총11획
座	자리	좌ː	广-총10획
周	두루	주	口-총 8획
朱	붉을	주	木-총 6획
酒	술	주▸	酉-총10획
證	증거	증	言-총19획
持	가질	지	手-총 9획
誌	기록할	지	言-총14획
智	지혜	지	
	슬기	지	日-총12획
織	짤	직	糸-총18획
盡	다할	진ː	皿-총14획
珍	보배	진	玉-총 9획
陣	진칠	진	阜-총10획
差	다를	차	
	어긋날	치	
	부릴	채	工-총10획
讚	기릴	찬ː	言-총26획
採	캘	채ː	手-총11획
冊	책	책	冂-총 5획
泉	샘	천	水-총 9획
廳	관청	청	广-총25획

聽	들을	청	耳-총22획
招	부를	초	手-총 8획
推	밀	추	
	밀	퇴	手-총11획
縮	줄일	축	糸-총17획
就	나아갈	취ː	尢-총12획
趣	뜻	취ː	走-총15획
層	층[層樓]	층	尸-총15획
針	바늘	침▸	金-총10획
寢	잘	침ː	宀-총14획
稱	일컬을	칭	禾-총14획
歎	탄식할	탄ː	欠-총15획
彈	탄알	탄ː	弓-총15획
脫	벗을	탈	肉-총11획
探	찾을	탐	手-총11획
擇	가릴	택	手-총16획
討	칠[討伐]	토▸	言-총10획
痛	아플	통ː	疒-총12획
投	던질	투	手-총 7획
鬪	싸움	투	鬥-총20획
派	갈래	파	水-총 9획
判	판단할	판	刀-총 7획
篇	책	편	竹-총15획

評	평할	평:	言－총12획
閉	닫을	폐:	門－총11획
胞	세포	포▸	肉－총 9획
爆	불터질	폭	火－총19획
標	표할	표	木－총15획
疲	피곤할	피	疒－총10획
避	피할	피:	辶－총17획
恨	한[怨恨]	한:	心－총 9획
閑	한가할	한	門－총12획
抗	겨룰	항:	手－총 7획
核	씨	핵	木－총10획
憲	법	헌:	心－총16획
險	험할	험:	阜－총16획
革	가죽	혁	革－총 9획
顯	나타날	현:	頁－총23획
刑	형벌	형	刀－총 6획
或	혹	혹	戈－총 8획
混	섞을	혼:	水－총11획
婚	혼인할	혼	女－총11획
紅	붉을	홍	糸－총 9획
華	빛날	화	艸－총11획
環	고리	환▸	玉－총17획
歡	기쁠	환	欠－총22획
況	상황	황:	水－총 8획
灰	재	회	火－총 6획
候	기후	후:	人－총10획
厚	두터울	후:	厂－총 9획
揮	휘두를	휘	手－총12획
喜	기쁠	희	口－총12획

※ 4급 배정한자는 4급Ⅱ[750자]에 새로운 한자 250자를 더하여 1,000자입니다.
단, 4급에서 한자쓰기 문제는 5급[500자]에서 출제됩니다.

3급Ⅱ 배정한자

架	시렁	가:	木－총 9획
佳	아름다울	가:	人－총 8획
脚	다리	각	肉－총11획
閣	집	각	門－총14획
肝	간	간▸	肉－총 7획
懇	간절할	간:	心－총17획
刊	새길	간	刀－총 5획
幹	줄기	간	干－총13획
鑑	거울	감	金－총22획
鋼	강철	강	金－총16획
剛	굳셀[剛毅]	강	刀－총10획

綱	벼리	강	糸－총14획
介	낄	개:	人－총 4획
概	대개	개:	木－총15획
蓋	덮을	개▸	艸－총14획
距	상거할	거:	足－총12획
乾	하늘	건	
	마를	간/건	乙－총11획
劍	칼	검:	刀－총15획
隔	사이뜰	격	阜－총13획
訣	이별할	결	言－총11획
謙	겸손할	겸	言－총17획
兼	겸할	겸	八－총10획
硬	굳을	경	石－총12획
徑	길	경	
	지름길	경	彳－총10획
耕	밭갈[犂田]	경	耒－총10획
頃	이랑	경	
	잠깐	경	頁－총11획
桂	계수나무	계:	木－총10획
械	기계	계:	木－총11획
契	맺을	계▸	大－총 9획
溪	시내	계	水－총13획
啓	열	계:	口－총11획

한자	훈	음	부수–총획
鼓	북	고	鼓－총13획
姑	시어미	고	女－총 8획
稿	원고	고	
	볏짚	고	禾－총15획
谷	골	곡	谷－총 7획
哭	울	곡	口－총10획
恭	공손할	공	心－총10획
恐	두려울	공‣	心－총10획
貢	바칠	공:	貝－총10획
供	이바지할	공:	人－총 8획
誇	자랑할	과:	言－총13획
寡	적을	과:	宀－총14획
冠	갓	관	冖－총 9획
貫	꿸	관‣	貝－총11획
寬	너그러울	관	宀－총15획
慣	익숙할	관	心－총14획
館	집	관	食－총17획
狂	미칠	광	犬－총 7획
怪	괴이할	괴‣	心－총 8획
壞	무너질	괴:	土－총19획
較	견줄	교	
	비교할	교	車－총13획
巧	공교할	교	工－총 5획
丘	언덕	구	一－총 5획
久	오랠	구:	丿－총 3획
拘	잡을	구	手－총 8획
菊	국화	국	艸－총12획
弓	활	궁	弓－총 3획
拳	주먹	권:	手－총10획
鬼	귀신	귀:	鬼－총10획
菌	버섯	균	艸－총12획
克	이길	극	儿－총 7획
琴	거문고	금	玉－총12획
錦	비단	금:	金－총16획
禽	새	금	禸－총13획
及	미칠	급	又－총 4획
畿	경기京畿	기	田－총15획
其	그	기	八－총 8획
企	꾀할	기	人－총 6획
騎	말탈	기	馬－총18획
祈	빌[祈願]	기	示－총 9획
緊	긴할	긴	糸－총14획
諾	허락할	낙	言－총16획
娘	계집	낭	女－총10획
耐	견딜	내:	而－총 9획
寧	편안便安	녕	宀－총14획
奴	종[奴僕]	노	女－총 5획
腦	골	뇌	
	뇌수腦髓	뇌	肉－총13획
泥	진흙	니	水－총 8획
茶	차	다	
	차	차	艸－총10획
但	다만	단:	人－총 7획
丹	붉을	단	丶－총 4획
旦	아침	단	日－총 5획
淡	맑을	담	水－총11획
踏	밟을	답	足－총15획
唐	당나라	당‣	
	당황할	당	口－총10획
糖	엿	당	米－총16획
臺	대[돈대]	대	至－총14획
貸	빌릴	대:	
	뀔[꾸이다]	대	貝－총12획
渡	건널	도	水－총12획
途	길[行中]	도:	辶－총11획
倒	넘어질	도:	人－총10획
桃	복숭아	도	木－총10획
陶	질그릇	도	阜－총11획
刀	칼	도	刀－총 2획

突	갑자기	돌	穴-총 9획
凍	얼	동:	冫-총10획
絡	얽을	락	
	이을	락	糸-총12획
欄	난간	란	木-총21획
蘭	난초	란	艸-총21획
浪	물결	랑▸	水-총10획
郎	사내	랑	邑-총10획
廊	사랑채	랑	
	행랑	랑	广-총13획
梁	들보	량	
	돌다리	량	木-총11획
涼	서늘할	량	冫-총11획
勵	힘쓸	려:	力-총17획
曆	책력	력	日-총16획
戀	그리워할	련:	
	그릴	련:	心-총23획
鍊	쇠불릴	련:	
	단련할	련:	金-총17획
蓮	연꽃	련	艸-총15획
聯	연이을	련	耳-총17획
裂	찢어질	렬	衣-총12획
嶺	고개	령	山-총17획
靈	신령	령	雨-총24획
露	이슬	로▸	雨-총20획
爐	화로	로	火-총20획
祿	녹[俸祿]	록	示-총13획
弄	희롱할	롱:	廾-총 7획
雷	우레	뢰	雨-총13획
賴	의뢰할	뢰:	貝-총16획
樓	다락	루	木-총15획
漏	샐	루:	水-총14획
累	여러	루:	
	자주	루	糸-총11획
倫	인륜	륜	人-총10획
栗	밤	률	木-총10획
率	비율	률	
	거느릴	솔	玄-총11획
隆	높을	륭	阜-총12획
陵	언덕	릉	阜-총11획
履	밟을	리:	尸-총15획
吏	벼슬아치	리:	
	관리官吏	리	口-총 6획
裏	속[裡]	리:	衣-총13획
臨	임할	림	臣-총17획
磨	갈	마	石-총16획
麻	삼	마▸	麻-총11획
漠	넓을	막	水-총14획
莫	없을	막	艸-총11획
幕	장막	막	巾-총14획
晩	늦을	만:	日-총11획
妄	망령될	망:	女-총 6획
梅	매화	매	木-총11획
媒	중매	매	女-총12획
麥	보리	맥	麥-총11획
孟	맏	맹▸	子-총 8획
盟	맹세	맹	皿-총13획
猛	사나울	맹:	犬-총11획
盲	소경	맹	
	눈멀	맹	目-총 8획
免	면할	면:	儿-총 7획
綿	솜	면	糸-총14획
眠	잘	면	目-총10획
滅	멸할	멸	
	꺼질	멸	水-총13획
銘	새길	명	金-총14획
慕	그릴	모:	心-총15획
謀	꾀	모	言-총16획
貌	모양	모	豸-총14획

睦	화목할	목	目-총13획
沒	빠질	몰	水-총 7획
夢	꿈	몽	夕-총14획
蒙	어두울	몽	艸-총14획
茂	무성할	무:	艸-총 9획
貿	무역할	무:	貝-총12획
墨	먹	묵	土-총15획
默	잠잠할	묵	黑-총16획
紋	무늬	문	糸-총10획
勿	말[禁]	물	勹-총 4획
尾	꼬리	미:	尸-총 7획
微	작을	미	彳-총13획
薄	엷을	박	艸-총17획
迫	핍박할	박	辶-총 9획
般	가지	반	
	일반	반	舟-총10획
飯	밥	반	食-총13획
盤	소반	반	皿-총15획
拔	뽑을	발	手-총 8획
芳	꽃다울	방	艸-총 8획
輩	무리	배:	車-총15획
排	밀칠	배	手-총11획
培	북돋울	배:	土-총11획
伯	맏	백	人-총 7획
繁	번성할	번	糸-총17획
凡	무릇	범▸	几-총 3획
碧	푸를	벽	石-총14획
丙	남녘	병:	一-총 5획
補	기울	보:	衣-총12획
譜	족보	보:	言-총19획
腹	배	복	肉-총13획
逢	만날	봉	辶-총11획
鳳	봉새	봉:	鳥-총14획
峯	봉우리	봉	山-총10획
封	봉할	봉	寸-총 9획
覆	덮을	부	
	다시	복	
	뒤집힐	복	襾-총18획
扶	도울	부	手-총 7획
浮	뜰	부	水-총10획
簿	문서	부:	竹-총19획
賦	부세	부:	貝-총14획
付	부칠	부:	人-총 5획
符	부호	부▸	竹-총11획
附	붙을	부▸	阜-총 8획
腐	썩을	부:	肉-총14획
奔	달릴	분	大-총 9획
奮	떨칠	분:	大-총16획
紛	어지러울	분	糸-총10획
拂	떨칠	불	手-총 8획
婢	계집종	비:	女-총11획
卑	낮을	비:	十-총 8획
肥	살찔	비:	肉-총 8획
妃	왕비	비	女-총 6획
邪	간사할	사	邑-총 7획
蛇	긴뱀	사	虫-총11획
詞	말	사	
	글	사	言-총12획
司	맡을	사	口-총 5획
沙	모래	사	水-총 7획
斜	비낄	사	斗-총11획
祀	제사	사	示-총 8획
削	깎을	삭	刀-총 9획
森	수풀	삼	木-총12획
償	갚을	상	人-총17획
像	모양	상	人-총14획
桑	뽕나무	상	木-총10획
霜	서리	상	雨-총17획
尚	오히려	상▸	小-총 8획

喪	잃을	상▸	口-총12획
詳	자세할	상	言-총13획
裳	치마	상	衣-총14획
塞	막힐	색	
	변방	새	土-총13획
索	찾을	색	
	노[새끼줄]	삭	糸-총10획
署	마을[官廳]	서ː	网-총14획
緖	실마리	서ː	糸-총15획
恕	용서할	서ː	心-총10획
徐	천천할	서▸	彳-총10획
惜	아낄	석	心-총11획
釋	풀[解]	석	釆-총20획
旋	돌[廻]	선	方-총11획
禪	선	선	示-총17획
蘇	되살아날	소	艸-총20획
燒	사를	소▸	火-총16획
疏	소통할	소	疋-총11획
訴	호소할	소	言-총12획
訟	송사할	송ː	言-총11획
鎖	쇠사슬	쇄ː	金-총18획
刷	인쇄할	쇄ː	刀-총 8획
衰	쇠할	쇠	
	상복喪服	최	衣-총10획
愁	근심	수	心-총13획
殊	다를	수	歹-총10획
垂	드리울	수	土-총 8획
隨	따를	수	阜-총16획
壽	목숨	수	士-총14획
輸	보낼	수	車-총16획
需	쓰일	수	
	쓸	수	雨-총14획
帥	장수	수	巾-총 9획
獸	짐승	수	犬-총19획
淑	맑을	숙	水-총11획
熟	익을	숙	火-총15획
瞬	눈깜짝일	순	目-총17획
巡	돌[廻]	순	
	순행할	순	巛-총 7획
旬	열흘	순	日-총 6획
述	펼	술	辶-총 9획
襲	엄습할	습	衣-총22획
濕	젖을	습	水-총17획
拾	주울	습	
	갖은열	십	手-총 9획
昇	오를	승	日-총 8획
僧	중	승	人-총14획
乘	탈	승	丿-총10획
侍	모실	시ː	人-총 8획
飾	꾸밀	식	食-총14획
愼	삼갈	신ː	心-총13획
審	살필	심▸	宀-총15획
甚	심할	심ː	甘-총 9획
雙	두	쌍	
	쌍	쌍	隹-총18획
我	나	아ː	戈-총 7획
雅	맑을	아▸	隹-총12획
亞	버금	아▸	二-총 8획
芽	싹	아	艸-총 8획
牙	어금니	아	牙-총 4획
阿	언덕	아	阜-총 8획
顔	낯	안ː	頁-총18획
岸	언덕	안ː	山-총 8획
巖	바위	암	山-총23획
央	가운데	앙	大-총 5획
仰	우러를	앙ː	人-총 6획
哀	슬플	애	口-총 9획
若	같을	약	
	반야般若	야	艸-총 9획

揚	날릴	양	手-총12획
讓	사양할	양:	言-총24획
壤	흙덩이	양:	土-총20획
御	거느릴	어:	彳-총11획
抑	누를	억	手-총 7획
憶	생각할	억	心-총16획
亦	또	역	亠-총 6획
譯	번역할	역	言-총20획
役	부릴	역	彳-총 7획
驛	역	역	馬-총23획
疫	전염병	역	疒-총 9획
沿	물따라갈	연‣	
	따를	연	水-총 8획
軟	연할	연:	車-총11획
宴	잔치	연:	宀-총10획
燕	제비	연‣	火-총16획
悅	기쁠	열	心-총10획
染	물들	염:	木-총 9획
炎	불꽃	염	火-총 8획
鹽	소금	염	鹵-총24획
影	그림자	영:	彡-총15획
譽	기릴	예:	
	명예	예	言-총21획

烏	까마귀	오	火-총10획
悟	깨달을	오:	心-총10획
獄	옥[囚舍]	옥	犬-총14획
瓦	기와	와:	瓦-총 5획
緩	느릴	완:	糸-총15획
辱	욕될	욕	辰-총10획
慾	욕심	욕	心-총15획
欲	하고자할	욕	欠-총11획
憂	근심	우	心-총15획
羽	깃	우:	羽-총 6획
愚	어리석을	우	心-총13획
宇	집	우:	宀-총 6획
偶	짝	우:	人-총11획
韻	운	운:	音-총19획
越	넘을	월	走-총12획
僞	거짓	위	人-총14획
胃	밥통	위	肉-총 9획
謂	이를	위	言-총16획
幽	그윽할	유	幺-총 9획
誘	꾈	유	言-총14획
裕	넉넉할	유:	衣-총12획
悠	멀	유	心-총11획
維	벼리	유	糸-총14획

柔	부드러울	유	木-총 9획
幼	어릴	유	幺-총 5획
猶	오히려	유	犬-총12획
潤	불을	윤:	水-총15획
乙	새	을	乙-총 1획
淫	음란할	음	水-총11획
已	이미	이:	己-총 3획
翼	날개	익	羽-총17획
忍	참을	인	心-총 7획
逸	편안할	일	辶-총12획
壬	북방	임:	士-총 4획
賃	품삯	임:	貝-총13획
慈	사랑	자	心-총13획
紫	자줏빛	자	糸-총11획
刺	찌를	자:	※'자'만 장음
	찌를	척	
	수라	라	刀-총 8획
潛	잠길	잠	水-총15획
暫	잠깐	잠‣	日-총15획
藏	감출	장:	艸-총18획
粧	단장할	장	米-총12획
掌	손바닥	장:	手-총12획
莊	씩씩할	장	艸-총11획

丈	어른	장ː	一－총 3획
臟	오장	장ː	肉－총22획
葬	장사지낼	장ː	艸－총13획
載	실을	재ː	車－총13획
栽	심을	재ː	木－총10획
裁	옷마를	재	衣－총12획
著	나타날	저ː	※'저'만 장음
	붙을	착	艸－총13획
抵	막을[抗]	저ː	手－총 8획
寂	고요할	적	宀－총11획
摘	딸[手收]	적	手－총14획
跡	발자취	적	足－총13획
蹟	자취	적	足－총18획
笛	피리	적	竹－총11획
殿	전각	전ː	殳－총13획
漸	점점	점ː	水－총14획
貞	곧을	정	貝－총 9획
淨	깨끗할	정	水－총11획
井	우물	정▸	二－총 4획
頂	정수리	정	頁－총11획
亭	정자	정	亠－총 9획
廷	조정	정	廴－총 7획
征	칠[征討]	정	彳－총 8획
齊	가지런할	제	齊－총14획
諸	모두	제	
	어조사	저	言－총16획
照	비칠	조ː	火－총13획
兆	억조	조	儿－총 6획
租	조세	조	禾－총10획
縱	세로	종	糸－총17획
坐	앉을	좌ː	土－총 7획
珠	구슬	주	玉－총10획
株	그루	주	木－총10획
柱	기둥	주	木－총 9획
洲	물가	주	水－총 9획
鑄	쇠불릴	주	金－총22획
奏	아뢸	주▸	大－총 9획
宙	집	주ː	宀－총 8획
仲	버금	중▸	人－총 6획
卽	곧	즉	卩－총 9획
憎	미울	증	心－총15획
曾	일찍	증	曰－총12획
症	증세	증▸	疒－총10획
蒸	찔	증	艸－총14획
枝	가지	지	木－총 8획
之	갈	지	丿－총 4획
池	못	지	水－총 6획
振	떨칠	진ː	手－총10획
陳	베풀	진▸	
	묵을	진	阜－총11획
辰	별	진	
	때	신	辰－총 7획
震	우레	진ː	雨－총15획
鎭	진압할	진▸	金－총18획
疾	병	질	疒－총10획
秩	차례	질	禾－총10획
執	잡을	집	土－총11획
徵	부를	징	
	화음火音	치	彳－총15획
借	빌	차ː	
	빌릴	차	人－총10획
此	이	차	止－총 6획
錯	어긋날	착	金－총16획
贊	도울	찬ː	貝－총19획
倉	곳집	창▸	人－총10획
昌	창성할	창▸	日－총 8획
蒼	푸를	창	艸－총14획
菜	나물	채ː	艸－총12획
債	빚	채ː	人－총13획

彩	채색	채：	彡－총11획
策	꾀	책	竹－총12획
妻	아내	처	女－총 8획
拓	넓힐	척	
	박을[拓本]	탁	手－총 8획
尺	자	척	尸－총 4획
戚	친척	척	戈－총11획
踐	밟을	천：	足－총15획
淺	얕을	천：	水－총11획
遷	옮길	천：	辶－총16획
賤	천할	천：	貝－총15획
哲	밝을	철	口－총10획
徹	통할	철	彳－총15획
滯	막힐	체	水－총14획
肖	닮을	초	
	같을	초	肉－총 7획
超	뛰어넘을	초	走－총12획
礎	주춧돌	초	石－총18획
觸	닿을	촉	角－총20획
促	재촉할	촉	人－총 9획
催	재촉할	최：	人－총13획
追	쫓을	추	
	따를	추	辶－총10획

畜	짐승	축	田－총10획
衝	찌를	충	行－총15획
吹	불[鼓吹]	취：	口－총 7획
醉	취할	취：	酉－총15획
側	곁	측	人－총11획
値	값	치	人－총10획
恥	부끄러울	치	心－총10획
稚	어릴	치	禾－총13획
漆	옻	칠	水－총14획
浸	잠길	침：	水－총10획
沈	잠길	침▸	
	성[姓]	심	水－총 7획
奪	빼앗을	탈	大－총14획
塔	탑	탑	土－총13획
湯	끓을	탕：	水－총12획
殆	거의	태	歹－총 9획
泰	클	태	水－총10획
澤	못	택	水－총16획
兎	토끼	토	儿－총 7획
吐	토할	토▸	口－총 6획
透	사무칠	투	辶－총11획
版	판목	판	片－총 8획
編	엮을	편	糸－총15획

片	조각	편▸	片－총 4획
偏	치우칠	편	人－총11획
弊	폐단	폐：	
	해질	폐：	廾－총15획
廢	폐할	폐：	
	버릴	폐：	广－총15획
肺	허파	폐：	肉－총 8획
浦	개[水邊]	포	水－총10획
捕	잡을	포：	手－총10획
楓	단풍	풍	木－총13획
皮	가죽	피	皮－총 5획
被	입을	피：	衣－총10획
彼	저	피：	彳－총 8획
畢	마칠	필	田－총11획
荷	멜	하▸	艸－총11획
何	어찌	하	人－총 7획
賀	하례할	하：	貝－총12획
鶴	학	학	鳥－총21획
汗	땀	한▸	水－총 6획
割	벨	할	刀－총12획
含	머금을	함	口－총 7획
陷	빠질	함：	阜－총11획
項	항목	항：	頁－총12획

恒	항상	항	心－총 9획
響	울릴	향ː	音－총22획
獻	드릴	헌ː	犬－총20획
玄	검을	현	玄－총 5획
懸	달[懸繫]	현ː	心－총20획
穴	굴	혈	穴－총 5획
脅	위협할	협	肉－총10획
衡	저울대	형	行－총16획
慧	슬기로울	혜ː	心－총15획
浩	넓을	호ː	水－총10획
胡	되[狄]	호	肉－총 9획
虎	범	호‣	虍－총 8획
豪	호걸	호	豕－총14획
惑	미혹할	혹	心－총12획
魂	넋	혼	鬼－총14획
忽	갑자기	홀	心－총 8획
洪	넓을	홍	
	큰물	홍	水－총 9획
禍	재앙	화ː	示－총14획
還	돌아올	환	辶－총17획
換	바꿀	환ː	手－총12획
荒	거칠	황	艸－총10획
皇	임금	황	白－총 9획
悔	뉘우칠	회ː	心－총10획
懷	품을	회	心－총19획
劃	그을	획	刀－총14획
獲	얻을	획	犬－총17획
橫	가로	횡	木－총16획
胸	가슴	흉	肉－총10획
戲	놀이	희	戈－총17획
稀	드물	희	禾－총12획

※ 3급Ⅱ는 4급에 새로운 한자 500자를 더하여 모두 1,500자입니다.
단, 3급Ⅱ에서 한자쓰기 문제는 4급Ⅱ[750자]에서 출제됩니다.

✎ 한자는 서체에 따라 글자 모양이 달라져 보이나 모두 정자로 인정됩니다.

[참고 漢字]

示 = 礻	靑 = 青
神(神) 祈(祈) 祝(祝) 祖(祖)	淸(清) 請(請) 晴(晴) 情(情)
糸 = 糹	飠 = 飠
線(線) 經(經) 續(續) 紙(紙)	飮(飲) 飯(飯) 餘(餘) 飽(飽)
辶 = 辶	八 = 丷
送(送) 運(運) 遂(遂) 遵(遵)	尊(尊) 說(説) 曾(曾) 墜(墜)

시험에 꼭! 출제되는 꾸러미

3급II

상대자 · 반대자

두 개의 글자가 서로 상대, 또는 반대되는 뜻을 가진 한자를 말합니다.

더할	가	5급	加 ↔ 減	4II	덜	감	가감
더할	가	5급	加 ↔ 除	4II	덜	제	가제
방패	간	4급	干 ↔ 滿	4II	찰	만	간만
달	감	4급	甘 ↔ 苦	6급	쓸	고	감고
강할	강	6급	強 ↔ 弱	6II	약할	약	강약
내릴	강	4급	降 ↔ 登	7급	오를	등	강등
열	개	6급	開 ↔ 閉	4급	닫을	폐	개폐
가벼울	경	5급	輕 ↔ 重	7급	무거울	중	경중
서울	경	6급	京 ↔ 鄕	4II	시골	향	경향
열	계	3II	啓 ↔ 閉	4급	닫을	폐	계폐
높을	고	6II	高 ↔ 卑	3II	낮을	비	고비
높을	고	6II	高 ↔ 低	4II	낮을	저	고저
높을	고	6II	高 ↔ 下	7II	아래	하	고하
시어미	고	3II	姑 ↔ 婦	4II	며느리	부	고부
쓸	고	6급	苦 ↔ 樂	6II	즐길	락	고락
굽을	곡	5급	曲 ↔ 直	7II	곧을	직	곡직
이바지할	공	3II	供 ↔ 需	3II	쓰일	수	공수
칠	공	4급	攻 ↔ 防	4II	막을	방	공방
칠	공	4급	攻 ↔ 守	4II	지킬	수	공수
벼슬	관	4II	官 ↔ 民	8급	백성	민	관민
빛	광	6급	光 ↔ 陰	4II	그늘	음	광음
임금	군	4급	君 ↔ 民	8급	백성	민	군민
귀할	귀	5급	貴 ↔ 賤	3II	천할	천	귀천
미칠	급	3II	及 ↔ 落	5급	떨어질	락	급락
일어날	기	4II	起 ↔ 結	5II	맺을	결	기결
일어날	기	4II	起 ↔ 伏	4급	엎드릴	복	기복
일어날	기	4II	起 ↔ 陷	3II	빠질	함	기함
길할	길	5급	吉 ↔ 凶	5II	흉할	흉	길흉
어려울	난	4II	難 ↔ 易	4급	쉬울	이	난이
많을	다	6급	多 ↔ 寡	3II	적을	과	다과

끊을	단	4II	斷 ↔ 續	4II	이을	속	단속
아침	단	3II	旦 ↔ 夕	7급	저녁	석	단석
홑	단	4II	單 ↔ 複	4급	겹칠	복	단복
마땅	당	5II	當 ↔ 落	5급	떨어질	락	당락
도읍	도	5급	都 ↔ 農	7II	농사	농	도농
움직일	동	7II	動 ↔ 靜	4급	고요할	정	동정
얻을	득	4II	得 ↔ 喪	3II	잃을	상	득상
얻을	득	4II	得 ↔ 失	6급	잃을	실	득실
오를	등	7급	登 ↔ 落	5급	떨어질	락	등락
찰	랭	5급	冷 ↔ 暖	4II	따뜻할	난	냉난
찰	랭	5급	冷 ↔ 熱	5급	더울	열	냉열
찰	랭	5급	冷 ↔ 溫	6급	따뜻할	온	냉온
일할	로	5II	勞 ↔ 使	6급	하여금	사	노사
뭍	륙	5II	陸 ↔ 海	7II	바다	해	육해
벼슬아치	리	3II	吏 ↔ 民	8급	백성	민	이민
이할	리	6급	利 ↔ 害	5II	해할	해	이해
늦을	만	3II	晩 ↔ 早	4II	일찍	조	만조
팔	매	5급	賣 ↔ 買	5급	살	매	매매
밝을	명	6II	明 ↔ 滅	3II	멸할	멸	명멸
밝을	명	6II	明 ↔ 暗	4II	어두울	암	명암
필	발	6II	發 ↔ 着	5II	붙을	착	발착
모	방	7II	方 ↔ 圓	4II	둥글	원	방원
배	복	3II	腹 ↔ 背	4II	등	배	복배
뜰	부	3II	浮 ↔ 沈	3II	잠길	침	부침
지아비	부	7급	夫 ↔ 妻	3II	아내	처	부처
슬플	비	4II	悲 ↔ 樂	6II	즐길	락	비락
가난할	빈	4II	貧 ↔ 富	4II	부자	부	빈부
선비	사	5II	士 ↔ 民	8급	백성	민	사민
스승	사	4II	師 ↔ 弟	8급	아우	제	사제
상줄	상	5급	賞 ↔ 罰	4II	벌할	벌	상벌
날	생	8급	生 ↔ 沒	3II	빠질	몰	생몰
착할	선	5급	善 ↔ 惡	5II	악할	악	선악
성할	성	4II	盛 ↔ 衰	3II	쇠할	쇠	성쇠
소통할	소	3II	疏 ↔ 密	4II	빽빽할	밀	소밀
덜	손	4급	損 ↔ 益	4II	더할	익	손익
보낼	송	4II	送 ↔ 受	4II	받을	수	송수
보낼	송	4II	送 ↔ 迎	4급	맞을	영	송영
받을	수	4II	受 ↔ 給	5급	줄	급	수급
받을	수	4II	受 ↔ 拂	3II	떨칠	불	수불
받을	수	4II	受 ↔ 與	4급	줄	여	수여
손	수	7II	手 ↔ 足	7급	발	족	수족
쓰일	수	3II	需 ↔ 給	5급	줄	급	수급
줄	수	4II	授 ↔ 受	4II	받을	수	수수
거둘	수	4II	收 ↔ 支	4II	지탱할	지	수지

순할	순 5Ⅱ	順	↔	逆	4Ⅱ	거스를	역	순역
이길	승 6급	勝	↔	負	4급	질[荷]	부	승부
이길	승 6급	勝	↔	敗	5급	패할	패	승패
비로소	시 6Ⅱ	始	↔	末	5급	끝	말	시말
비로소	시 6Ⅱ	始	↔	終	5급	마칠	종	시종
이	시 4Ⅱ	是	↔	非	4Ⅱ	아닐	비	시비
새	신 6Ⅱ	新	↔	舊	5Ⅱ	예	구	신구
신하	신 5Ⅱ	臣	↔	民	8급	백성	민	신민
깊을	심 4Ⅱ	深	↔	淺	3Ⅱ	얕을	천	심천
편안	안 7Ⅱ	安	↔	否	4급	아닐	부	안부
편안	안 7Ⅱ	安	↔	危	4급	위태할	위	안위
사랑	애 6급	愛	↔	惡	5Ⅱ	미워할	오	애오
사랑	애 6급	愛	↔	憎	3Ⅱ	미울	증	애증
슬플	애 3Ⅱ	哀	↔	樂	6Ⅱ	즐길	락	애락
슬플	애 3Ⅱ	哀	↔	歡	4급	기쁠	환	애환
더불	여 4급	與	↔	野	6급	들[坪]	야	여야
영화	영 4Ⅱ	榮	↔	辱	3Ⅱ	욕될	욕	영욕
갈	왕 4Ⅱ	往	↔	來	7급	올	래	왕래
갈	왕 4Ⅱ	往	↔	復	4Ⅱ	회복할	복	왕복
멀	원 6급	遠	↔	近	6급	가까울	근	원근
숨을	은 4급	隱	↔	現	6Ⅱ	나타날	현	은현
숨을	은 4급	隱	↔	見	5Ⅱ	뵈올	현	은현

숨을	은 4급	隱	↔	顯	4급	나타날	현	은현
그늘	음 4Ⅱ	陰	↔	陽	6급	볕	양	음양
인할	인 5급	因	↔	果	6Ⅱ	실과	과	인과
맡길	임 5Ⅱ	任	↔	免	3Ⅱ	면할	면	임면
스스로	자 7Ⅱ	自	↔	他	5급	다를	타	자타
긴	장 8급	長	↔	短	6급	짧을	단	장단
긴	장 8급	長	↔	幼	3Ⅱ	어릴	유	장유
장수	장 4Ⅱ	將	↔	兵	5급	병사	병	장병
장수	장 4Ⅱ	將	↔	士	5급	선비	사	장사
장수	장 4Ⅱ	將	↔	卒	5급	마칠	졸	장졸
바를	정 7Ⅱ	正	↔	反	6Ⅱ	돌이킬	반	정반
바를	정 7Ⅱ	正	↔	副	4Ⅱ	버금	부	정부
바를	정 7Ⅱ	正	↔	否	4급	아닐	부	정부
바를	정 7Ⅱ	正	↔	邪	3Ⅱ	간사할	사	정사
바를	정 7Ⅱ	正	↔	誤	4Ⅱ	그르칠	오	정오
바를	정 7Ⅱ	正	↔	僞	3Ⅱ	거짓	위	정위
높을	존 4Ⅱ	尊	↔	卑	3Ⅱ	낮을	비	존비
있을	존 4급	存	↔	亡	5급	망할	망	존망
있을	존 4급	存	↔	滅	3Ⅱ	멸할	멸	존멸
있을	존 4급	存	↔	沒	3Ⅱ	빠질	몰	존몰
있을	존 4급	存	↔	無	5급	없을	무	존무
있을	존 4급	存	↔	廢	3Ⅱ	폐할	폐	존폐

세로	종	3Ⅱ	縱 ↔ 橫	3Ⅱ	가로	횡	종횡
앉을	좌	3Ⅱ	坐 ↔ 立	7Ⅱ	설	립	좌립
낮	주	6급	晝 ↔ 夜	6급	밤	야	주야
주인	주	7급	主 ↔ 客	5Ⅱ	손	객	주객
주인	주	7급	主 ↔ 從	4급	좇을	종	주종
무리	중	4Ⅱ	衆 ↔ 寡	3Ⅱ	적을	과	중과
더할	증	4Ⅱ	增 ↔ 減	4Ⅱ	덜	감	증감
더할	증	4Ⅱ	增 ↔ 削	3Ⅱ	깎을	삭	증삭
더할	증	4Ⅱ	增 ↔ 損	4급	덜	손	증손
지혜	지	4급	智 ↔ 愚	3Ⅱ	어리석을	우	지우
나아갈	진	4Ⅱ	進 ↔ 退	4Ⅱ	물러날	퇴	진퇴
참	진	4Ⅱ	眞 ↔ 假	4Ⅱ	거짓	가	진가
참	진	4Ⅱ	眞 ↔ 僞	3Ⅱ	거짓	위	진위
모을	집	6급	集 ↔ 散	4급	흩을	산	집산
도울	찬	3Ⅱ	贊 ↔ 反	6Ⅱ	돌이킬	반	찬반
날	출	7급	出 ↔ 沒	3Ⅱ	빠질	몰	출몰
날	출	7급	出 ↔ 入	7급	들	입	출입
겉	표	6Ⅱ	表 ↔ 裏	3Ⅱ	속	리	표리
풍년	풍	4Ⅱ	豐 ↔ 凶	5Ⅱ	흉할	흉	풍흉
저	피	3Ⅱ	彼 ↔ 我	3Ⅱ	나	아	피아
저	피	3Ⅱ	彼 ↔ 此	3Ⅱ	이	차	피차
찰	한	5급	寒 ↔ 暖	4Ⅱ	따뜻할	난	한란

빌	허	4Ⅱ	虛 ↔ 實	5Ⅱ	열매	실	허실
어질	현	4Ⅱ	賢 ↔ 愚	3Ⅱ	어리석을	우	현우
형	형	8급	兄 ↔ 弟	8급	아우	제	형제
은혜	혜	4Ⅱ	恩 ↔ 怨	4급	원망할	원	혜원
부를	호	4Ⅱ	呼 ↔ 應	4Ⅱ	응할	응	호응
부를	호	4Ⅱ	呼 ↔ 吸	4Ⅱ	마실	흡	호흡
좋을	호	4Ⅱ	好 ↔ 惡	5Ⅱ	미워할	오	호오
재앙	화	3Ⅱ	禍 ↔ 福	5Ⅱ	복	복	화복
임금	황	3Ⅱ	皇 ↔ 民	8급	백성	민	황민
모일	회	6Ⅱ	會 ↔ 散	4급	흩을	산	회산
두터울	후	4급	厚 ↔ 薄	3Ⅱ	엷을	박	후박
검을	흑	5급	黑 ↔ 白	8급	흰	백	흑백
일	흥	4Ⅱ	興 ↔ 亡	5급	망할	망	흥망
일	흥	4Ⅱ	興 ↔ 敗	5급	패할	패	흥패
기쁠	희	4급	喜 ↔ 怒	4Ⅱ	성낼	노	희로
기쁠	희	4급	喜 ↔ 悲	4Ⅱ	슬플	비	희비

상대어 · 반대어

서로 상대, 또는 반대되는 뜻을 가진 한자어를 말합니다.

가중 加重 ↔ 輕減 경감
감정 感情 ↔ 理性 이성
객관 客觀 ↔ 主觀 주관
거부 巨富 ↔ 極貧 극빈
거부 拒否 ↔ 承諾 승낙
거부 拒否 ↔ 承認 승인
거부 拒否 ↔ 容納 용납
거부 拒否 ↔ 容認 용인
거부 拒否 ↔ 應諾 응낙
결과 結果 ↔ 動機 동기
결과 結果 ↔ 原因 원인
고상 高尙 ↔ 卑俗 비속
고상 高尙 ↔ 低俗 저속
고아 高雅 ↔ 卑俗 비속
고아 高雅 ↔ 低俗 저속
고의 故意 ↔ 過失 과실
고정 固定 ↔ 流動 유동
고통 苦痛 ↔ 快樂 쾌락
공상 空想 ↔ 現實 현실
광명 光明 ↔ 暗黑 암흑
구심 求心 ↔ 遠心 원심

군자 君子 ↔ 小人 소인
권리 權利 ↔ 義務 의무
근해 近海 ↔ 遠洋 원양
급제 及第 ↔ 落第 낙제
기립 起立 ↔ 着席 착석
내용 內容 ↔ 外觀 외관
내용 內容 ↔ 形式 형식
단순 單純 ↔ 複雜 복잡
대화 對話 ↔ 獨白 독백
동기 動機 ↔ 結果 결과
영혼 靈魂 ↔ 肉體 육체
입체 立體 ↔ 平面 평면
묵독 默讀 ↔ 朗讀 낭독
밀집 密集 ↔ 散在 산재
복식 複式 ↔ 單式 단식
복잡 複雜 ↔ 單純 단순
본질 本質 ↔ 現象 현상
부결 否決 ↔ 可決 가결
분산 分散 ↔ 集中 집중
분쟁 紛爭 ↔ 和解 화해
빈천 貧賤 ↔ 富貴 부귀

사장 死藏 ↔ 活用 활용
생가 生家 ↔ 養家 양가
생산 生産 ↔ 消費 소비
생전 生前 ↔ 死後 사후
소원 疏遠 ↔ 緊密 긴밀
소원 疏遠 ↔ 親近 친근
소원 疏遠 ↔ 親密 친밀
속행 續行 ↔ 中止 중지
손실 損失 ↔ 所得 소득
승리 勝利 ↔ 敗北 패배
온난 溫暖 ↔ 寒冷 한랭
외연 外延 ↔ 內包 내포
원한 怨恨 ↔ 恩惠 은혜
의존 依存 ↔ 自立 자립
의타 依他 ↔ 自立 자립
이단 異端 ↔ 正統 정통
이성 理性 ↔ 感性 감성
인위 人爲 ↔ 自然 자연
자율 自律 ↔ 他律 타율
자정 子正 ↔ 正午 정오
적극 積極 ↔ 消極 소극

적대 敵對 ↔ 友好 우호
전체 全體 ↔ 個別 개별
절대 絶對 ↔ 相對 상대
정신 精神 ↔ 物質 물질
조심 操心 ↔ 放心 방심
증가 增加 ↔ 減少 감소
증진 增進 ↔ 減退 감퇴
진보 進步 ↔ 保守 보수
질의 質疑 ↔ 答辯 답변
질의 質疑 ↔ 對答 대답
질의 質疑 ↔ 應答 응답
질의 質疑 ↔ 應對 응대
총각 總角 ↔ 處女 처녀
총각 總角 ↔ 處子 처자
출사 出仕 ↔ 落鄕 낙향
출사 出仕 ↔ 退耕 퇴경
출사 出仕 ↔ 退官 퇴관
출사 出仕 ↔ 退仕 퇴사
타동 他動 ↔ 自動 자동
퇴화 退化 ↔ 進化 진화
파괴 破壞 ↔ 建設 건설
편도 片道 ↔ 往復 왕복
평등 平等 ↔ 差別 차별

폐쇄 閉鎖 ↔ 開放 개방
필연 必然 ↔ 蓋然 개연
필연 必然 ↔ 偶然 우연
허가 許可 ↔ 禁止 금지
허위 虛僞 ↔ 眞實 진실
혁신 革新 ↔ 保守 보수
형식 形式 ↔ 內容 내용
호재 好材 ↔ 惡材 악재
호전 好轉 ↔ 逆轉 역전
화식 火食 ↔ 生食 생식
화해 和解 ↔ 決裂 결렬

유의자

두 개의 글자가 서로 뜻이 비슷하고 대등한 뜻을 가진 한자를 말합니다.

노래	가	7급	歌 - 曲	5급	굽을	곡	가곡
노래	가	7급	歌 - 樂	6Ⅱ	노래	악	가악
노래	가	7급	歌 - 謠	4Ⅱ	노래	요	가요
노래	가	7급	歌 - 唱	5급	부를	창	가창
더할	가	5급	加 - 增	4Ⅱ	더할	증	가증
깨달을	각	4급	覺 - 悟	3Ⅱ	깨달을	오	각오
간절할	간	3Ⅱ	懇 - 誠	4Ⅱ	정성	성	간성
간절할	간	3Ⅱ	懇 - 切	5Ⅱ	끊을	절	간절
덜	감	4Ⅱ	減 - 削	3Ⅱ	깎을	삭	감삭
덜	감	4Ⅱ	減 - 省	6Ⅱ	덜	생	감생
덜	감	4Ⅱ	減 - 損	4급	덜	손	감손
볼	감	4Ⅱ	監 - 觀	5Ⅱ	볼	관	감관
볼	감	4Ⅱ	監 - 視	4Ⅱ	볼	시	감시
볼	감	4Ⅱ	監 - 察	4Ⅱ	살필	찰	감찰
굳셀	강	3Ⅱ	剛 - 健	5급	굳셀	건	강건
욀	강	4Ⅱ	講 - 釋	3Ⅱ	풀	석	강석
편안	강	4Ⅱ	康 - 寧	3Ⅱ	편안	녕	강녕
강할	강	6급	強 - 健	5급	굳셀	건	강건
살	거	4급	居 - 家	7Ⅱ	집	가	거가
살	거	4급	居 - 館	3Ⅱ	집	관	거관
살	거	4급	居 - 留	4Ⅱ	머무를	류	거류
살	거	4급	居 - 住	7급	살	주	거주
세울	건	5급	建 - 立	7Ⅱ	설	립	건립
검사할	검	4Ⅱ	檢 - 查	5급	조사할	사	검사
굳을	견	4급	堅 - 剛	3Ⅱ	굳셀	강	견강
굳을	견	4급	堅 - 硬	3Ⅱ	굳을	경	견경
굳을	견	4급	堅 - 固	5급	굳을	고	견고
굳을	견	4급	堅 - 強	6급	강할	강	견강
깨끗할	결	4Ⅱ	潔 - 白	8급	흰	백	결백
지경	경	4Ⅱ	境 - 界	6Ⅱ	지경	계	경계
섬돌	계	4급	階 - 級	6급	등급	급	계급
섬돌	계	4급	階 - 段	4급	층계	단	계단
섬돌	계	4급	階 - 層	4급	층	층	계층
이을	계	4급	繼 - 續	4Ⅱ	이을	속	계속
이을	계	4급	繼 - 承	4Ⅱ	이을	승	계승
지경	계	6Ⅱ	界 - 域	4급	지경	역	계역
외로울	고	4급	孤 - 獨	5Ⅱ	홀로	독	고독
외로울	고	4급	孤 - 寂	3Ⅱ	고요할	적	고적
공손할	공	3Ⅱ	恭 - 敬	5Ⅱ	공경	경	공경
바칠	공	3Ⅱ	貢 - 納	4급	들일	납	공납
바칠	공	3Ⅱ	貢 - 獻	3Ⅱ	드릴	헌	공헌
이바지할	공	3Ⅱ	供 - 給	5급	줄	급	공급

이바지할	공	3Ⅱ	供 – 與	4급	줄	여	공여
칠	공	4급	攻 – 擊	4급	칠	격	공격
칠	공	4급	攻 – 伐	4Ⅱ	칠	벌	공벌
칠	공	4급	攻 – 討	4급	칠	토	공토
관계할	관	5Ⅱ	關 – 與	4급	더불	여	관여
꿸	관	3Ⅱ	貫 – 徹	3Ⅱ	통할	철	관철
꿸	관	3Ⅱ	貫 – 通	6급	통할	통	관통
볼	관	5Ⅱ	觀 – 覽	4급	볼	람	관람
볼	관	5Ⅱ	觀 – 視	4Ⅱ	볼	시	관시
볼	관	5Ⅱ	觀 – 察	4Ⅱ	살필	찰	관찰
넓을	광	5Ⅱ	廣 – 漠	3Ⅱ	넓을	막	광막
다리	교	5급	橋 – 脚	3Ⅱ	다리	각	교각
다리	교	5급	橋 – 梁	3Ⅱ	들보	량	교량
갖출	구	5Ⅱ	具 – 備	4Ⅱ	갖출	비	구비
구원할	구	5급	救 – 援	4급	도울	원	구원
구원할	구	5급	救 – 濟	4Ⅱ	건널	제	구제
군사	군	8급	軍 – 旅	5Ⅱ	나그네	려	군려
굽힐	굴	4급	屈 – 曲	5급	굽을	곡	굴곡
굽힐	굴	4급	屈 – 折	4급	꺾을	절	굴절
권세	권	4Ⅱ	權 – 稱	4급	일컬을	칭	권칭
권세	권	4Ⅱ	權 – 衡	3Ⅱ	저울대	형	권형
권할	권	4급	勸 – 勵	3Ⅱ	힘쓸	려	권려
권할	권	4급	勸 – 勉	4급	힘쓸	면	권면
권할	권	4급	勸 – 奬	4급	장려할	장	권장
귀할	귀	5급	貴 – 重	7급	무거울	중	귀중
법	규	5급	規 – 格	5Ⅱ	격식	격	규격
법	규	5급	規 – 例	6급	법식	례	규례
법	규	5급	規 – 律	4Ⅱ	법칙	률	규율
법	규	5급	規 – 範	4급	법	범	규범
법	규	5급	規 – 式	6급	법	식	규식
법	규	5급	規 – 則	5급	법칙	칙	규칙
줄	급	5급	給 – 與	4급	줄	여	급여
그릇	기	4Ⅱ	器 – 具	5Ⅱ	갖출	구	기구
들일	납	4급	納 – 入	7급	들	입	납입
해	년	8급	年 – 歲	5Ⅱ	해	세	연세
끊을	단	4Ⅱ	斷 – 切	5Ⅱ	끊을	절	단절
말씀	담	5급	談 – 說	5Ⅱ	말씀	설	담설
말씀	담	5급	談 – 言	6급	말씀	언	담언
말씀	담	5급	談 – 話	7Ⅱ	말씀	화	담화
멜	담	4Ⅱ	擔 – 任	5Ⅱ	맡길	임	담임
그림	도	6Ⅱ	圖 – 畫	6급	그림	화	도화
무리	도	4급	徒 – 黨	4Ⅱ	무리	당	도당
무리	도	4급	徒 – 輩	3Ⅱ	무리	배	도배
이를	도	5급	到 – 達	4Ⅱ	통달할	달	도달
이를	도	5급	到 – 着	5Ⅱ	붙을	착	도착
벌릴	라	4Ⅱ	羅 – 列	4Ⅱ	벌릴	렬	나열

나그네	려	5Ⅱ	旅 - 客	5Ⅱ	손	객	여객
그리워할	련	3Ⅱ	戀 - 慕	3Ⅱ	그릴	모	연모
이을	련	4Ⅱ	連 - 續	4Ⅱ	이을	속	연속
익힐	련	5Ⅱ	練 - 習	6급	익힐	습	연습
논할	론	4Ⅱ	論 - 議	4Ⅱ	의논할	의	논의
머무를	류	4Ⅱ	留 - 住	7급	살	주	유주
높을	륭	3Ⅱ	隆 - 盛	4Ⅱ	성할	성	융성
높을	륭	3Ⅱ	隆 - 興	4Ⅱ	일	흥	융흥
힘쓸	면	4급	勉 - 勵	3Ⅱ	힘쓸	려	면려
멸할	멸	3Ⅱ	滅 - 亡	5급	망할	망	멸망
이름	명	7Ⅱ	名 - 稱	4급	일컬을	칭	명칭
본뜰	모	4급	模 - 範	4급	법	범	모범
터럭	모	4Ⅱ	毛 - 髮	4급	터럭	발	모발
무성할	무	3Ⅱ	茂 - 盛	4Ⅱ	성할	성	무성
성	박	6급	朴 - 素	4Ⅱ	본디	소	박소
밥	반	3Ⅱ	飯 - 食	7Ⅱ	먹을	식	반식
번성할	번	3Ⅱ	繁 - 茂	3Ⅱ	무성할	무	번무
법	법	5Ⅱ	法 - 規	5급	법	규	법규
지킬	보	4Ⅱ	保 - 衛	4Ⅱ	지킬	위	보위
지킬	보	4Ⅱ	保 - 護	4Ⅱ	도울	호	보호
도울	부	3Ⅱ	扶 - 助	4Ⅱ	도울	조	부조
도울	부	3Ⅱ	扶 - 護	4Ⅱ	도울	호	부호
부세	부	3Ⅱ	賦 - 與	4급	줄	여	부여

견줄	비	5급	比 - 較	3Ⅱ	견줄	교	비교
비평할	비	4급	批 - 評	4급	평할	평	비평
슬플	비	4Ⅱ	悲 - 哀	3Ⅱ	슬플	애	비애
가난할	빈	4Ⅱ	貧 - 困	4급	곤할	곤	빈곤
가난할	빈	4Ⅱ	貧 - 窮	4급	다할	궁	빈궁
생각	사	5급	思 - 考	5급	생각할	고	사고
생각	사	5급	思 - 念	5Ⅱ	생각	념	사념
생각	사	5급	思 - 慮	4급	생각할	려	사려
생각	사	5급	思 - 慕	3Ⅱ	그릴	모	사모
생각	사	5급	思 - 想	4Ⅱ	생각	상	사상
조사할	사	5급	查 - 察	4Ⅱ	살필	찰	사찰
집	사	4Ⅱ	舍 - 屋	5급	집	옥	사옥
집	사	4Ⅱ	舍 - 宅	5Ⅱ	집	택	사택
장사	상	5Ⅱ	商 - 量	5급	헤아릴	량	상량
풀	석	3Ⅱ	釋 - 放	6Ⅱ	놓을	방	석방
가릴	선	5급	選 - 擧	5급	들	거	선거
가릴	선	5급	選 - 拔	3Ⅱ	뽑을	발	선발
가릴	선	5급	選 - 別	6급	다를	별	선별
가릴	선	5급	選 - 擇	4급	가릴	택	선택
돌	선	3Ⅱ	旋 - 回	4Ⅱ	돌아올	회	선회
말씀	설	5Ⅱ	說 - 話	7Ⅱ	말씀	화	설화
본디	소	4Ⅱ	素 - 朴	6급	성姓	박	소박
본디	소	4Ⅱ	素 - 質	5Ⅱ	바탕	질	소질

사라질	소	6II	消 - 滅	3II	멸할	멸	소멸
나무	수	6급	樹 - 木	8급	나무	목	수목
닦을	수	4II	修 - 習	6급	익힐	습	수습
닦을	수	4II	修 - 飾	3II	꾸밀	식	수식
줄	수	4II	授 - 與	4급	줄	여	수여
순수할	순	4II	純 - 潔	4II	깨끗할	결	순결
익힐	습	6급	習 - 慣	3II	익숙할	관	습관
베풀	시	4II	施 - 設	4II	베풀	설	시설
납	신	4II	申 - 告	5II	고할	고	신고
살필	심	3II	審 - 査	5급	조사할	사	심사
편안	안	7II	安 - 康	4II	편안	강	안강
편안	안	7II	安 - 寧	3II	편안	녕	안녕
사랑	애	6급	愛 - 戀	3II	그리워할	련	애련
사랑	애	6급	愛 - 慕	3II	그릴	모	애모
기쁠	열	3II	悅 - 樂	6II	즐길	락	열락
꽃부리	영	6급	英 - 特	6급	특별할	특	영특
기릴	예	3II	譽 - 讚	4급	기릴	찬	예찬
집	옥	5급	屋 - 宇	3II	집	우	옥우
근심	우	3II	憂 - 慮	4급	생각할	려	우려
근심	우	3II	憂 - 愁	3II	근심	수	우수
근심	우	3II	憂 - 患	5급	근심	환	우환
원망할	원	4급	怨 - 恨	4급	한	한	원한
맡길	위	4급	委 - 任	5II	맡길	임	위임
어릴	유	3II	幼 - 稚	3II	어릴	치	유치
은혜	은	4II	恩 - 惠	4II	은혜	혜	은혜
어질	인	4급	仁 - 慈	3II	사랑	자	인자
모양	자	4급	姿 - 貌	3II	모양	모	자모
사랑	자	3II	慈 - 愛	6급	사랑	애	자애
재물	자	4급	資 - 財	5II	재물	재	자재
재물	자	4급	資 - 質	5II	바탕	질	자질
꾸밀	장	4급	裝 - 飾	3II	꾸밀	식	장식
장수	장	4II	將 - 帥	3II	장수	수	장수
장려할	장	4급	獎 - 勵	3II	힘쓸	려	장려
심을	재	3II	栽 - 植	7급	심을	식	재식
재물	재	5II	財 - 貨	4II	재물	화	재화
깨끗할	정	3II	淨 - 潔	4II	깨끗할	결	정결
뜰	정	6II	庭 - 園	6급	동산	원	정원
머무를	정	5급	停 - 留	4II	머무를	류	정류
머무를	정	5급	停 - 住	7급	살	주	정주
머무를	정	5급	停 - 止	5급	그칠	지	정지
고를	조	5II	調 - 均	4급	고를	균	조균
고를	조	5II	調 - 和	6II	화할	화	조화
높을	존	4II	尊 - 貴	5급	귀할	귀	존귀
마칠	종	5급	終 - 結	5II	맺을	결	종결
마칠	종	5급	終 - 端	4II	끝	단	종단
마칠	종	5급	終 - 末	5급	끝	말	종말

마칠	종 5급	終 - 止	5급 그칠	지	종지
붉을	주 4급	朱 - 紅	4급 붉을	홍	주홍
가운데	중 8급	中 - 央	3Ⅱ 가운데	앙	중앙
도울	찬 3Ⅱ	贊 - 助	4Ⅱ 도울	조	찬조
참여할	참 5Ⅱ	參 - 與	4급 더불	여	참여
곳집	창 3Ⅱ	倉 - 庫	4급 곳집	고	창고
꾸짖을	책 5Ⅱ	責 - 任	5Ⅱ 맡길	임	책임
들을	청 4급	聽 - 聞	6급 들을	문	청문
맑을	청 6Ⅱ	淸 - 淨	3Ⅱ 깨끗할	정	청정
재촉할	최 3Ⅱ	催 - 促	3Ⅱ 재촉할	촉	최촉
채울	충 5Ⅱ	充 - 滿	4Ⅱ 찰	만	충만
칠	타 5급	打 - 擊	4급 칠	격	타격
높을	탁 5급	卓 - 越	3Ⅱ 넘을	월	탁월
찾을	탐 4급	探 - 索	3Ⅱ 찾을	색	탐색
편할	편 7급	便 - 安	7Ⅱ 편안	안	편안
평평할	평 7Ⅱ	平 - 均	4급 고를	균	평균
평평할	평 7Ⅱ	平 - 等	6Ⅱ 무리	등	평등
평평할	평 7Ⅱ	平 - 安	7Ⅱ 편안	안	평안
평평할	평 7Ⅱ	平 - 和	6Ⅱ 화할	화	평화
잡을	포 3Ⅱ	捕 - 獲	3Ⅱ 얻을	획	포획
배울	학 8급	學 - 習	6급 익힐	습	학습
풀	해 4Ⅱ	解 - 釋	3Ⅱ 풀	석	해석
드릴	헌 3Ⅱ	獻 - 納	4급 들일	납	헌납
은혜	혜 4Ⅱ	惠 - 澤	3Ⅱ 못	택	혜택
이름	호 6급	號 - 名	7Ⅱ 이름	명	호명
말씀	화 7Ⅱ	話 - 言	6급 말씀	언	화언
화할	화 6Ⅱ	和 - 睦	3Ⅱ 화목할	목	화목
화할	화 6Ⅱ	和 - 協	4Ⅱ 화할	협	화협
기쁠	환 4급	歡 - 悅	3Ⅱ 기쁠	열	환열
기쁠	환 4급	歡 - 喜	4급 기쁠	희	환희
임금	황 3Ⅱ	皇 - 王	8급 임금	왕	황왕
임금	황 3Ⅱ	皇 - 帝	4급 임금	제	황제
돌아올	회 4Ⅱ	回 - 轉	4급 구를	전	회전
얻을	획 3Ⅱ	獲 - 得	4Ⅱ 얻을	득	획득
흉할	흉 5Ⅱ	凶 - 猛	3Ⅱ 사나울	맹	흉맹
흉할	흉 5Ⅱ	凶 - 惡	5Ⅱ 악할	악	흉악
흉할	흉 5Ⅱ	凶 - 暴	4Ⅱ 모질	포	흉포
일	흥 4Ⅱ	興 - 起	4Ⅱ 일어날	기	흥기
일	흥 4Ⅱ	興 - 隆	3Ⅱ 높을	륭	흥륭
기쁠	희 4급	喜 - 悅	3Ⅱ 기쁠	열	희열
드물	희 3Ⅱ	稀 - 貴	5급 귀할	귀	희귀
바랄	희 4Ⅱ	希 - 望	5Ⅱ 바랄	망	희망
바랄	희 4Ⅱ	希 - 願	5급 원할	원	희원

혼동하기 쉬운 한자

서로 글자의 모양이 비슷하여 혼동하기 쉬운 한자를 말합니다.

아름다울	가	佳	≠	桂	계수나무	계
다리	각	脚	≠	却	물리칠	각
새길	간	刊	≠	刑	형벌	형
벼리	강	綱	≠	網	그물	망
대개	개	槪	≠	慨	슬퍼할	개
겸할	겸	兼	≠	廉	청렴할	렴
이랑	경	頃	≠	傾	기울	경
지름길	경	徑	≠	經	지날	경
열	계	啓	≠	哲	밝을	철
북	고	鼓	≠	敲	두드릴	고
갓	관	冠	≠	寇	도적	구
무너질	괴	壞	≠	懷	품을	회
잡을	구	拘	≠	狗	개	구
빌	기	祈	≠	析	쪼갤	석
계집	낭	娘	≠	郎	사내	랑
골	뇌	腦	≠	惱	번뇌할	뇌
아침	단	旦	≠	但	다만	단
붉을	단	丹	≠	舟	배	주
맑을	담	淡	≠	談	말씀	담
빌릴	대	貸	≠	賃	품삯	임
길	도	途	≠	塗	칠할	도
복숭아	도	桃	≠	挑	돋울	도
책력	력	曆	≠	磨	갈	마

쇠불릴	련	鍊	≠	練	익힐	련
이슬	로	露	≠	霜	서리	상
녹	록	祿	≠	綠	푸를	록
우레	뢰	雷	≠	電	번개	전
인륜	륜	倫	≠	輪	바퀴	륜
밤	률	栗	≠	粟	조	속
언덕	릉	陵	≠	陸	뭍	륙
벼슬아치	리	吏	≠	史	사기	사
장막	막	幕	≠	暮	저물	모
늦을	만	晩	≠	娩	낳을	만
망령될	망	妄	≠	忘	잊을	망
중매	매	媒	≠	煤	그을음	매
소경	맹	盲	≠	冒	무릅쓸	모
솜	면	綿	≠	錦	비단	금
잘	면	眠	≠	珉	옥돌	민
면할	면	免	≠	兎	토끼	토
꼬리	미	尾	≠	眉	눈썹	미
밀칠	배	排	≠	挑	돋울	도
남녘	병	丙	≠	內	안	내
족보	보	譜	≠	普	넓을	보
배	복	腹	≠	復	회복할	복
봉할	봉	封	≠	掛	걸	괘
문서	부	簿	≠	薄	엷을	박

붙을	부	附	≠	付	부칠	부
떨칠	불	拂	≠	佛	부처	불
계집종	비	婢	≠	碑	비석	비
말	사	詞	≠	司	맡을	사
비낄	사	斜	≠	科	과목	과
오히려	상	尙	≠	向	향할	향
갚을	상	償	≠	賞	상줄	상
막힐	색	塞	≠	寒	찰	한
마을	서	署	≠	暑	더울	서
실마리	서	緖	≠	諸	모두	제
용서할	서	恕	≠	怒	성낼	노
풀	석	釋	≠	繹	풀	역
아낄	석	惜	≠	昔	예	석
돌	선	旋	≠	旅	나그네	려
소통할	소	疏	≠	流	흐를	류
송사할	송	訟	≠	頌	칭송할	송
장수	수	帥	≠	師	스승	사
드리울	수	垂	≠	睡	졸음	수
익을	숙	熟	≠	孰	누구	숙
오를	승	昇	≠	卑	낮을	비
모실	시	侍	≠	待	기다릴	대
언덕	아	阿	≠	何	어찌	하
우러를	앙	仰	≠	抑	누를	억
흙덩이	양	壤	≠	讓	사양할	양
생각할	억	憶	≠	億	억	억

또	역	亦	≠	赤	붉을	적
까마귀	오	烏	≠	鳥	새	조
근심	우	憂	≠	夏	여름	하
거짓	위	僞	≠	爲	하	위
이미	이	已	≠	己	몸	기
잠길	잠	潛	≠	替	바꿀	체
씩씩할	장	莊	≠	壯	장할	장
옷마를	재	裁	≠	栽	심을	재
조정	정	廷	≠	延	늘일	연
가지런할	제	齊	≠	濟	건널	제
물가	주	洲	≠	州	고을	주
아뢸	주	奏	≠	秦	성	진
구슬	주	珠	≠	株	그루	주
일찍	증	曾	≠	會	모일	회
가지	지	枝	≠	技	재주	기
이	차	此	≠	比	견줄	비
곳집	창	倉	≠	蒼	푸를	창
나물	채	菜	≠	採	캘	채
짐승	축	畜	≠	蓄	모을	축
잠길	침	浸	≠	侵	침노할	침
빼앗을	탈	奪	≠	奮	떨칠	분
폐단	폐	弊	≠	幣	화폐	폐
개	포	浦	≠	捕	잡을	포
호걸	호	豪	≠	毫	터럭	호

한자성어 · 사자성어 · 고사성어

- **漢字成語**란 우리말의 속담이나 격언 등을 한자로 옮겨 쓴 것을 말합니다.
- **四字成語**란 우리말 중에서 4음절로 이루어진 한자어 낱말을 이르는 말입니다.
- **故事成語**란 옛날부터 전해 내려오는 내력이 있는 일을 표현한 어구로써 옛사람들이 만든 말을 뜻합니다.

● 加減乘除 가감승제

'더하기 · 빼기 · 곱하기 · 나누기'를 아울러 이르는 말.

● 佳人薄命 가인박명

'미인은 불행한 일이 따르기 쉽고 요절하기 쉽다.'는 뜻으로, '여자의 용모가 아름다우면 운명이 짧거나 기구함'을 이르는 말.

● 角者無齒 각자무치

'한 사람이 모든 복(福)이나 재주를 겸하지 못함'을 이르는 말.

● 干城之材 간성지재

'방패와 성의 재목'이라는 뜻으로, 나라를 지킬만한 믿음직한 인재를 이르는 말.

● 甘言利說 감언이설

남의 비위(脾胃)를 맞추는 달콤한 말과 이로운 조건만 들어 그럴듯하게 꾸미는 말.

● 甲男乙女 갑남을녀

'갑이라는 남자와 을이라는 여자'라는 뜻으로, '특별히 이름이나 신분이 알려지지 않은 평범한 보통사람'을 이르는 말.

● 江湖煙波 강호연파

'강이나 호수 위에 안개처럼 보얗게 이는 기운, 또는 그 수면의 잔물결'이라는 뜻에서 '대자연의 풍경'을 이르는 말.

● 改過遷善 개과천선

지나간 잘못을 고치고 착하게 됨.

● 開卷有益 개권유익

'책을 읽으면 유익하다.'는 뜻으로, '독서를 권장함'을 이르는 말.

● 犬馬之勞 견마지로

'개나 말의 하찮은 힘'이란 뜻으로, '자기의 노력을 낮추어 하는 말, 또는 임금이나 나라에 충성을 다하는 노력'을 이르는 말.

● 見物生心 견물생심

'물건을 보면 그것을 가지고 싶은 욕심이 생긴다.'는 말.

● 見事生風 견사생풍

'일을 당하면 손바람이 난다.'는 뜻에서, '일을 빨리 처리함'을 이르는 말.

● 結草報恩 결초보은

'풀을 맺어 은혜를 갚는다.'는 뜻으로, '죽어 혼령이 되어서라도 은혜를 잊지 않고 갚음'을 이르는 말.

● 輕擧妄動 경거망동

'경솔하여 생각 없이 망령되게 행동한다.'는 뜻으로, '도리나 사정을 생각하지 않고 경솔하게 행동함'을 이르는 말.

● 經世濟民 경세제민

세상을 다스리고 백성을 구제함을 이르는 말.

● 驚天動地 경천동지

'하늘을 놀라게 하고 땅을 움직이게 한다.'는 뜻으로, '세상을 몹시 놀라게 함'을 이르는 말.

- 鷄口牛後 계구우후

'닭의 주둥이와 소의 꼬리'라는 뜻으로, '큰 단체의 꼴찌보다는 작은 단체의 우두머리가 되는 것이 오히려 나음'을 이르는 말.

- 孤立無援 고립무원

고립되어 구원을 받을 데가 없음.

- 高山流水 고산유수

'높은 산에 흘러내리는 물'이라는 뜻으로, '극히 미묘한 거문고의 가락', 또는 '지기(知己)'를 이르는 말.

- 孤掌難鳴 고장난명

'외손뼉은 울릴 수 없다.'는 뜻으로, '혼자서는 일을 이루지 못함' 또는 '맞서는 사람이 없으면 싸움이 되지 않음'을 이르는 말.

- 苦盡甘來 고진감래

'쓴 것이 다하면 단 것이 온다.'는 뜻으로, '괴로움이 다하면 즐거움이 옴'을 이르는 말.

- 曲學阿世 곡학아세

'학문을 왜곡하여 세속에 아부한다.'는 뜻으로, '의연하게 진실하지 못한 학자의 양심과 태도'를 비판하여 이르는 말.

- 骨肉相殘 골육상잔

같은 혈족, 또는 같은 민족끼리 서로 다투고 해(害)함.

- 過恭非禮 과공비례

'지나친 공손은 오히려 예의에 벗어남'을 이르는 말.

- 過猶不及 과유불급

'지나친 것은 오히려 그 정도에 미치지 못한 것과 같음'을 이르는 말.

- 巧言令色 교언영색

(남의 환심을 사려는) 아첨하는 말과 알랑거리는 태도.

- 教學相長 교학상장

'가르치고 배우면서 서로 성장한다.'는 뜻으로, '남을 가르치는 일과 스승에게서 배우는 일은 다 함께 자기의 학업을 증진시키는 것임'을 이르는 말.

- 九牛一毛 구우일모

'아홉 마리 소 가운데의 털 한 개'라는 뜻으로, '많은 수 가운데에서 아주 적은 수' 즉, '아무것도 아닌 하찮은 일'을 이르는 말.

- 群雄割據 군웅할거

'많은 영웅들이 각지에 자리 잡고 세력을 떨치며 서로 맞서는 상황'을 이르는 말.

- 窮餘之策 궁여지책

'궁한 나머지 짜낸 계책'이라는 뜻으로, '막다른 골목에서 그 국면을 타개하려고 생각다 못해 짜낸 꾀'를 이르는 말.

- 權不十年 권불십년

'권세는 10년을 가지 못한다.'는 뜻으로, '아무리 높은 권세라도 오래가지 못함'을 이르는 말.

- 克己復禮 극기복례

'자신의 사사로움을 극복하고 예를 회복한다.'는 뜻으로, '자기의 욕망·감정을 이겨내고 사회적 법칙인 예의범절을 따름'을 이르는 말.

- 近朱者赤 근주자적

'붉은 것에 가까이 하는 사람은 붉게 된다.'는 뜻으로, '사람은 그가 가까이 하는 사람에 따라, 그 영향을 받아 변하게 됨'을 이르는 말.

- 錦衣夜行 금의야행

'비단옷을 입고 밤길을 다닌다.'는 뜻으로, '아무 보람이 없는 헛된 일을 함'을 이르는 말.

- 錦衣還鄕 금의환향

'비단옷을 입고 고향으로 돌아간다.'는 뜻으로, '출세하여 고향을 찾는 것'을 이르는 말.

- 起死回生 기사회생

'거의 죽을 목숨이 다시 살아난다.'는 뜻으로, '위기에 처한 상황에서 구원하여 사태를 호전시킴'을 이르는 말.

- 奇想天外 기상천외

보통 사람으로는 쉽게 짐작할 수 없을 정도로 엉뚱하고 기발(奇拔)한 생각.

- 起承轉結 기승전결

(한시에서) 시구(詩句)를 구성하는 방법.
※ '기(起)'는 시를 시작하는 부분, '승(承)'은 그것을 이어받아 전개하는 부분, '전(轉)'은 시의(詩意)를 전환하는 부분, '결(結)'은 전체 시의(詩意)를 끝맺는 부분을 말함.

- 金科玉條 금과옥조

'금과 옥 같은 법률'이라는 뜻으로, '소중히 여기고 꼭 지켜야 할 법이나 규정'을 이르는 말.

- 金蘭之契 금란지계

'둘이 합심하면 능히 쇠를 자를 수 있고, 우정의 아름다움은 난의 향기와 같다.'는 뜻에서, '친구 사이의 매우 두터운 정'을 이르는 말. 금란지교(金蘭之交). 단금지계(斷金之契).

- 金枝玉葉 금지옥엽

'금으로 된 가지와 옥으로 된 잎'이라는 뜻에서, '임금의 가족', 또는 '귀한 자손'을 이르는 말.

- 落木寒天 낙목한천

나뭇잎이 다 떨어진 겨울의 춥고 쓸쓸한 풍경, 또는 그런 계절.

- 落花流水 낙화유수

'흐르는 물에 떨어지는 꽃'이라는 뜻으로, '가는 봄의 경치', 또는 '세력이 약해져 보잘것없이 쇠퇴해감'을 이르는 말.

- 內憂外患 내우외환

나라 안팎의 근심과 걱정.

- 論功行賞 논공행상

'공로를 조사하여 상을 준다.'는 뜻으로, '공적의 크고 작음 따위를 논의하여 그에 알맞은 상을 줌'을 이르는 말.

- 多多益善 다다익선

많으면 많을수록 더 좋다.

- 斷機之教 단기지교

'학업을 중도에 폐함은 짜던 베의 날을 끊는 것과 같아 아무런 이익이 없다'는 뜻으로, 학업을 중단해서는 안된다는 것을 경계하는 말. 맹모단기(孟母斷機).

- 單刀直入 단도직입

'혼자서 칼을 휘두르며 적진(敵陣)으로 거침없이 쳐들어간다.'는 뜻으로, '요점을 바로 풀이해간다.'는 말.

- 大同小異 대동소이

'크게는 같고 작게는 다르다.'는 뜻으로, '크게 보면 서로 같지만 작게 보면 각각 다름'을 이르는 말. 서로 비슷함.

- 獨不將軍 독불장군

무슨 일이든 자기 생각대로 혼자서 처리하는 사람, 또는 다른 사람에게 따돌림을 받는 외로운 사람.

- 同價紅裳 동가홍상

'같은 값이면 다홍치마'라는 뜻으로, '이왕이면 더 좋은 것을 택함'을 이르는 말.

- 東奔西走 동분서주

'동쪽으로 뛰고 서쪽으로 뛴다.'는 뜻으로, '사방으로 이리저리 몹시 바쁘게 돌아다님'을 이르는 말.

- 同床異夢 동상이몽

'한 침상에 누워 다른 꿈을 꾼다.'는 뜻으로, '서로 같은 처지에 있으면서도 저마다 다른 생각을 하는 것'을 이르는 말.

● 登高自卑 등고자비

'높은 곳에 이르기 위해서는 낮은 곳부터 밟아야 한다.'는 뜻으로, '일을 하는 데는 반드시 차례를 밟아야 함', 또는 '지위가 높아질수록 스스로를 낮춤'을 이르는 말.

● 燈下不明 등하불명

'등잔 밑이 어둡다.'는 뜻으로, '가까이 있는 것을 오히려 잘 모름'을 이르는 말.

● 燈火可親 등화가친

'등불을 가까이 할 수 있다.'는 뜻으로, '가을이 되어 서늘하면 밤에 불을 가까이 하여 학문을 탐구하기에 좋음'을 이르는 말.

● 臨時變通 임시변통

'갑자기 터진 일을 우선 간단하게 둘러맞추어 처리함'을 이르는 말.

● 馬耳東風 마이동풍

'말의 귓가를 스치는 동풍'이라는 뜻으로, '남의 말을 귀담아듣지 않고 흘려버림'을 일컫는 말.

● 莫上莫下 막상막하

'어느 쪽이 더 낫고 못함이 없이 실력의 차이가 비슷함'을 이르는 말.

● 莫逆之友 막역지우

'서로 거스르지 않는 벗'이라는 뜻으로, '참된 마음으로 아무 허물없이 친한 벗'을 이르는 말.

● 望雲之情 망운지정

'구름을 바라보며 그리워하는 마음'이라는 뜻으로, '객지에 나온 자식이 고향의 부모를 그리는 정'을 이르는 말.

● 孟母斷機 맹모단기

'맹자의 어머니가 베틀의 실을 끊었다.'는 뜻으로, '학문을 중도에서 그만두면 아무 쓸모가 없음'을 이르는 말.

● 面從腹背 면종복배

'겉으로는 순종(順從)하는 체하고 속으로는 딴 마음을 먹음'을 이르는 말.

● 明鏡止水 명경지수

'밝은 거울과 잔잔한 물'이라는 뜻으로, '고요하고 잡념이나 허욕(虛慾)이 없이 맑고 깨끗한 마음'을 이르는 말.

● 明若觀火 명약관화

'밝기가 불을 보는 것과 같다.'는 뜻으로, '의심할 여지없이 매우 분명함'을 이르는 말.

● 命在頃刻 명재경각

'목숨이 경각에 달렸다.'는 뜻으로, '숨이 끊어질 지경에 이름'을 이르는 말.

● 目不識丁 목불식정

'고무래를 놓고 丁자를 알지 못한다.', 또는 '낫 놓고 기역자도 모른다.'는 뜻으로, '아주 무식함'을 이르는 말.

● 無爲徒食 무위도식

'하는 일 없이 놀고먹음'을 이르는 말. 유식(遊食).

● 文房四友 문방사우

서재(書齋)에 꼭 있어야 할 네 벗, 즉 '종이・붓・벼루・먹'을 말함.

● 聞一知十 문일지십

'한 가지를 들으면 열 가지를 미루어 안다.'는 뜻으로, '총명하고 영특함'을 이르는 말.

● 文化變容 문화변용

(서로 다른 문화가 접촉하였을 때) 한쪽 또는 양쪽의 문화 형태에 변화가 일어나는 현상.

● 美辭麗句 미사여구

'아름다운 말로 듣기 좋게 꾸민 글귀'를 이르는 말.

● 拍掌大笑 박장대소

손뼉을 치며 크게 웃음.

- 半生半死 반생반사

거의 죽게 되어 생사(生死)를 알 수 없는 지경에 이름.

- 百家爭鳴 백가쟁명

많은 학자・문화인 등의 논쟁, 또는 여러 사람이 서로 자기주장을 내세우는 일.

- 百計無策 백계무책

있는 꾀를 다 써 보아도 달리 뾰족한 수가 없음.

- 百年大計 백년대계

먼 앞날까지 미리 내다보고 세우는 크고 중요한 계획.

- 百年河淸 백년하청

'백 년 동안 황하의 물이 맑아지기를 기다린다.'는 뜻으로, '아무리 세월이 가도 일을 해결할 희망이 없음'을 이르는 말.

- 百戰老將 백전노장

'수많은 싸움을 치른 노련한 장수'를 뜻하는 데에서, '온갖 어려운 일을 많이 겪은 노련한 사람'을 비유하여 이르는 말.

- 百折不屈 백절불굴

백 번 꺾일지언정 결코 굴복하지 않음.

- 夫唱婦隨 부창부수

남편이 주장하고 아내가 이에 잘 따르는 부부 사이의 도리.

- 北窓三友 북창삼우

거문고와 시와 술을 일컬음.

- 不知其數 부지기수

헤아릴 수 없을 만큼 많음.

- 事必歸正 사필귀정

모든 잘잘못은 반드시 바른 길로 돌아옴.

- 殺身成仁 살신성인

'목숨을 버리고 어진 일을 이룬다.'는 뜻으로, '자기 몸을 희생하여 옳은 도리를 행함'을 이르는 말.

- 三旬九食 삼순구식

'한 달에 아홉 번 식사를 한다.'는 뜻으로, '집안이 가난하여 먹을 것이 적음'을 이르는 말.

- 相扶相助 상부상조

서로서로 도움.

- 雪上加霜 설상가상

'눈 위에 서리가 덮인다.'는 뜻으로 '불행이 엎친 데 덮친 격으로 거듭 생김'을 이르는 말.

- 送舊迎新 송구영신

묵은해를 보내고 새해를 맞이함.

- 修己治人 수기치인

자신의 몸과 마음을 닦은 후에 남을 다스림.

- 壽福康寧 수복강녕

오래 살고 복을 누리며 건강하고 평안함.

- 手不釋卷 수불석권

'손에서 책을 놓지 않는다.'는 뜻으로, '부지런히 학문에 힘씀'을 이르는 말.

- 水魚之交 수어지교

'물과 고기의 사귐'이란 뜻으로, '고기가 물을 떠나서는 잠시도 살 수 없는 것과 같은 관계', 또는 '교분이 매우 깊은 것'을 이르는 말.

- 宿虎衝鼻 숙호충비

'잠자는 호랑이의 코를 찌른다.'는 뜻으로, '공연히 건드려서 화를 입거나 일을 불리하게 만듦'을 이르는 말.

- 信賞必罰 신상필벌

'공이 있는 자에게는 상을 주고, 죄가 있는 사람에게는 벌을 준다.'는 뜻으로, '상과 벌을 공정하고 엄중하게 하는 일'을 이르는 말.

- 身言書判 신언서판

'중국 당나라 때, 관리를 등용하는 시험에서 인물을 평가하는 기준'으로, '몸[體貌]・말씨[言辯]・글씨[筆跡]・판단[文理]'을 이르는 말.

- 神出鬼沒 신출귀몰

'귀신처럼 홀연히 나타났다가 홀연히 사라진다.'는 뜻으로, '자유자재로 출몰하여 그 변화를 헤아릴 수 없는 일이나 사람'을 이르는 말.

- 實事求是 실사구시

사실에 토대를 두어 진리를 탐구하는 일. 조선 시대 실학파의 학문에 큰 영향을 줌.

- 深思熟考 심사숙고

깊이 생각하고 고찰함.

- 十年減壽 십년감수

'수명이 십 년이나 줄 정도로 위험한 고비를 겪음'을 이르는 말.

- 我田引水 아전인수

'제 논에 물대기'라는 뜻으로, '자기에게 이롭게 되도록 생각하거나 행동함'을 이르는 말.

- 安居危思 안거위사

'편안한 때일수록 어려움이 닥칠 때를 생각하여 미리 대비하여야 함'을 이르는 말.

- 安分知足 안분지족

편안한 마음으로 제 분수를 지키며 만족을 앎.

- 安貧樂道 안빈낙도

가난한 생활 가운데서도 편안한 마음으로 도(道)를 즐김.

- 安心立命 안심입명

(불교에서) 자신의 불성(佛性)을 깨닫고 삶과 죽음을 초월함으로써 마음의 평화를 얻어, 하찮은 일에 마음이 흔들리지 않는 경지를 이르는 말.

- 弱肉強食 약육강식

약한 자는 강한 자에게 먹힘.

- 魚東肉西 어동육서

(제사상을 차릴 때) 생선 반찬은 동쪽에 놓고 고기반찬은 서쪽에 놓는 일.

- 漁夫之利 어부지리

'황새와 조개가 서로 물리어 다투고 있을 때, 어부가 둘 다 잡아갔다.'는 고사에서, '둘이 싸우는 사이에 제삼자가 이득을 보는 것'을 이르는 말.

- 抑強扶弱 억강부약

강한 자를 누르고, 약한 자를 도와줌.

- 億兆蒼生 억조창생

수많은 백성.
※ '억조(億兆)'는 '셀 수 없을 만큼 많은 수'를 뜻하고, '창생(蒼生)'은 '세상의 모든 사람'을 뜻함.

- 言語道斷 언어도단

'말할 길이 막혔다.'는 뜻으로, '어처구니가 없어 할 말이 없음'을 말함.

- 言中有骨 언중유골

'말속에 뼈가 있다.'는 뜻으로, '예사로운 말 속에 또 다른 뜻이 들어 있음'을 이르는 말.

- 緣木求魚 연목구어

'나무에 올라가 고기를 구한다.'는 뜻으로, '목적과 수단이 맞지 않은 데도 불가능한 일을 하려함'을 이르는 말.

- 烏合之卒 오합지졸

까마귀 떼처럼 조직도 훈련도 없이 모인 병사(兵士).

- 玉骨仙風 옥골선풍

살빛이 희고 고결하여 신선과 같은 풍채.

- 溫故知新 온고지신

'옛것을 익히고 미루어 새로운 것을 안다.'는 뜻으로, '옛것이나 새것 어느 한 쪽에만 치우치지 않아야 함', 또는 '전통적인 것이나 새로운 것을 고루 알아야 스승 노릇을 할 수 있음'을 이르는 말.

- 牛耳讀經 우이독경

'쇠귀에 경 읽기'라는 뜻으로, '아무리 말해봐야 소용없는 일', 또는 '무지한 사람'을 이르는 말.

有名無實 유명무실

이름만 그럴듯하고 실속은 없음.

有備無患 유비무환

'준비가 되어 있으면 근심이 없다.'는 뜻으로, '평소에 준비가 철저하면 후에 근심이 없음'을 이르는 말.

隱忍自重 은인자중

마음속으로 참으며 몸가짐을 신중히 함.

陰德陽報 음덕양보

'남이 모르게 덕행을 쌓은 사람은 뒤에 그 보답을 저절로 받음'을 이르는 말.

異口同聲 이구동성

'입은 다르나 목소리는 같다.'는 뜻으로, 여러 사람의 말이 한결같음을 이르는 말.

以卵擊石 이란격석

'달걀로 바위를 친다.'는 뜻으로, '턱없이 약한 것으로 엄청나게 강한 것을 당해 내려는 어리석음'을 이르는 말.

人面獸心 인면수심

'사람의 얼굴을 하였으나 마음은 짐승과 같다.'는 뜻으로, '사람의 도리를 지키지 못하고 행동이 흉악(凶惡)한 사람'을 이르는 말.

仁者無敵 인자무적

'어진 사람은 모든 사람을 사랑하므로 적대하는 사람이 없음'을 이르는 말.

一刻千金 일각천금

극히 짧은 시각(時刻)도 천금의 값어치가 나갈 만큼 매우 귀중함.

一擧兩得 일거양득

한 가지 일을 하여 두 가지 이익을 얻음.

日久月深 일구월심

'날이 오래고 달이 깊어 간다.'는 뜻으로, '세월이 갈수록 더해짐'을 이르는 말.

一脈相通 일맥상통

사고방식, 상태, 성질 따위가 서로 통하거나 비슷해짐.

一罰百戒 일벌백계

'한 사람을 벌줌으로써 만인에게 경계가 되도록 한다.'는 뜻으로, '타의 경각심을 불러일으키기 위하여 본보기로 무거운 처벌을 하는 일'을 이르는 말.

日就月將 일취월장

'날로 달로 자라거나 진보하여 나날이 나아간다.'는 뜻으로, '나날이 다달이 발전해 나아감'을 이르는 말.

一片丹心 일편단심

'한 조각 붉은 마음'이라는 뜻으로, 곧 '변치않는 참된 마음'을 말함.

臨機應變 임기응변

그때그때의 형편에 맞추어 즉각 그 자리에서 결정하거나 처리함.

立身揚名 입신양명

출세하여 이름을 세상에 떨침.

自我實現 자아실현

자신이 본디 가지고 있는 절대적인 자아를 완전히 실현하는 일. 자기의 가능성을 실현하는 일.

自業自得 자업자득

'자신이 저지른 과보(果報)나 업을 자신이 받는다.'는 뜻.

才子佳人 재자가인

재주 있는 남자와 아름다운 여자를 아울러 이르는 말.

赤手空拳 적수공권

'맨손과 맨주먹'이라는 뜻으로, '아무것도 가진 것이 없음'을 이르는 말.

- 積土成山 적토성산

'흙이 쌓여 산을 이룬다.'는 뜻으로, '작은 것을 힘써 모아서 큰 것을 이룸'을 뜻하는 말.

- 轉禍爲福 전화위복

'화가 바뀌어 오히려 복이 된다.'는 뜻으로, '궂은일을 당하였을 때 잘 처리하여 좋은 일이 되었음'을 이르는 말.

- 切齒腐心 절치부심

몹시 분하여 이를 갈며 속을 썩임.

- 頂門一針 정문일침

'정수리에 침을 놓는다.'는 뜻에서, '따끔한 충고나 교훈'을 비유하여 이르는 말.

- 朝變夕改 조변석개

'아침에 바꾼 것을 저녁에 다시 또 고친다.'는 뜻으로 '규칙이나 계획이 너무 자주 바뀔 때', 또는 '한번 세운 계획이나 정해진 결정 따위를 일관성이 없이 자주 고치는 것'을 이르는 말.

- 種豆得豆 종두득두

'콩을 심으면 콩이 난다.'는 뜻으로, '뿌린 대로 거두게 됨'을 이르는 말.

- 終無消息 종무소식

끝내 아무 소식이 없음.

- 縱橫無盡 종횡무진

자유자재로 행동하여 거침이 없는 상태.

- 坐井觀天 좌정관천

'우물 속에 앉아서 하늘을 본다.'는 뜻으로, '견문이 아주 좁음'을 이르는 말.

- 晝耕夜讀 주경야독

'낮에는 일하고 밤에는 글을 읽는다.'는 뜻으로, '바쁜 틈을 타서 어렵게 공부함'을 이르는 말.

- 走馬看山 주마간산

'말을 달리면서 산을 본다.'는 뜻으로, '바빠서 자세히 보지 못하고 건성으로 지나침'을 이르는 말. 수박 겉핥기.

- 酒池肉林 주지육림

'술로 이루어진 연못과 고기로 이루어진 숲'이라는 뜻으로, '호화로운 술잔치', 또는 '호화로운 생활'을 이르는 말.

- 竹馬故友 죽마고우

죽마를 타고 놀던 벗, 곧 어릴 때 같이 놀던 친한 친구.

- 衆口難防 중구난방

'뭇 사람의 말을 이루 다 막기는 어렵다.'는 뜻으로, '의견이 모아지지 않고 저마다의 소견을 펼치기만 하는 상황'을 이르는 말.

- 支離滅裂 지리멸렬

이리저리 흩어지고 찢기어 갈피를 잡을 수 없음.

- 進退維谷 진퇴유곡

'앞으로도 뒤로도 나아가거나 물러 설 수도 없는 처지'라는 뜻으로, '이러기도 어렵고 저러기도 어려운 처지, 즉 궁지에 빠진 상태'를 이르는 말.

- 天高馬肥 천고마비

'하늘은 높고 말이 살찐다.'는 뜻으로, '가을철'을 이르는 말.

- 千紫萬紅 천자만홍

울긋불긋한 여러 가지 꽃의 빛깔. 또는 그런 빛깔의 꽃.

- 千載一遇 천재일우

'천 년 동안 단 한 번 만난다.'는 뜻으로, '좀처럼 만나기 어려운 좋은 기회'를 이르는 말.

- 千篇一律 천편일률

'여러 시문(詩文)의 글귀가 모두 비슷비슷하다.'는 뜻으로, '사물이 모두 한결같아서 변화가 없음'을 이르는 말.

- 草綠同色 초록동색

'풀빛과 녹색은 같은 빛깔'이라는 뜻으로, '같은 처지에 있는 무리와 함께 어울려 지내는 것'을 이르는 말.

- 寸鐵殺人 촌철살인

'조그만 쇠붙이로 사람을 죽인다.'는 뜻으로, '짧은 경구(警句)나 간단한 말로 사람의 마음을 감동하게 하거나 약점을 찌를 수 있음'을 이르는 말.

- 出將入相 출장입상

전시에는 싸움터에 나가서 장군이 되고 평시에는 재상이 되어 정치를 함.

- 忠言逆耳 충언역이

'충고하는 말은 귀에 거슬린다.'는 뜻으로, '바르게 타이르는 말일수록 듣기 싫어함'을 이르는 말.

- 他山之石 타산지석

'다른 산의 돌이라도 자신의 옥을 가는 데 도움이 된다.'는 뜻으로, '남의 하찮은 언행도 자신의 지식과 인격을 닦는 데 도움이 됨'을 이르는 말.

- 卓上空論 탁상공론

'탁자 위에서만 펼치는 헛된 이론'이라는 뜻으로, '실현성이 없는 허황된 이론'을 이르는 말.

- 破顔大笑 파안대소

'얼굴이 찢어질 정도로 크게 웃는다.'는 뜻으로, '즐거운 표정으로 한바탕 크게 웃음'을 이르는 말.

- 破竹之勢 파죽지세

'대나무를 쪼갤 때와 같은 형세'라는 뜻으로, '감히 대적할 수 없을 정도로 걷잡을 수 없이 나아가는 세력', 또는 '거침없이 일이 잘 풀리거나 처리됨'을 이르는 말.

- 平地風波 평지풍파

'평온한 자리에서 일어나는 풍파'라는 뜻에서, '뜻밖에 분쟁이 일어남'을 비유하여 이르는 말.

- 風前燈火 풍전등화

'바람 앞의 등불'이라는 뜻으로, '존망이 달린 매우 위급한 처지', 또는 '매우 급박한 처지에 놓여 있음'을 이르는 말.

- 鶴首苦待 학수고대

'학처럼 목을 빼고 기다린다.'는 뜻으로, '몹시 기다림'을 뜻하는 말.

- 行雲流水 행운유수

'떠가는 구름과 흐르는 물'을 뜻하는 데에서, '일의 처리가 자연스럽고 거침이 없음, 마음씨가 시원하고 씩씩함, 일정한 형태가 없이 늘 변함'을 이르는 말.

- 賢母良妻 현모양처

어진 어머니이면서 착한 아내.

- 虎死留皮 호사유피

'호랑이가 죽으면 가죽을 남김과 같이 사람도 죽은 뒤 이름을 남겨야 함'을 이르는 말.

- 浩然之氣 호연지기

'하늘과 땅 사이에 가득 찬 넓고 큰 정기(精氣)'라는 뜻으로, '공명정대하여 조금도 부끄러울 바 없는 도덕적 용기', 또는 '잡다한 일에서 벗어난 자유롭고 느긋한 마음'을 이르는 말.

- 花朝月夕 화조월석

'꽃피는 아침과 달 밝은 밤'이라는 뜻으로, '경치가 좋은 시절', 또는 '음력 2월 보름[花朝]과 8월 보름밤[月夕]'을 이르는 말.

- 興亡盛衰 흥망성쇠

흥하고 망함과 성하고 쇠함.

- 興盡悲來 흥진비래

'즐거운 일이 다하면 슬픔이 온다.'는 뜻으로, '흥망과 성쇠가 엇바뀜'을 이르는 말.

- 喜怒哀樂 희로애락

'기쁨과 노여움과 슬픔과 즐거움'을 아울러 이르는 말.

약자(略字)

3급Ⅱ 시험에 출제되는 약자는 4급Ⅱ [750자] 범위 내에서 출제됩니다.

仮	假(거짓 가) 4II	価	價(값 가) 5II
覚	覺(깨달을 각) 4급	鑑	鑑(거울 감) 3II
监	監(볼 감) 4II	减	減(덜 감) 4II
概	槪(대개 개) 3II	盖	蓋(덮을 개) 3II
个	個(낱 개) 4II	拠	據(근거 거) 4급
挙 舉	擧(들 거) 5급	剣	劍(칼 검) 3II
倹	儉(검소할 검) 4급	検	檢(검사할 검) 4II
撃	擊(칠 격) 4급	坚	堅(굳을 견) 4급
欠	缺(이지러질 결) 4II	径	徑(길 경) 3II
経	經(지날 경) 4II	軽	輕(가벼울 경) 5급
継	繼(이을 계) 4급	穀	穀(곡식 곡) 4급
寛	寬(너그러울 관) 3II	舘	館(집 관) 3II
观 観	觀(볼 관) 5II	関	關(관계할 관) 5II
鉱	鑛(쇳돌 광) 4급	広	廣(넓을 광) 5급
壊	壞(무너질 괴) 3II	勾	句(글귀 구) 4II
旧	舊(예 구) 5II	区	區(구분할 구) 6급

国	國(나라 국) 8급	劝 勧	勸(권할 권) 4급
权 権	權(권세 권) 4II	帰	歸(돌아갈 귀) 4급
器	器(그릇 기) 4II	気	氣(기운 기) 7II
紧	緊(긴할 긴) 3II	寍 寧	寧(편안 녕) 3II
脳	腦(골 뇌) 3II	断	斷(끊을 단) 4II
単	單(홑 단) 4II	団	團(둥글 단) 5II
担	擔(멜 담) 4II	党	黨(무리 당) 4II
当	當(마땅 당) 5II	台 臺	臺(대 대) 3II
対	對(대할 대) 6II	徳	德(큰 덕) 5II
図	圖(그림 도) 6II	毒	毒(독 독) 4II
独	獨(홀로 독) 5II	読	讀(읽을 독) 6II
灯	燈(등 등) 4II	楽	樂(즐길 락) 6II
乱	亂(어지러울 란) 4급	覧 覽	覽(볼 람) 4급
来	來(올 래) 7급	凉	涼(서늘할 량) 3II
両	兩(두 량) 4II	励	勵(힘쓸 려) 3II

丽	麗(고울 려) 4Ⅱ	恋	戀(그리워할 련) 3Ⅱ
联	聯(연이을 련) 3Ⅱ	錬	鍊(쇠불릴 련) 3Ⅱ
練	練(익힐 련) 5Ⅱ	灵 霊	靈(신령 령) 3Ⅱ
礼	禮(예도 례) 6급	炉	爐(화로 로) 3Ⅱ
労	勞(일할 로) 5Ⅱ	录	錄(기록할 록) 4Ⅱ
竜	龍(용 룡) 4급	楼	樓(다락 루) 3Ⅱ
难	離(떠날 리) 4급	临	臨(임할 림) 3Ⅱ
満	滿(찰 만) 4Ⅱ	万	萬(일만 만) 8급
売	賣(팔 매) 5급	皃	貌(모양 모) 3Ⅱ
梦	夢(꿈 몽) 3Ⅱ	墨	墨(먹 묵) 3Ⅱ
黙	默(잠잠할 묵) 3Ⅱ	廹	迫(핍박할 박) 3Ⅱ
発	發(필 발) 6Ⅱ	軰	輩(무리 배) 3Ⅱ
拝	拜(절 배) 4Ⅱ	緐	繁(번성할 번) 3Ⅱ
辺 边	邊(가 변) 4Ⅱ	変	變(변할 변) 5Ⅱ
宝	寶(보배 보) 4Ⅱ	冨	富(부자 부) 4Ⅱ
仏	佛(부처 불) 4Ⅱ	辞	辭(말씀 사) 4급
师	師(스승 사) 4Ⅱ	写 㝍	寫(베낄 사) 5급
殺	殺(죽일 살) 4Ⅱ	状	狀(형상 상) 4Ⅱ

緒	緖(실마리 서) 3Ⅱ	釈	釋(풀 석) 3Ⅱ
舩	船(배 선) 5급	禅	禪(선 선) 3Ⅱ
声	聲(소리 성) 4Ⅱ	岁 歳	歲(해 세) 5Ⅱ
焼	燒(사를 소) 3Ⅱ	属	屬(붙일 속) 4급
続	續(이을 속) 4Ⅱ	寿	壽(목숨 수) 3Ⅱ
獣	獸(짐승 수) 3Ⅱ	随	隨(따를 수) 3Ⅱ
帅	帥(장수 수) 3Ⅱ	収	收(거둘 수) 4Ⅱ
数	數(셈 수) 7급	粛 肃	肅(엄숙할 숙) 4급
乗	乘(탈 승) 3Ⅱ	実	實(열매 실) 5Ⅱ
双	雙(두 쌍) 3Ⅱ	亜	亞(버금 아) 3Ⅱ
児	兒(아이 아) 5Ⅱ	悪	惡(악할 악) 5Ⅱ
岩	巖(바위 암) 3Ⅱ	圧	壓(누를 압) 4Ⅱ
薬	藥(약 약) 6Ⅱ	壌	壤(흙덩이 양) 3Ⅱ
譲	讓(사양할 양) 3Ⅱ	厳	嚴(엄할 엄) 4급
与	與(더불 여) 4급	余	餘(남을 여) 4Ⅱ
訳	譯(번역할 역) 3Ⅱ	駅	驛(역 역) 3Ⅱ
鈆	鉛(납 연) 4급	研	硏(갈 연) 4Ⅱ
営	營(경영할 영) 4급	栄	榮(영화 영) 4Ⅱ
誉	譽(기릴 예) 3Ⅱ	予	豫(미리 예) 4급

芸 藝	藝(재주 예) 4II	温	溫(따뜻할 온) 6급
謡	謠(노래 요) 4II	貟	員(인원 원) 4II
逺	遠(멀 원) 6급	囲	圍(에워쌀 위) 4급
為	爲(하 위) 4II	隠 隠	隱(숨을 은) 4급
応	應(응할 응) 4II	医	醫(의원 의) 6급
者	者(놈 자) 6급	残	殘(남을 잔) 4급
雑	雜(섞일 잡) 4급	臓	臟(오장 장) 3II
蔵	藏(감출 장) 3II	荘	莊(씩씩할 장) 3II
壮	壯(장할 장) 4급	奨	奬(장려할 장) 4급
装	裝(꾸밀 장) 4급	将	將(장수 장) 4II
争	爭(다툴 쟁) 5급	転	轉(구를 전) 4급
伝	傳(전할 전) 5II	战 戦	戰(싸움 전) 6II
銭	錢(돈 전) 4급	節	節(마디 절) 5II
奌 点	點(점 점) 4급	浄	淨(깨끗할 정) 3II
㝎	定(정할 정) 6급	静	靜(고요할 정) 4급
斉	齊(가지런할 제) 3II	済	濟(건널 제) 4II
条	條(가지 조) 4급	卆	卒(마칠 졸) 5II

縦	縱(세로 종) 3II	从 従	從(좇을 종) 4급
鋳	鑄(쇠불릴 주) 3II	昼	晝(낮 주) 6급
凖	準(준할 준) 4II	即	卽(곧 즉) 3II
曽	曾(일찍 증) 3II	蒸	蒸(찔 증) 3II
証	證(증거 증) 4급	増	增(더할 증) 4II
尽	盡(다할 진) 4급	珎	珍(보배 진) 4급
貭	質(바탕 질) 5II	徴	徵(부를 징) 3II
賛	贊(도울 찬) 3II	讃	讚(기릴 찬) 4급
参	參(참여할 참) 5II	処	處(곳 처) 4II
浅	淺(얕을 천) 3II	賎	賤(천할 천) 3II
践	踐(밟을 천) 3II	迁	遷(옮길 천) 3II
鉄	鐵(쇠 철) 5급	聴	聽(들을 청) 4급
庁	廳(관청 청) 4급	体	體(몸 체) 6II
触	觸(닿을 촉) 3II	総 緫	總(다 총) 4II
虫	蟲(벌레 충) 4II	酔	醉(취할 취) 3II
歯	齒(이 치) 4II	称	稱(일컬을 칭) 4급
弾	彈(탄알 탄) 4급	沢	澤(못 택) 3II
択	擇(가릴 택) 4급	兎	兔(토끼 토) 3II
学	學(배울 학) 8급	虚	虛(빌 허) 4II

献	獻(드릴 헌) 3Ⅱ	険	險(험할 험) 4급
験	驗(시험 험) 4Ⅱ	顕	顯(나타날 현) 4급
賢	賢(어질 현) 4Ⅱ	恵	惠(은혜 혜) 3Ⅱ
号	號(이름 호) 6급	画	畫(그림 화) 6급
欢 歓	歡(기쁠 환) 4급	郷	鄕(시골 향) 4Ⅱ
懐	懷(품을 회) 3Ⅱ	会	會(모일 회) 6Ⅱ
効	效(본받을 효) 5Ⅱ	黒	黑(검을 흑) 5급
兴	興(일 흥) 4Ⅱ	戯 戱	戲(놀이 희) 3Ⅱ

(사) 한국어문회 주관

한자능력검정시험

3급 II

예상문제

(1회 ~ 13회)

• 정답과 해설은 169 ~ 188쪽에 있습니다.

한자능력검정시험

(사) 한국어문회 주관

제 01 회 예상문제

합격문항 : 105문항
시험시간 : 60분
정 답 : 169쪽

01~45번

1 다음 漢字語의 讀音을 쓰시오.

01 국문악장은 고려 俗謠의 형식을 수용하여 새로운 세계관을 드러냈다. ………… [ ]

02 그는 당당하면서도 隱密하게 거래를 제의해 왔다. ………… [ ]

03 그해의 재액을 물리친다 하여 정월 대보름날 밤에 다리를 밟는 踏橋놀이를 하였다. ………… [ ]

04 어린 왕으로부터 정치적 실권을 委任받았다. ………… [ ]

05 보를 이용하여 蒙利를 입은 농가는 헤아릴 수 없이 많다. ………… [ ]

06 회사들은 전대미문의 株價 폭락으로 파산의 길을 걸었다. ………… [ ]

07 등장인물의 성격과 분위기에 맞는 假髮을 제작하였다. ………… [ ]

08 야생 동물 보호를 위해 수렵 금지 區域을 지정하였다. ………… [ ]

09 마음속에는 한결같이 그를 향한 戀慕의 정이 있었다. ………… [ ]

10 지원을 강화하면서 직접적인 군사 介入 가능성을 내비쳤다. ………… [ ]

11 무신들은 극도로 賤待를 받고 있는 것에 대해 불만을 품었다. ………… [ ]

12 그의 말에 청중들 사이에서는 한동안 沈默이 흘렀다. ………… [ ]

13 그는 자신이 세운 회사의 脫稅 혐의로 국민의 지지 기반을 잃었다. ………… [ ]

14 촛불집회가 현행법에 抵觸되지 않은 이유는 문화제 성격을 띠기 때문이다. ………… [ ]

15 고위도 지방으로 갈수록 지표식물의 比率이 증가된다. ………… [ ]

16 모든 미생물을 滅菌 처리하여 상온에서 1개월 이상 저장이 가능하게 하였다. ………… [ ]

17 단일화를 위해서 候補를 사퇴하였다. ………… [ ]

18 태평양 동해안에서는 乾期에도 종종 큰비가 내린다. ………… [ ]

19 봉건적인 弊習을 타파하고 근대 사회의 필수 조건을 갖추었다. ………… [ ]

20 독립은 단순히 排他나 단절을 의미하는 것이 아니다. ………… [ ]

21 選擇 [ ] 22 羽蓋 [ ]

23 符籍 [ ] 24 彼此 [ ]

25 審判 [ ] 26 租貢 [ ]

27 週刊 [ ] 28 運航 [ ]

29 榮譽 [ ] 30 投稿 [ ]

31 粧飾 [ ] 32 克己 [ ]

33 拔群 [ ] 34 執行 [ ]

35 訣別 [ ]　36 斜徑 [ ]
37 限度 [ ]　38 朱墨 [ ]
39 恒産 [ ]　40 賃貸 [ ]
41 暫定 [ ]　42 芳菊 [ ]
43 殆半 [ ]　44 鐘鼓 [ ]
45 許諾 [ ]

46~72번

2 다음 漢字의 訓과 音을 쓰시오.

46 淨 [ ]　47 宇 [ ]
48 粉 [ ]　49 洪 [ ]
50 幕 [ ]　51 幼 [ ]
52 載 [ ]　53 乙 [ ]
54 綿 [ ]　55 礎 [ ]
56 券 [ ]　57 慈 [ ]
58 吏 [ ]　59 拘 [ ]
60 貿 [ ]　61 茂 [ ]
62 脅 [ ]　63 液 [ ]
64 超 [ ]　65 伯 [ ]
66 輩 [ ]　67 唱 [ ]
68 猶 [ ]　69 妄 [ ]
70 憂 [ ]　71 塔 [ ]
72 峯 [ ]

73~93번

3 다음 글에서 밑줄 친 漢字語 중 한글로 쓴 것은 漢字로, 漢字로 쓴 것은 한글로 바꾸시오.

疏外[73]란 자기 자신의 행위가 자신에 의해 **지배**[74] 되지 않고 자기 위에 **君臨**[75]하여 자기의 뜻에 반하는 **異質**[76]적인 힘이 되고 마는 인간의 **상태**[77]를 말한다.

疏外라는 **概念**[78]의 오래된 예로 **성서**[79]에 나오는 '**偶像**[80] **崇拜**[81]'를 들 수 있다. 인간은 자신의 힘으로 偶像을 만들어 놓고는 그 **결과**[82]에 **불과**[83]한 偶像을 崇拜한다. 이 때 인간은 생명력 있는 자신의 모습은 **인식**[84]하지 못한 채 자기 속성의 일부인 투사물에 **服從**[85]한다. 인간은 사랑과 이성의 힘을 신에 부여하고는 자기가 부여한 바로 그것을 신으로부터 되받기를 **祈求**[86]한다. **盲目的**[87] 사랑도 偶像崇拜의 **일종**[88]이다. 이 같은 현상은 정치적 지도자나 국가에 **충성**[89]으로 服從하는 데에서도 나타난다. 비이성적 **열정**[90]이 권력이나 돈으로 구체화된 盲目的 崇拜도 偶像 崇拜이다.

이러한 모든 현상에 **공통**[91]적인 것은 疏外의 과정이다. 인간이 자기 밖의 어떤 힘에 좌우되는 보잘것없는 사물로 되는 것이다.

현대 사회에서 疏外는 거의 전면적인 것이 되었다. 이제 인간의 창조물은 인간 위에 서 있다. 인간은 자신으로부터 疏外된 자신의 힘에 **직면**[92]하여 자신에 대한 **소유권**[93]마저 잃은 것이다.

73 疏外 [ ]　74 지배 [ ]
75 君臨 [ ]　76 異質 [ ]
77 상태 [ ]　78 概念 [ ]
79 성서 [ ]　80 偶像 [ ]
81 崇拜 [ ]　82 결과 [ ]
83 불과 [ ]　84 인식 [ ]
85 服從 [ ]　86 祈求 [ ]
87 盲目的 [ ]　88 일종 [ ]

89 충성 [ ] 90 열정 [ ]

91 공통 [ ] 92 직면 [ ]

93 소유권 [ ]

94~97번

4 다음 밑줄 친 漢字語를 漢字로 쓰시오.

94 "꿈이라는 것은 **생시**와는 정반대라지 않아?" ………………………………………… [ ]

95 그의 **품위** 있는 행동과 늠름한 기상에 눌려 좌중은 숙연해졌다. …………… [ ]

96 **역사**를 버리면 민족도 없고, 민족을 버리면 역사도 없다. …………………… [ ]

97 그녀의 **약지**에 낀 다이아몬드 반지가 찬란하게 빛났다. ………………………… [ ]

98~102번

5 다음 漢字語 가운데 첫 音節이 長音으로 발음되는 것을 골라 그 번호를 쓰시오.

98 [ ] : ① 加重 ② 腦裏 ③ 律格 ④ 訓練

99 [ ] : ① 銅鏡 ② 厚生 ③ 封合 ④ 孟春

100 [ ] : ① 射擊 ② 論難 ③ 序列 ④ 壽福

101 [ ] : ① 憲法 ② 爭議 ③ 梅實 ④ 叔父

102 [ ] : ① 深海 ② 改良 ③ 次第 ④ 證據

103~107번

6 다음 漢字와 反對(또는 相對)되는 漢字를 써넣어 글 속의 漢字語를 완성하시오.

103 전통사회에서는 농사의 豊[ ]을 예측하고 풍년을 기원하는 의례가 많았다.

104 매우 충실하게 원본을 [ ]減 없이 정확히 옮기고자 하였다.

105 국정 현안에 대한 여론의 [ ]背를 정확히 읽어내지 못하고 있다.

106 감정을 주고받으며 [ ]樂을 함께 나누었다.

107 선비에게는 進[ ]의 태도나 출처의 의리가 제기되었다.

108~112번

7 다음 漢字語의 反對語(또는 相對語)를 漢字로 쓰시오.

108 異端 ↔ [ ] 109 暗黑 ↔ [ ]

110 單純 ↔ [ ] 111 默讀 ↔ [ ]

112 內容 ↔ [ ]

113~122번

8 다음 빈칸에 알맞은 漢字를 써넣어 漢字語(成語)를 完成하시오.

113 高山[ ]水 : 미묘한 거문고의 소리 또는 참다운 친구.

114 言語[ ]斷 : 어이가 없어서 말하려 해도 말할 수 없음.

115 坐井[ ]天 : 사람의 견문이 매우 좁음.

116 金[ ]玉條 : 금이나 옥처럼 귀중히 여겨 꼭 지켜야 할 법칙이나 규정.

117 溫[ ]知新 : 옛것을 익히고 그것을 미루어서 새것을 앎.

118 千篇一[　　　　　]：모두 비슷하여 개별적 특성이 없음.

119 勤[　　　　　]所得：피고용자가 노동을 하여 보수로 얻는 소득.

120 [　　　　　]德陽報：남이 모르게 덕행을 쌓은 사람은 뒤에 그 보답을 받게 됨.

121 附加[　　　　　]値：생산 과정에서 새로 덧붙인 가치.

122 終無[　　　　　]息：끝내 아무 소식이 없음.

123~127번

9 다음 漢字의 部首를 쓰시오.

123 冬－[　　　] 124 街－[　　　]

125 族－[　　　] 126 造－[　　　]

127 院－[　　　]

128~132번

10 다음의 漢字에서 뜻이 비슷한 漢字를 [보기]에서 골라 그 번호를 써넣으시오.

보기 ① 說　② 洞　③ 帝　④ 與　⑤ 物
⑥ 設　⑦ 室　⑧ 徹　⑨ 貨　⑩ 如

128 貫－[　　　] 129 施－[　　　]

130 參－[　　　] 131 皇－[　　　]

132 財－[　　　]

133~137번

11 다음 漢字語와 音은 같으나 뜻이 다른 漢字語를 쓰시오(長短音 관계없음).

133 構圖－[　　　　　]：옛 도읍.

134 訪韓－[　　　　　]：추위를 막음.

135 詞壇－[　　　　　]：일의 실마리. 사건의 실마리.

136 寫經－[　　　　　]：죽게 된 지경, 죽음에 이른 경지.

137 軟禁－[　　　　　]：일정 기간 또는 종신에 걸쳐서 해마다 지급되는 일정액의 돈.

138~142번

12 다음 訓과 音에 알맞은 漢字를 쓰시오.

138 무리 류－[　　　] 139 신하 신－[　　　]

140 집　옥－[　　　] 141 버금 부－[　　　]

142 호반 무－[　　　]

143~147번

13 다음 漢字語의 뜻을 쓰시오.

143 頃刻：[　　　　　　　　　　]

144 先烈：[　　　　　　　　　　]

145 元旦：[　　　　　　　　　　]

146 留保：[　　　　　　　　　　]

147 切取：[　　　　　　　　　　]

148~150번

14 다음 漢字의 略字를 쓰시오.

148 畫－[　　　] 149 齒－[　　　]

150 鐵－[　　　]

한자능력검정시험

(사) **한국어문회** 주관

제 02 회 예상문제

합격문항 : 105문항
시험시간 : 60분
정　　답 : 170쪽

01~45번

1 다음 漢字語의 讀音을 쓰시오.

01 개경 세력의 반대로 서경 遷都가 좌절되었다. ………… [ ]

02 갖은 고초와 脅迫을 당했으나 조금도 굴복하지 않았다. ………… [ ]

03 이성은 도덕적 구별의 根據가 될 수 없다. ………… [ ]

04 엄마를 찾기 위해 警察에 신고하고 전단지를 뿌렸다. ………… [ ]

05 월드컵 4강이 확정되자, 도심은 狂亂의 도가니로 변했다. ………… [ ]

06 "그 말을 그렇게 아전인수격으로 解釋하면 되겠니?" ………… [ ]

07 과도한 漁獲으로 멸종 위기에 처해 있는 고래는 국제적으로 보호받고 있다. ………… [ ]

08 공로자에게 상과 예우로 激勵를 아끼지 않았다. ………… [ ]

09 거짓된 이상향의 誘惑에서 벗어나게 하였다. ………… [ ]

10 그는 깔끔하게 단장하여 面貌를 새롭게 하였다. ………… [ ]

11 동굴의 偶像은 각 개인마다 다양하게 나타나는 문제점을 가리키는 비유적인 표현이다. ………… [ ]

12 그는 성실하고 貫祿 있는 정치를 펼쳤다. ………… [ ]

13 피해를 입은 사람이 다수일 경우 집단으로 訴訟을 제기할 수 있다. ………… [ ]

14 그는 내란 음모로 재판에 係累되었다. ………… [ ]

15 오랜 기간의 수련을 거쳐야 뛰어난 技巧를 발휘할 수 있다. ………… [ ]

16 처음에는 섬이었으나 대규모 干拓 사업으로 육지와 연결되었다. ………… [ ]

17 지구에 대한 달과 태양의 인력에 의하여 규칙적으로 해면의 乘降 운동이 일어난다. ………… [ ]

18 작품에서는 대상의 생략과 壓縮이 돋보였다. ………… [ ]

19 나뭇잎은 시원한 그늘을 만들어 餘裕로운 산책자의 발걸음을 쉬게 하였다. ………… [ ]

20 대외 債務가 증가하여 경제성장이 한계에 부딪혔다. ………… [ ]

21 緊要 [ ]　22 鑑賞 [ ]

23 元帥 [ ]　24 桃李 [ ]

25 踏破 [ ]　26 奔走 [ ]

27 稚戲 [ ]　28 讓步 [ ]

29 侍婢 [ ]　30 研磨 [ ]

31 參禪 [ ]　32 史蹟 [ ]

33 輸入 [ ]　34 養鷄 [ ]

35 旬刊 [ ]　36 阿片 [ ]

37 花紋 [ ] 38 光陵 [ ]
39 避雷 [ ] 40 離散 [ ]
41 祭需 [ ] 42 栗谷 [ ]
43 糖類 [ ] 44 禽獸 [ ]
45 汽笛 [ ]

46~72번

2 다음 漢字의 訓과 音을 쓰시오.

46 恭 [ ] 47 奴 [ ]
48 鮮 [ ] 49 哲 [ ]
50 耕 [ ] 51 驛 [ ]
52 振 [ ] 53 劃 [ ]
54 鶴 [ ] 55 沙 [ ]
56 恥 [ ] 57 宙 [ ]
58 司 [ ] 59 毒 [ ]
60 涼 [ ] 61 憶 [ ]
62 緖 [ ] 63 巡 [ ]
64 岸 [ ] 65 篇 [ ]
66 令 [ ] 67 欄 [ ]
68 烈 [ ] 69 鍊 [ ]
70 熟 [ ] 71 悟 [ ]
72 浦 [ ]

73~88번

3 다음 글에서 밑줄 친 漢字語 중 한글로 쓴 것은 漢字로, 漢字로 쓴 것은 한글로 바꾸시오.

전통[73]은 물론 **과거**[74]로부터 이어 온 것을 말한다. 이 전통은 대체로 그 사회의 **構成員**[75]인 **개인**[76]의 몸에 배어 있는 것이다. 그러므로 스스로 깨닫지 못하는 사이에 전통은 우리의 현실에 **작용**[77]하는 **境遇**[78]가 있다. 그러나 과거에 이어 온 것을 무턱대고 전통이라고 한다면 **因襲**[79]이라는 것과의 **구별**[80]이 서지 않을 것이다. 우리는 因襲을 버려야 할 것이라고는 생각하지만 **繼承**[81]해야 할 것이라고는 생각하지 않는다. 여기서 우리는 과거에서 이어 온 것을 **객관화**[82]하고 이를 **批判**[83]하는 **입장**[84]에 서야 할 필요를 느끼게 된다. 그 批判을 통해서 **현재**[85]의 문화 **창조**[86]에 이바지할 수 있다고 생각되는 것만을 우리는 전통이라고 불러야 할 것이다. 이같이 전통은 因襲과 구별될뿐더러, 또 **단순**[87]한 **遺物**[88]과(와)도 구별되어야 한다. 현재에 있어서의 문화 창조와 관계가 없는 것을 우리는 문화적 전통이라고 부를 수 없기 때문이다.

73 전통 [ ] 74 과거 [ ]
75 構成員 [ ] 76 개인 [ ]
77 작용 [ ] 78 境遇 [ ]
79 因襲 [ ] 80 구별 [ ]
81 繼承 [ ] 82 객관화 [ ]
83 批判 [ ] 84 입장 [ ]
85 현재 [ ] 86 창조 [ ]
87 단순 [ ] 88 遺物 [ ]

89~97번

4 다음 밑줄 친 漢字語를 漢字로 쓰시오.

89 씨름에서 우승한 사람은 장사로 **대접**을 받았다. .... [ ]

90 그는 그 일을 자기의 **천직**처럼 생각하였다. .... [ ]

91 산간 마을에는 가을이라 단풍이 곱게 물들고 감나무에는 감이 **풍성**하였다. …………………… [ ]

92 해양 동·식물은 미래의 **유망**한 식량 자원이다. …………………… [ ]

93 일대의 명장의 영전에 묵묵히 **경의**를 표하였다. …………………… [ ]

94 그는 한참을 **난처**한 표정으로 서 있었다. …………………… [ ]

95 성을 쌓아 방어진을 **건설**하는 일에 온 힘을 기울였다. …………………… [ ]

96 기행문은 여행한 곳의 **특색**이나 타향에서 느끼는 감회를 표현하기도 한다. …………………… [ ]

97 남해의 **절승**인 대흑산도, 홍도 등의 풍경을 보았다. …………………… [ ]

98~102번

5 다음 漢字語 가운데 첫 音節이 長音으로 발음되는 것을 골라 그 번호를 쓰시오.

98 [ ] : ① 治世 ② 容納 ③ 呼吸 ④ 歎聲

99 [ ] : ① 照明 ② 塔身 ③ 泰平 ④ 觸覺

100 [ ] : ① 揮發 ② 看護 ③ 早朝 ④ 經驗

101 [ ] : ① 附近 ② 黨爭 ③ 卵生 ④ 展覽

102 [ ] : ① 夢想 ② 扶助 ③ 誤認 ④ 地極

103~107번

6 다음 漢字와 反對(또는 相對)되는 漢字를 써넣어 漢字語를 만드시오.

103 기사가 신문에 나자 京[ ] 각지에서 성금이 답지하였다.

104 국가재정을 관리하는 데 가장 이상적인 방법은 세입세출의 [ ]支 균형을 이루는 것이다.

105 구석기 시대의 기본적 예술의 표현은 동굴에 陰[ ]으로 새겨진 회화이다.

106 입체감과 거리감을 표현하기 위해 한 가지 색상만을 사용해 [ ]暗을 단계적으로 변화시켰다.

107 정확한 내용이 전해지지 않아 사실與[ ]를 확인할 수 없다.

108~112번

7 다음 漢字語의 反對語(또는 相對語)를 漢字로 쓰시오.

108 好材 ↔ [ ] 109 損失 ↔ [ ]

110 輕減 ↔ [ ] 111 火食 ↔ [ ]

112 對話 ↔ [ ]

113~122번

8 다음 빈칸에 알맞은 漢字를 써넣어 漢字語(成語)를 完成하시오.

113 結[ ]報恩 : 죽은 뒤에라도 은혜를 잊지 않고 갚음.

114 自強不[ ] : 스스로 힘써 몸과 마음을 가다듬어 쉬지 아니함.

115 牛耳讀[ ] : 아무리 가르치고 일러 주어도 알아듣지 못함.

116 [ ]死回生 : 거의 죽을 뻔하다가 도로 살아남.

117 一刻[ ]金 : 아무리 짧은 시간이라도 천금과 같이 귀중함.

118 [ ]東肉西 : 제사상을 차릴 때, 생선 반찬은 동쪽에 놓고 고기반찬은 서쪽에 놓는 일.

119 [ ]衆衛生 : 일반 사람들의 공동 질병을 예방하고 건강을 유지·증진하기 위한 위생.

120 全[ ]教育 : 인간이 지닌 모든 자질을 조화롭게 발달시키는 것을 목적으로 하는 교육.

121 家[ ]儀禮 : 가정에서 혼인, 수연, 장사, 제사 따위를 치르는 의례.

122 [ ]盡甘來 : 고생 끝에 즐거움이 옴.

123~127번

9 다음 漢字의 部首를 쓰시오.

123 默 – [ ] 124 武 – [ ]

125 雪 – [ ] 126 準 – [ ]

127 壁 – [ ]

128~132번

10 다음의 漢字에서 뜻이 비슷한 漢字를 [보기]에서 골라 그 번호를 써넣으시오.

보기 ① 博 ② 頌 ③ 樹 ④ 愁 ⑤ 端
⑥ 康 ⑦ 層 ⑧ 松 ⑨ 講 ⑩ 朴

128 健 – [ ] 129 素 – [ ]

130 稱 – [ ] 131 階 – [ ]

132 憂 – [ ]

133~137번

11 다음 漢字語와 音은 같으나 뜻이 다른 漢字語를 쓰시오(長短音 관계없음).

133 詳述 – [ ] : 장사하는 솜씨.

134 誇張 – [ ] : 과거 시험을 보는 곳.

135 印象 – [ ] : 끌어올림. 값을 올림.

136 畿湖 – [ ] : 어떤 뜻을 나타내기 위한 문자나 부호.

137 諸具 – [ ] : (야구에서) 투수가 공을 던지려고 마음먹은 곳으로 던질 수 있는 일.

138~142번

12 다음 訓과 音에 알맞은 漢字를 쓰시오.

138 받을 수 – [ ] 139 책상 안 – [ ]

140 대포 포 – [ ] 141 글귀 구 – [ ]

142 빌 축 – [ ]

143~147번

13 다음 漢字語의 뜻을 쓰시오.

143 督促 : [ ]

144 異域 : [ ]

145 稀薄 : [ ]

146 質疑 : [ ]

147 懷柔 : [ ]

148~150번

14 다음 漢字의 略字를 쓰시오.

148 實 – [ ] 149 斷 – [ ]

150 圖 – [ ]

(사) 한국어문회 주관

한자능력검정시험

제 03 회 예상문제

합격문항 : 105문항
시험시간 : 60분
정 답 : 172쪽

01~45번

1 다음 漢字語의 讀音을 쓰시오.

01 자신의 권력 承繼에 도움을 준 일부 측근세력에 의존할 수밖에 없었다. ………… [ ]

02 치밀어 오르는 憤激 때문에 궁리가 제대로 서지 않았다. ………… [ ]

03 공사는 계획보다 緩晩하게 진행되었다. ………… [ ]

04 갈채와 환호 속에서 그의 심장은 興奮으로 떨리기 시작하였다. ………… [ ]

05 부음이 이르는 곳마다 선비들은 모두 탄식하며 哀惜하게 여겼다. ………… [ ]

06 이 화단은 관리를 하지 않으면 잡초가 茂盛해질 수밖에 없다. ………… [ ]

07 신분을 僞裝하고 장기간 적국에 잠복하였다. ………… [ ]

08 하늘의 연못에서 나는 듯이 쏟아지는 폭포에 사람들은 陶醉되었다. ………… [ ]

09 여행을 좋아하여 두루 돌아다니면서 천하의 豪傑들과 우정을 나누었다. [ ]

10 문화의 교육과 보급을 促進시키기 위해 교육활동을 개발하였다. ………… [ ]

11 증인이 정당한 이유 없이 증언을 拒否하면 과태료에 처할 수 있다. ………… [ ]

12 내용에 대하여는 그림을 그리고 補充 설명을 함으로써 이해를 높였다. ………… [ ]

13 위대한 정신이 성취한 영웅적인 업적을 讚揚하였다. ………… [ ]

14 농업 정책을 개편하여 畜産 장려를 위한 사료작물 재배로 전환하였다. ………… [ ]

15 효소에 가까운 성능을 가진 觸媒 물질을 인공적으로 개발하였다. ………… [ ]

16 그녀는 어려서부터 학문을 좋아하고 많은 책을 博覽하여 논리가 정연하였다. ………… [ ]

17 그는 사고를 당한 후에 신의 존재에 대하여 懷疑하는 때가 있었다. ………… [ ]

18 당쟁의 소용돌이 속에서 그는 더욱 困難한 지경에 몰리게 되었다. ………… [ ]

19 거사를 추진하였으나 森嚴한 경계로 뜻을 이루지 못하였다. ………… [ ]

20 공기 중에는 토양, 물, 식물, 인간이나 동물 등에 연유되는 여러 가지 細菌이 부유하고 있다. ………… [ ]

21 壬辰 [ ] 22 雜穀 [ ]

23 皇妃 [ ] 24 歎息 [ ]

25 荷役 [ ] 26 眞影 [ ]

27 勸勉 [ ] 28 戲弄 [ ]

29 橋脚 [ ] 30 騎兵 [ ]

31 漸層 [ ] 32 頭腦 [ ]
33 爆彈 [ ] 34 麥飯 [ ]
35 危險 [ ] 36 巡禮 [ ]
37 佳境 [ ] 38 顔貌 [ ]
39 破裂 [ ] 40 勇猛 [ ]
41 旋盤 [ ] 42 浮刻 [ ]
43 吹打 [ ] 44 換拂 [ ]
45 鉛筆 [ ]

46~72번

2 다음 漢字의 訓과 音을 쓰시오.

46 侍 [ ] 47 誌 [ ]
48 戚 [ ] 49 裏 [ ]
50 瞬 [ ] 51 虎 [ ]
52 愁 [ ] 53 悠 [ ]
54 慰 [ ] 55 奔 [ ]
56 徐 [ ] 57 琴 [ ]
58 蟲 [ ] 59 殊 [ ]
60 詳 [ ] 61 貢 [ ]
62 啓 [ ] 63 筋 [ ]
64 稿 [ ] 65 楓 [ ]
66 惑 [ ] 67 謀 [ ]
68 雙 [ ] 69 幽 [ ]
70 因 [ ] 71 維 [ ]
72 賴 [ ]

73~93번

3 다음 글에서 밑줄 친 漢字語 중 한글로 쓴 것은 漢字로, 漢字로 쓴 것은 한글로 바꾸시오.

讀書란 남이 지은 <u>冊</u>[73]을 읽는 것이다. 왜 남이 지은 책을 읽느냐 하면 책이란 <u>著者</u>[74]의 <u>지식</u>[75]과 <u>감정</u>[76]과 생활과 <u>意慾</u>[77]의 정수를 토로해 놓은 것이기 때문에, 그것을 읽는 것은 즐겁기도 하고 지식과 <u>교양</u>[78]을 넓히고 높이는 까닭도 되며, 또는 <u>실생활</u>[79]에 도움도 되기 때문이다. 사람이란 누구나 일정한 교육의 <u>基礎</u>[80] 위에서 자기 자신의 <u>체험</u>[81]을 살려 가면서 자기의 길을 헤쳐 나간다. 그러나 한 사람이 받을 수 있는 교육과 얻을 수 있는 체험은 <u>한</u>[82]이 있는 것이므로 이 곳에 독서의 필요가 일어나는 것이다. 책! 그 속에는 인류가 수천 년 동안을 두고 쌓아 온 <u>思索</u>[83]과 체험과 <u>연구</u>[84]와 <u>관찰</u>[85]의 기록이 <u>百貨店</u>[86] <u>陳列臺</u>[87] 위의 <u>상품</u>[88]처럼 <u>전시</u>[89]되어 있다. 이 이상의 성대한 구경거리, 이 이상의 <u>보고</u>[90], 이 이상의 <u>위대</u>[91]한 교사가 어디 있는가. 책만 펴놓으면 우리는 수천 년 전의 대천재와도 흉금을 터놓고 마음대로 토론할 수 있으며, <u>해륙</u>[92] 수만 리를 격한 먼 곳에 있는 대학자의 학설을 <u>여비</u>[93]도 학비도 들일 것 없이 집에 앉은 채로 자유롭게 듣고 배울 수 있는 것이다.

73 冊 [ ] 74 著者 [ ]
75 지식 [ ] 76 감정 [ ]
77 意慾 [ ] 78 교양 [ ]
79 실생활 [ ] 80 基礎 [ ]
81 체험 [ ] 82 한 [ ]
83 思索 [ ] 84 연구 [ ]
85 관찰 [ ] 86 百貨店 [ ]
87 陳列臺 [ ] 88 상품 [ ]
89 전시 [ ] 90 보고 [ ]
91 위대 [ ] 92 해륙 [ ]
93 여비 [ ]

94~97번

4 다음 밑줄 친 漢字語를 漢字로 쓰시오.

94 농산물의 대외 교역 및 투자에 주목하였다.
.... [ ]

95 "도착하면 곧바로 편지하여라."
.... [ ]

96 논설문의 목적은 자신의 생각이나 주장을 논증하거나 설득하는 것이다.
.... [ ]

97 그가 나의 사과를 쉽게 받아주지 않을 것을 나는 미리부터 알고 있었다.
.... [ ]

98~102번

5 다음 漢字語 가운데 첫 音節이 長音으로 발음되는 것을 골라 그 번호를 쓰시오.

98 [ ] : ① 壓力 ② 往復 ③ 奬學 ④ 憂民

99 [ ] : ① 裁斷 ② 陽地 ③ 底邊 ④ 術法

100 [ ] : ① 讓步 ② 淑女 ③ 仙藥 ④ 潔白

101 [ ] : ① 接近 ② 齒醫 ③ 受苦 ④ 親庭

102 [ ] : ① 割引 ② 恒常 ③ 兒童 ④ 效果

103~107번

6 다음 漢字와 反對(또는 相對)되는 漢字를 써넣어 漢字語를 만드시오.

103 경작지의 증감과 풍흉 등을 조사하여 지방관의 賞[ ]을 정하는 근거로 삼았다.

104 방범에 취약한 출입문을 개선하기 위해 자동[ ]閉 장치를 설치했다.

105 전투에서 매양 선두에 나서서 將[ ]들의 사기를 북돋아주었다.

106 교통의 요지로서 농산물과 일용잡화의 [ ]散이 활발하다.

107 양측은 동반자 관계로 파악하지 않고 利[ ]를 달리하는 관계로 인식하였다.

108~112번

7 다음 漢字語의 反對語(또는 相對語)를 漢字로 쓰시오.

108 敗北 ↔ [ ] 109 全體 ↔ [ ]

110 疏遠 ↔ [ ] 111 高尙 ↔ [ ]

112 溫暖 ↔ [ ]

113~122번

8 다음 빈칸에 알맞은 漢字를 써넣어 漢字語(成語)를 完成하시오.

113 鶴首[ ]待 : 간절히 기다림.

114 [ ]事生風 : 일을 빨리 처리함.

115 [ ]載一遇 : 좀처럼 만나기 어려운 좋은 기회.

116 一脈相[ ] : 서로 통하거나 비슷해짐.

117 [ ]雲流水 : 일의 처리가 자연스럽고 거침이 없음.

118 鷄口[ ]後 : 큰 단체의 꼴찌보다는 작은 단체의 우두머리가 되는 것이 오히려 나음.

119 佳人薄[ ] : 미인은 불행하거나 병약하여 요절하는 일이 많음.

120 文[　　　　　]變容 : 서로 다른 문화가 접촉하였을 때, 문화 형태에 변화가 일어나는 현상.

121 經濟[　　　　　]長 : 국민 경제의 능력이 커지는 일.

122 創氏改[　　　　　] : 성씨를 만들고 이름을 바꿈. 일본식 성명 강요.

123~127번

9 다음 漢字의 部首를 쓰시오.

123 趣 – [　　　　] 124 要 – [　　　　]

125 岸 – [　　　　] 126 處 – [　　　　]

127 罪 – [　　　　]

128~132번

10 다음의 漢字에서 뜻이 비슷한 漢字를 [보기]에서 골라 그 번호를 써넣으시오.

보기
① 黨 ② 潔 ③ 自 ④ 種 ⑤ 援
⑥ 亡 ⑦ 定 ⑧ 堂 ⑨ 睦 ⑩ 望

128 純 – [　　　　] 129 滅 – [　　　　]

130 希 – [　　　　] 131 和 – [　　　　]

132 徒 – [　　　　]

133~137번

11 다음 漢字語와 音은 같으나 뜻이 다른 漢字語를 쓰시오(長短音 관계없음).

133 五旗 – [　　　　] : 글자나 글을 잘못 적음, 또는 잘못 적힌 글자나 글.

134 鼓手 – [　　　　] : 굳게 지킴. 단단히 지킴.

135 同志 – [　　　　] : 움직이는 일과 멈추는 일.

136 修道 – [　　　　] : 한 나라의 중앙 정부가 있는 도시.

137 指紋 – [　　　　] : (희곡 따위에서) 해설 · 대사 이외의 글, 곧 등장인물의 동작 · 표정 · 말투 등을 지시한 글.

138~142번

12 다음 訓과 音에 알맞은 漢字를 쓰시오.

138 칠 벌 – [　　] 139 독 독 – [　　]

140 청할 청 – [　　] 141 잎 엽 – [　　]

142 목욕할 욕 – [　　]

143~147번

13 다음 漢字語의 뜻을 쓰시오.

143 國是 : [　　　　　　　　　　]

144 如干 : [　　　　　　　　　　]

145 猶豫 : [　　　　　　　　　　]

146 莫強 : [　　　　　　　　　　]

147 丹粧 : [　　　　　　　　　　]

148~150번

14 다음 漢字의 略字를 쓰시오.

148 發 – [　　　　] 149 應 – [　　　　]

150 賣 – [　　　　]

한자능력검정시험

제04회

(사) 한국어문회 주관

예상문제

합격문항 : 105문항
시험시간 : 60분
정　　답 : 173쪽

01~45번

1 다음 漢字語의 讀音을 쓰시오.

01 그는 지식인 사회의 관행을 그대로 踏襲하지는 않았다. [ ]

02 오랫동안 관리가 疏忽하여 옛 모습을 잃었다. [ ]

03 내용을 張皇하게 쓰지 않는 것이 효과적이다. [ ]

04 민중운동에 참가했다가 投獄되었다. [ ]

05 복숭아는 肺病에 좋고 꽃잎은 얼굴빛을 곱게 한다. [ ]

06 그는 13년간 抑留생활을 하다 탈출하였다. [ ]

07 옛날의 선비는 恥辱을 당하는 것보다 차라리 자결하는 것이 낫다고 생각했다. [ ]

08 옛부터 까치 울음소리를 들으면 길한 徵兆라 하였다. [ ]

09 오래된 교회의 鐘塔에서 은은하게 울려 퍼지는 소리. [ ]

10 건강채소에 관심이 집중되면서 이를 栽培하는 곳이 많이 늘어났다. [ ]

11 입자가 크고 밀도가 높을수록 沈降 속도는 빨라진다. [ ]

12 그의 반응은 서릿발이 내릴 정도로 冷淡하였다. [ ]

13 시의 흐름이 비교적 典雅하면서도 기상과 격조가 높다. [ ]

14 선수들의 나태함을 指摘하며 분발할 것을 촉구했다. [ ]

15 매우 섬세하고도 溫柔하게 표현하였다. [ ]

16 많은 價値들이 공존하면서 사회를 보다 역동적으로 만들어 가고 있다. [ ]

17 물의 모양이 殘像 현상에 의해 착시가 일어날 수도 있다. [ ]

18 건곤이 閉塞ᄒᆞ야 백설이 ᄒᆞᆫ비친 제 사ᄅᆞᆷ은 ᄏᆞ니와 ᄂᆞᆯ새도 긋쳐 잇다. [ ]

19 용마는 蒼空으로 날아오르며 갈망의 칼등을 걷어찼다. [ ]

20 사람됨이 정직하여 권력층이나 부유층에 阿附하려 하지 않았다. [ ]

21 超克 [ ]　22 顔料 [ ]

23 宣陵 [ ]　24 痛哭 [ ]

25 基幹 [ ]　26 宇宙 [ ]

27 固執 [ ]　28 方丈 [ ]

29 乾達 [ ] 30 香爐 [ ]

31 御製 [ ] 32 採錄 [ ]

33 亞聖 [ ] 34 捕獲 [ ]

35 懇談 [ ] 36 蛇龍 [ ]

37 移越 [ ] 38 管井 [ ]

39 吹入 [ ] 40 耐熱 [ ]

41 催眠 [ ] 42 妻弟 [ ]

43 礎石 [ ] 44 拓本 [ ]

45 哲理 [ ]

46~72번

2 다음 漢字의 訓과 音을 쓰시오.

46 誘 [ ] 47 障 [ ]

48 烏 [ ] 49 姿 [ ]

50 樓 [ ] 51 尾 [ ]

52 傾 [ ] 53 擊 [ ]

54 垂 [ ] 55 秩 [ ]

56 及 [ ] 57 悔 [ ]

58 紫 [ ] 59 港 [ ]

60 織 [ ] 61 羅 [ ]

62 漆 [ ] 63 帶 [ ]

64 伐 [ ] 65 償 [ ]

66 偏 [ ] 67 笛 [ ]

68 倫 [ ] 69 封 [ ]

70 仰 [ ] 71 走 [ ]

72 肥 [ ]

73~77번

3 다음의 漢字에서 訓이 비슷한 漢字를 [보기]에서 골라 그 번호를 써넣으시오.

보기 ① 放 ② 珠 ③ 助 ④ 心 ⑤ 淸
⑥ 靜 ⑦ 中 ⑧ 海 ⑨ 通 ⑩ 夫

73 貫 – [ ] 74 [ ] – 央

75 扶 – [ ] 76 [ ] – 潔

77 釋 – [ ]

78~87번

4 다음 밑줄 친 漢字語를 漢字로 쓰시오.

78 우리나라의 속담은 거의 <u>만여</u> 개 정도 있습니다. ………………………… [ ]

79 <u>측우기</u>는 비 내리는 양을 측정하는 세계 최초의 우량계입니다. ………… [ ]

80 법은 모두에게 <u>공평</u>하게 적용해야 합니다. ………………………………… [ ]

81 계백 장군은 황산벌에서 마지막 <u>결전</u>을 펼쳤다. ………………………… [ ]

82 바르고 <u>창조적</u>으로 생각하도록 노력해야 합니다. ………………………… [ ]

83 "왜 나에게 <u>시비</u>를 거는 거야?" ………………………………… [ ]

84 선생님께서는 우리들에게 <u>희망</u>과 용기를 불어넣어 주셨습니다. ………… [ ]

85 먼저 연구에 필요한 자료를 <u>조사</u>합니다. ………………………………… [ ]

86 **설명문**의 짜임에 맞게 글을 완성합니다.
······································ [ ]

87 우리 **실정**에 맞는 이론이 필요합니다.
······································ [ ]

88~107번

5 다음 訓과 音을 가진 漢字를 쓰시오.

88 굳셀 건 [ ] 89 재물 화 [ ]
90 고을 읍 [ ] 91 해 세 [ ]
92 생각 념 [ ] 93 대포 포 [ ]
94 베풀 시 [ ] 95 볕 양 [ ]
96 밝을 랑 [ ] 97 다 총 [ ]
98 등 배 [ ] 99 붉을 적 [ ]
100 넓을 광 [ ] 101 곳 처 [ ]
102 독 독 [ ] 103 이를 치 [ ]
104 쓸 비 [ ] 105 이을 속 [ ]
106 줄기 맥 [ ] 107 호수 호 [ ]

108~112번

6 다음 漢字語 중 첫 소리가 長音인 것을 5개 가려 그 번호[①~⑩]를 쓰시오.

보기 ① 趣向 ② 組合 ③ 斷定 ④ 申告 ⑤ 暖流
⑥ 陰害 ⑦ 哲學 ⑧ 罰則 ⑨ 敢行 ⑩ 路邊

108 [ ] 109 [ ]
110 [ ] 111 [ ]
112 [ ]

113~118번

7 다음 漢字와 反對(또는 相對)되는 漢字를 써넣어 漢字語를 만드시오.

113 집단의식보다 개개인에 대한 好[ ]의 감정이 앞섰다.

114 양측의 판단 사이에는 [ ]壤의 차이가 있다.

115 정부는 가격안정과 需[ ] 조절을 위하여 일정량의 쌀을 매입하고 있다.

116 빙하의 [ ]衰는 해수면의 상승과 하강에 많은 영향을 준다.

117 현재 방영하는 그 드라마는 우리가 흔히 겪고 고민하는 姑[ ]간의 갈등을 다루었다.

118 대낮에도 야생동물이 [ ]沒할 정도로 숲이 우거져 있었다.

119~122번

8 다음 漢字語의 反對語(또는 相對語)를 漢字로 쓰시오.

119 依他 ↔ [ ] 120 求心 ↔ [ ]
121 退化 ↔ [ ] 122 正午 ↔ [ ]

123~132번

9 다음 빈칸에 알맞은 漢字를 써넣어 漢字語(成語)를 完成하시오.

123 同[ ]異夢 : 같이 행동하면서도 속으로는 각각 딴생각을 하고 있음.

124 [ ]高自卑 : 일을 순서대로 하여야 함.

125 安居危[ ] : 편안할 때에 어려움이 닥칠 것을 미리 대비하여야 함.

126 百家[ ]鳴 : 많은 학자 등이 자기의 학설이나 주장을 발표하여 논쟁하고 토론하는 일.

127 晝耕[ ]讀 : 어려운 여건 속에서도 꿋꿋이 공부함.

128 北[ ]三友 : '거문고, 술, 시'를 아울러 이르는 말.

129 [ ]不忍見 : 눈앞에 벌어진 상황 따위를 눈 뜨고는 차마 볼 수 없음.

130 抑强扶[ ] : 강한 자를 억누르고 약한 자를 도와줌.

131 孤[ ]無援 : 고립되어 구원을 받을 데가 없음.

132 積土[ ]山 : 작거나 적은 것도 쌓이면 크게 되거나 많아짐.

133~137번

10 다음 漢字의 部首를 쓰시오.

133 頃 – [ ] 134 載 – [ ]

135 喪 – [ ] 136 吏 – [ ]

137 此 – [ ]

138~142번

11 다음 漢字語와 음은 같으나 뜻이 다른 漢字語를 제시된 풀이에 맞게 쓰시오.

138 和睦 – [ ] : 꽃나무.

139 常經 – [ ] : 지방에서 서울로 올라옴.

140 詳述 – [ ] : 장사하는 재주나 꾀.

141 鼓手 – [ ] : 차지한 것을 굳게 지킴.

142 持久 – [ ] : 태양에서 셋째로 가까운 행성.

143~147번

12 다음 漢字語의 뜻을 쓰시오.

143 否認 : [ ]

144 未滿 : [ ]

145 照準 : [ ]

146 非行 : [ ]

147 停會 : [ ]

148~150번

13 다음 漢字의 略字를 쓰시오.

148 傳 – [ ] 149 勞 – [ ]

150 佛 – [ ]

한자능력검정시험

제05회 예상문제

(사) 한국어문회 주관

합격문항 : 105문항
시험시간 : 60분
정 답 : 175쪽

01~45번

1 다음 漢字語의 讀音을 쓰시오.

01 헌법은 15년 만에 대통령직선제를 復活하였다. …… [ ]

02 신문사 懸賞 모집에 당선되어 문단에 등단하였다. …… [ ]

03 그곳은 완만하게 경사진 열대 森林지대이다. …… [ ]

04 만약의 사태에 恒常 대비하는 자세가 필요하다. …… [ ]

05 상서로운 일이 더욱 많아지고 날로 繁昌해 갔다. …… [ ]

06 아버지께서는 倫綱을 지키며 화목과 애정으로 집안을 다스려 나가야 함을 강조하셨다. …… [ ]

07 최종 목표를 달성하기 위해 劇藥 처방을 내놓았다. …… [ ]

08 치수대로 제도한 모형을 놓고 裁斷하였다. …… [ ]

09 끈질긴 집념과 정성어린 汗血로 기름진 땅과 울창한 숲을 이루었다. …… [ ]

10 수몰지구의 문화 遺蹟을 발굴하고 조사하였다. …… [ ]

11 저칼로리 식품으로 肥滿을 예방하였다. …… [ ]

12 황희는 조선 시대 이름난 재상으로서 많은 逸話를 남겼다. …… [ ]

13 초강력 태풍은 沿岸 도시를 강타하였다. …… [ ]

14 치열한 경쟁사회에서는 대부분의 사람들이 緊張 속에 살아간다. …… [ ]

15 그는 잠시 의아한 표정을 짓더니 싱긋 微笑를 지었다. …… [ ]

16 전쟁이 장기화되면서 국토는 荒廢해지고 국민들은 극심한 피해를 입었다. …… [ ]

17 양적 팽창에 비하여 질적으로는 踏步 내지 퇴보의 조짐도 보여주었다. …… [ ]

18 현실세계로부터 일탈하여 강호자연 속으로 沈潛하기까지의 과정을 전개하였다. …… [ ]

19 꽃을 소재로 한 정물화와 孤寂한 분위기의 풍경화를 주로 그렸다. …… [ ]

20 적진 후방에 浸透하여 정찰 임무를 수행하였다. …… [ ]

21 夢兆 [ ]
22 追憶 [ ]
23 鷄鳴 [ ]
24 已往 [ ]
25 凡愚 [ ]
26 仰望 [ ]
27 開催 [ ]
28 借額 [ ]
29 綿絲 [ ]
30 智慧 [ ]
31 奴婢 [ ]
32 聯盟 [ ]

33 廣漠 [ ] 34 色彩 [ ]
35 種菌 [ ] 36 翼贊 [ ]
37 傳染 [ ] 38 標識 [ ]
39 旋風 [ ] 40 鳳湯 [ ]
41 滯症 [ ] 42 削奪 [ ]
43 呼吸 [ ] 44 肺胞 [ ]
45 紛錯 [ ]

46~72번

2 다음 漢字의 訓과 音을 쓰시오.

46 逢 [ ] 47 跡 [ ]
48 祈 [ ] 49 弄 [ ]
50 延 [ ] 51 潤 [ ]
52 偶 [ ] 53 供 [ ]
54 恐 [ ] 55 帥 [ ]
56 祀 [ ] 57 畜 [ ]
58 灰 [ ] 59 距 [ ]
60 征 [ ] 61 韻 [ ]
62 僧 [ ] 63 純 [ ]
64 貞 [ ] 65 秉 [ ]
66 銘 [ ] 67 索 [ ]
68 瓦 [ ] 69 慾 [ ]
70 莫 [ ] 71 尙 [ ]
72 旬 [ ]

73~93번

3 다음 글에서 밑줄 친 漢字語 중 한글로 쓴 것은 漢字로, 漢字로 쓴 것은 한글로 바꾸시오.

오늘날 사람들이 입에 올리는 **비난**[73]의 말들 가운데 '**비경제**[74]적'이라는 말만큼 **決定的**[75]인 것은 없다. 어느 **행위**[76]에 비경제적이라는 낙인이 찍히면 그 존재의 **권리**[77]가 **疑心**[78]을 받는 정도가 아니라 강하게 부정되어 버린다.

경제학적 **觀點**[79]에서 볼 때, 비경제적이라는 말은 돈의 형태로 **충분**[80]한 **이익**[81]을 올리지 못한다는 의미이다. 한 사회, 또는 그 속의 개인이나 **집단**[82]은 '비경제적인 **動機**[83], 예를 들면 사회적·예술적·도덕적·정치적 動機에 의해서도 활동을 한다. 그러나 경제학은 그것을 실행하는 사람에게 이익이 있을 것이냐는 **側面**[84]만 문제삼기 때문에 사회 속의 어느 집단의 행동이 사회 전체에 이익을 가져오느냐의 **與否**[85]에는 그다지 관심을 갖지 않는다. **國營**[86]기업조차도 사회 전체를 생각하는 입장에서 운영되고 있지 않다. 國營기업은 **재무**[87]목표를 **의무**[88]적으로 **附與**[89]받는데, 이 목표를 **달성**[90]하기 위한 자신들의 경제 행위가 다른 경제 **부문**[91]에 어떤 **打擊**[92]을 줄 것인가 하는 것은 **도외시**[93]하는 것이 보통이다.

73 비난 [ ] 74 비경제 [ ]
75 決定的 [ ] 76 행위 [ ]
77 권리 [ ] 78 疑心 [ ]
79 觀點 [ ] 80 충분 [ ]
81 이익 [ ] 82 집단 [ ]
83 動機 [ ] 84 側面 [ ]
85 與否 [ ] 86 國營 [ ]
87 재무 [ ] 88 의무 [ ]
89 附與 [ ] 90 달성 [ ]

91 부문 [ ] 92 打擊 [ ]

93 도외시 [ ]

94~97번

4 다음 밑줄 친 漢字語를 漢字로 쓰시오.

94 경제학적 판단은 장기보다 <u>단기</u>를 훨씬 중시한다. ………………………… [ ]

95 가는귀는 먹었으나 <u>신통</u>하게 잠귀는 밝았다. ………………………… [ ]

96 문제의 원인을 찾고, 그것을 분석·해명하여야만 대책과 <u>처방</u>이 나온다. ………………………… [ ]

97 그들의 조그만 <u>호의</u>와 친절은 나에게 인간에 대한 신뢰를 두텁게 해주었다. ………………………… [ ]

98~102번

5 다음 漢字語 가운데 첫 音節이 長音으로 발음되는 것을 골라 그 번호를 쓰시오.

98 [ ] : ① 朱紅 ② 武術 ③ 浮石 ④ 橋脚

99 [ ] : ① 球根 ② 防除 ③ 犯罪 ④ 哀傷

100 [ ] : ① 範圍 ② 均等 ③ 乘合 ④ 銃聲

101 [ ] : ① 私設 ② 惜別 ③ 譯官 ④ 應待

102 [ ] : ① 亭子 ② 耐性 ③ 由來 ④ 推測

103~107번

6 다음 漢字와 反對(또는 相對)되는 漢字를 써넣어 漢字語를 만드시오.

103 화와 복은 언행과 서로 因[ ]관계를 가지고 있다.

104 어느 누구에 대한 [ ]惡의 감정을 드러내지 않았다.

105 전국을 돌아다니며 산수의 順[ ]을 점쳤다.

106 상대를 들어 올려 [ ]負가 결정되는 순간의 긴장감을 잘 표현하였다.

107 이 벽화는 지나치게 신비화시킨 흔적이 많아서 그 虛[ ]을 가리기가 매우 어렵다.

108~112번

7 다음 漢字語의 反對語(또는 相對語)를 漢字로 쓰시오.

108 生家 ↔ [ ] 109 理性 ↔ [ ]

110 貧賤 ↔ [ ] 111 苦痛 ↔ [ ]

112 續行 ↔ [ ]

113~122번

8 다음 빈칸에 알맞은 漢字를 써넣어 漢字語(成語)를 完成하시오.

113 事必歸[ ] : 모든 일은 반드시 바른길로 돌아감.

114 喜[ ]哀樂 : 기쁨, 노여움, 슬픔, 즐거움.

115 我田[ ]水 : 자기에게만 이롭게 되도록 생각하거나 행동함.

116 一罰[ ]戒 : 다른 사람들에게 경각심을 불러일으키기 위하여 본보기로 한 사람을 엄히 처벌함.

117 安心[ ]命 : 부처가 될 자신의 본성을 깨닫고 삶과 죽음을 초월하여 마음의 편안함을 얻음.

118 異口[ ]聲 : 여러 사람의 말이 한결같음.

119 公訴時[ ] : 범죄 후 일정한 기간이 지나면 그 범죄에 대해서 공소를 제기할 수 없는 제도.

120 相扶相[ ] : 서로서로 도움.

121 群[ ]割據 : 여러 영웅이 각기 한 지방씩 차지하고 위세를 부림.

122 [ ]上加霜 : 난처한 일이나 불행한 일이 잇따라 일어남.

123~127번

9 다음 漢字의 部首를 쓰시오.

123 直 - [ ] 124 師 - [ ]

125 初 - [ ] 126 布 - [ ]

127 質 - [ ]

128~132번

10 다음의 漢字에서 뜻이 비슷한 漢字를 [보기]에서 골라 그 번호를 써넣으시오.

보기 ① 獻 ② 限 ③ 盛 ④ 倫 ⑤ 白 ⑥ 給 ⑦ 恨 ⑧ 伐 ⑨ 誠 ⑩ 越

128 卓 - [ ] 129 怨 - [ ]

130 討 - [ ] 131 貢 - [ ]

132 隆 - [ ]

133~137번

11 다음 漢字語와 音은 같으나 뜻이 다른 漢字語를 쓰시오(長短音 관계없음).

133 維持 - [ ] : 어떤 일에 관심이나 뜻이 있는 사람.

134 掃地 - [ ] : 무엇을 가지고 있음.

135 詳考 - [ ] : 오랜 옛날.

136 監査 - [ ] : 고마움을 나타내는 인사.

137 姿貌 - [ ] : 표음表音 문자의 음절을 이루는 단위인 하나하나의 글자.

138~142번

12 다음 訓과 音에 알맞은 漢字를 쓰시오.

138 별 성 [ ] 139 섬 도 [ ]

140 대적할 적 [ ] 141 병사 병 [ ]

142 집 궁 [ ]

143~147번

13 다음 漢字語의 뜻을 쓰시오.

143 寡默 : [ ]

144 片道 : [ ]

145 勸降 : [ ]

146 固辭 : [ ]

147 鼓舞 : [ ]

148~150번

14 다음 漢字의 略字를 쓰시오.

148 晝 - [ ] 149 黨 - [ ]

150 當 - [ ]

한자능력검정시험

(사) **한국어문회** 주관

제06회 예상문제

합격문항 : 105문항
시험시간 : 60분
정 답 : 176쪽

01~45번

1 다음 漢字語의 讀音을 쓰시오.

01 누구 하나 빠지지 않고 각기 제 役割을 다해주었다. [ ]

02 소득 계층 간 주거 수준의 隔差가 커지고 있다. [ ]

03 이미지를 꾸미지 않고 加減 없이 보여주어 사실성을 증대시켰다. [ ]

04 반정부 左翼 게릴라 단체의 활동이라고 알려졌다. [ ]

05 창건 당시에 축조한 거대한 築臺가 남아 있다. [ ]

06 자신의 주장을 貫徹하기 위해 주변의 세력을 모았다. [ ]

07 삼국은 불교를 수용하여 국가의 隆盛을 꾀하였다. [ ]

08 단 한 번의 시험으로 及落이 결정되었다. [ ]

09 전쟁과 같은 緊迫한 상황에서는 임기응변으로 대처해야 한다. [ ]

10 검사 결과는 원인 진단에 중요한 端緖가 될 수 있다. [ ]

11 이미 있던 옛 책의 내용을 보충하고 체재를 바꾸어 改刊하였다. [ ]

12 각지에 학교를 세워 민중 啓蒙 운동을 폈다. [ ]

13 특정한 사관에 傾倒되어 부작용이 우려된다. [ ]

14 형태는 다르지만 기본적인 구성은 같은 脈絡으로 파악할 수 있다. [ ]

15 햇볕에 그을리고 벌판에서 露宿하는 고된 삶을 이어갔다. [ ]

16 의장에 취임하여 두 개의 관직을 兼任하였다. [ ]

17 역설적이게도 예루살렘의 역사는 평화와는 距離가 멀다. [ ]

18 노동자들의 疲弊한 삶을 날카롭게 지적하였다. [ ]

19 고속도로는 국토를 縱斷하는 대동맥을 형성하였다. [ ]

20 눈이 번쩍 뜨일 만큼 豪華로운 실내 장식으로 꾸며졌다. [ ]

21 靈威 [ ] 22 希願 [ ]

23 副葬 [ ] 24 列坐 [ ]

25 突然 [ ] 26 未畢 [ ]

27 佳緣 [ ] 28 掌篇 [ ]

29 舍廊 [ ] 30 鐵索 [ ]

31 恒星 [ ] 32 雜鬼 [ ]

33 拘留 [ ] 34 肖像 [ ]

35 培養 [ ] 36 片肉 [ ]

37 需要 [ ] 38 訴狀 [ ]

39 照光 [ ] 40 懇請 [ ]

41 幼稚 [ ] 42 娘子 [ ]

43 觸覺 [ ] 44 怪異 [ ]

45 桂冠 [ ]

46~72번

2 다음 漢字의 訓과 音을 쓰시오.

46 簿 [ ] 47 臟 [ ]

48 陶 [ ] 49 餘 [ ]

50 泥 [ ] 51 丘 [ ]

52 拳 [ ] 53 鎭 [ ]

54 妃 [ ] 55 甚 [ ]

56 飯 [ ] 57 述 [ ]

58 困 [ ] 59 響 [ ]

60 混 [ ] 61 普 [ ]

62 核 [ ] 63 蓮 [ ]

64 踐 [ ] 65 館 [ ]

66 柱 [ ] 67 惜 [ ]

68 眞 [ ] 69 驚 [ ]

70 玄 [ ] 71 痲 [ ]

72 澤 [ ]

73~77번

3 다음의 漢字에서 뜻이 비슷한 漢字를 [보기]에서 골라 그 번호를 써넣으시오.

보기				
①目	②亡	③者	④慈	⑤特
⑥度	⑦持	⑧睦	⑨戶	⑩妄

73 和 – [ ] 74 仁 – [ ]

75 英 – [ ] 76 尺 – [ ]

77 滅 – [ ]

78~107번

4 다음 밑줄 친 漢字語를 漢字로 쓰시오.

78 회의에 앞서 국기에 대한 **경례**를 합니다. .... [ ]

79 "잘못된 일이 없도록 다같이 **노력**합시다." .... [ ]

80 "청소 후 **도구**를 잘 정리하세요." .... [ ]

81 "여러분의 **의견**을 말씀해주십시오." .... [ ]

82 "회장의 **지명**에 따라 한 사람씩 일어나세요." .... [ ]

83 적들은 우리 **동족**을 마구 죽였습니다. .... [ ]

84 남의 **입장**도 생각할 줄 알아야 합니다. .... [ ]

85 모두의 의견이 **일치**되었습니다. .... [ ]

86 숲과 수자원을 **보존**해서 홍수와 가뭄에 대비합니다. .... [ ]

87 **속담**에 담겨진 뜻을 되새겨 봅니다. .... [ ]

많은 **관중**[88]이 경기장에 **운집**[89]했다.

88 [ ] 89 [ ]

그는 민족항쟁을 촉구하는 **연설**[90]을 한 뒤 **자결**[91]했다.

90 [ ] 91 [ ]

글은 보통 '**서두**[92] - 본문 - **결말**[93]'로 구성되어 있다.

92 [ ] 93 [ ]

서로의 **처지**[94]를 **이해**[95]하고 아껴주었다.

94 [ ] 95 [ ]

기상 **악화**[96]로 모든 선박의 출입이 **금지**[97]되었다.

96 [ ] 97 [ ]

가격을 **규제**[98]하여 **경제**[99] 안정을 꾀하였다.

98 [ ] 99 [ ]

이재민들은 **구호**[100] 식량을 **배급**[101]받았다.

100 [ ] 101 [ ]

선수들은 **강도**[102] 높은 **훈련**[103]을 이겨냈다.

102 [ ] 103 [ ]

긴급한 재난에 대처할 **방비**[104]책이 **절실**[105]하다.

104 [ ] 105 [ ]

곳곳에서 **이주**[106]와 **교류**[107]가 활발해지면서 새로운 갈등의 조짐이 보이고 있다.

106 [ ] 107 [ ]

108~112번

5 다음 漢字語 중 첫 소리가 長音인 것을 5개 가려 그 번호[①～⑩]를 쓰시오.

보기 ① 議案 ② 好感 ③ 潔白 ④ 殘額 ⑤ 痛恨 ⑥ 着工 ⑦ 聖域 ⑧ 避難 ⑨ 就航 ⑩ 煙氣

108 [ ] 109 [ ]

110 [ ] 111 [ ]

112 [ ]

113~118번

6 다음 漢字와 反對(또는 相對)되는 漢字를 써넣어 漢字語를 만드시오.

113 묘막을 설치하고 3년간 旦[ ]으로 배알하였다.

114 예전에는 나라의 [ ]危를 종묘사직으로 표현하였다.

115 법안통과를 둘러싸고 贊[ ] 논란도 거세지고 있다.

116 매화와 대나무를 함께 그려 [ ]妻를 상징하였다.

117 일찍이 是[ ]를 살피지 않고 함부로 남의 뜻을 따르지 않았다.

118 전쟁 때 헤어진 자매가 겪는 갈등과 [ ]憎이 섬세하게 연출되었다.

7

119~122번

다음 漢字語의 反對語(또는 相對語)를 漢字로 쓰시오.

119 偶然 ↔ [ ] 120 [ ] ↔ 操心

121 敵對 ↔ [ ] 122 [ ] ↔ 君子

8

123~132번

다음 빈칸에 알맞은 漢字를 써넣어 漢字語(成語)를 完成하시오.

123 忠言[ ]耳 : 충고하는 말은 귀에 거슬림.

124 [ ]草報恩 : 죽은 뒤에라도 은혜를 잊지 않고 갚음.

125 百計無[ ] : 온갖 계교를 다 써도 해결할 방도를 찾지 못함.

126 燈下[ ]明 : 가까이에 있는 물건이나 사람을 잘 찾지 못함.

127 單[ ]直入 : 군말을 늘어놓지 않고 바로 요지를 중심적으로 말함.

128 日[ ]月將 : 나날이 다달이 자라거나 발전함.

129 [ ]上空論 : 현실성이 없는 헛된 이론이나 논의.

130 明鏡[ ]水 : 잡념과 욕심이 없이 맑고 고요한 마음.

131 見[ ]生心 : 어떤 사물 보게 되면 그것을 가지고 싶은 욕심이 생김.

132 [ ]事求是 : 사실에 근거하여 진리를 탐구하는 일.

9

133~137번

다음 漢字의 部首를 쓰시오.

133 昇 – [ ] 134 克 – [ ]

135 獄 – [ ] 136 皇 – [ ]

137 哭 – [ ]

10

138~142번

다음 漢字語와 音은 같으나 뜻이 다른 漢字語를 쓰시오(長短音 관계없음).

138 消息 – [ ] 139 催告 – [ ]

140 收拾 – [ ] 141 誇張 – [ ]

142 辭典 – [ ]

11

143~147번

다음 漢字語의 뜻을 쓰시오.

143 口傳 : [ ]

144 受賞 : [ ]

145 砲手 : [ ]

146 相殺 : [ ]

147 遺失 : [ ]

12

148~150번

다음 漢字의 略字를 쓰시오.

148 聲 – [ ] 149 團 – [ ]

150 寶 – [ ]

한자능력검정시험

(사) 한국어문회 주관

제 07 회 예상문제

합격문항 : 105문항
시험시간 : 60분
정　　답 : 178쪽

정답 : 178쪽

01~45번

1 다음 漢字語의 讀音을 쓰시오.

01 선거관리위원회는 트위터도 단속 대상에 包含된다고 밝혔다. [ ]

02 노화, 날씨 등의 영향으로 毛孔이 커지기도 한다. [ ]

03 힘의 대립은 이길 確率을 저하시킨다. [ ]

04 주도권을 장악하기 위해 抗爭을 계속하였다. [ ]

05 관복의 胸背 중에서 문관의 것에는 학을 수놓았다. [ ]

06 고난과 비애를 해학과 사랑으로 昇華시켰다. [ ]

07 위원장에 추천되었으나 군이 辭讓하고 나아가지 않았다. [ ]

08 달빛이 흘러 은하수를 건너니 고향 생각이 懇切하였다. [ ]

09 여러 번의 실패로 연구팀은 모두 脫盡 상태였다. [ ]

10 그는 은거하며 망국의 悔恨을 읊은 시를 많이 지었다. [ ]

11 군사를 매복시켰다가 공격하여 擊退하였다. [ ]

12 상호 방위 조약을 맺어 血盟 관계를 확고히 하였다. [ ]

13 일정 기간 동안 連載된 작품을 모아 단행본으로 출간하였다. [ ]

14 후일 승리를 가져올 수 있는 妙策을 내놓았다. [ ]

15 제사가 끝나면 이웃을 招待해서 음식을 대접하였다. [ ]

16 대장의 指揮에 따라 매섭게 전진하였다. [ ]

17 본문에 방해가 되는 주석은 削除하였다. [ ]

18 친우들과 헤어지면서 惜別의 정을 노래하였다. [ ]

19 독립운동기념탑에 헌화하고 默念하였다. [ ]

20 산림이 파괴되어 동식물의 생존이 威脅을 받고 있다. [ ]

21 虎尾 [ ]　22 沿革 [ ]

23 採鑛 [ ]　24 淸溪 [ ]

25 舞臺 [ ]　26 姉妹 [ ]

27 樓閣 [ ]　28 抑揚 [ ]

29 麗水 [ ]　30 樂譜 [ ]

31 拾得 [ ]　32 毒蛇 [ ]

33 野獸 [ ]　34 運輸 [ ]

35 耕牧 [ ]　36 霜降 [ ]

37 卽刻 [ ]　38 接觸 [ ]

39 陷沒 [ ]　40 陣痛 [ ]

41 亞鉛 [ ] 42 奮鬪 [ ]
43 還付 [ ] 44 割賦 [ ]
45 邊塞 [ ]

46~72번

2 다음 漢字의 訓과 音을 쓰시오.

46 免 [ ] 47 喪 [ ]
48 尺 [ ] 49 蘇 [ ]
50 廷 [ ] 51 盲 [ ]
52 露 [ ] 53 哭 [ ]
54 署 [ ] 55 賀 [ ]
56 概 [ ] 57 衛 [ ]
58 坐 [ ] 59 詞 [ ]
60 拂 [ ] 61 郎 [ ]
62 符 [ ] 63 寧 [ ]
64 桑 [ ] 65 隆 [ ]
66 錦 [ ] 67 茶 [ ]
68 摘 [ ] 69 肖 [ ]
70 剛 [ ] 71 壽 [ ]
72 巨 [ ]

73~90번

3 다음 글에서 밑줄 친 漢字語 중 한글로 쓴 것은 漢字로, 漢字로 쓴 것은 한글로 바꾸시오.

維新[73]이란 무엇인가? 破壞[74]의 자손[75]이다. 破壞란 무엇인가? 維新의 어머니다. 세상에 어머니 없는 자식[76]이 없다는 것은 대개 말들을 할 줄 알지만 破壞 없는 維新이 없다는 점에 이르러서는 아는 사람이 없다. 破壞라고 해서 모두를 무너뜨려 없애버리는 것을 뜻하지는 않는다. 다만 구습[77] 중에서 시대에 맞지 않은 것을 고쳐서 이를 새로운 방향[78]으로 나아가게 한다는 것뿐이니, 이름은 破壞지만 사실은 破壞가 아니며 維新을 잘할수록 破壞도 잘하기 마련이다.

어떤 사람이 큰 종기를 앓아 의사[79]에게 보여 치료를 받는다고 하자. 大綱[80] 침술과 뜸질을 가하여 겉으로 그 피부만 아물게 하고 근원[81]은 제거[82]하지 않은 채 臨時[83]적 효과[84]나 얻으려고 힘쓰는 사람은 용렬한 의사이다. 명의[85]는 그렇지 않다. 군살을 잘라내고 엉겨 있는 피를 빼어 그 독을 제거하고 그 병의 근원을 뽑아낸 다음, 症勢[86]를 살펴 약을 投與[87]하여 漸次[88] 완전[89]히 아물도록 해서 환자로 하여금 애초에 종기를 앓은 적이 없는 것처럼 만든다.

破壞란 살을 잘라내고 피를 빼내는 것과 같은 것이니 維新을 圖謀[90]함에 마땅히 먼저 破壞를 앞세워야 함은 의사가 먼저 군살을 잘라내고 피를 빼는 것과 같다.

- 한용운, 「조선불교維新論」 中 -

73 維新 [ ] 74 破壞 [ ]
75 자손 [ ] 76 자식 [ ]
77 구습 [ ] 78 방향 [ ]
79 의사 [ ] 80 大綱 [ ]
81 근원 [ ] 82 제거 [ ]
83 臨時 [ ] 84 효과 [ ]
85 명의 [ ] 86 症勢 [ ]
87 投與 [ ] 88 漸次 [ ]
89 완전 [ ] 90 圖謀 [ ]

91~97번

4 다음 밑줄 친 漢字語를 漢字로 쓰시오.

91 그는 오랫동안 **과로**에 시달려 쇠약해졌다. .... [ ]

92 아이들은 궁둥이부터 미적미적 달아날 **작정**을 하였다. .... [ ]

93 생활 주변의 자연을 보다 돋보이게 하고 새로운 **경관**을 조성하였다. ..... [ ]

94 자연보호 임무는 우리를 비롯한 인류 모두에게 지워진 공동의 **과제**이다. .... [ ]

95 민주사회의 **초창기**에는 정의와 질서가 제대로 되어 있지 않았다. .... [ ]

96 좋은 문학 작품을 선별할 수 있는 **안목**을 갖추어야 한다. .... [ ]

97 "나는 한번 맘을 먹은 다음엔 꼭 그대로 하고야 마는 **성미**지요." .... [ ]

98~102번

5 다음 漢字語 가운데 첫 音節이 長音으로 발음되는 것을 골라 그 번호를 쓰시오.

98 [ ] : ① 糧食 ② 婦道 ③ 養分 ④ 暖流

99 [ ] : ① 精進 ② 査察 ③ 拳法 ④ 密約

100 [ ] : ① 祭肉 ② 純情 ③ 政治 ④ 近處

101 [ ] : ① 森嚴 ② 困難 ③ 監督 ④ 遺失

102 [ ] : ① 唱劇 ② 構造 ③ 郵便 ④ 品位

103~107번

6 다음 漢字와 反對(또는 相對)되는 漢字를 써넣어 漢字語를 만드시오.

103 인류 문명과 역사의 興[ ]성쇠는 자연조건과 매우 밀접하게 관련되어 있다.

104 망루에 올라 적의 [ ]靜을 살피면서 침착하게 싸움을 지휘했다.

105 환자의 증상과 병의 輕[ ]에 따라 적절한 치료 방법을 결정한다.

106 먹고 살아가는 식생활의 본능에는 빈부 [ ]賤이 따로 없다.

107 수정법안은 의회에서 치열한 攻[ ](으)로 이어졌다.

108~112번

7 다음 漢字語의 反對語(또는 相對語)를 漢字로 쓰시오.

108 質疑 ↔ [ ] 109 生前 ↔ [ ]

110 絶對 ↔ [ ] 111 否決 ↔ [ ]

112 起立 ↔ [ ]

113~122번

8 다음 빈칸에 알맞은 漢字를 써넣어 漢字語(成語)를 完成하시오.

113 安[ ]樂道 : 가난한 생활을 하면서도 편안한 마음으로 도를 즐김.

114 風前[ ]火 : 사물이 매우 위태로운 처지에 놓여 있음.

115 自我實[ ] : 자아의 본질을 완전히 실현하는 일.

116 轉禍爲[ ] : 재앙과 화난이 바뀌어 오히려 복이 됨.

117 百年[ ]淸 : 아무리 오랜 시일이 지나도 어떤 일이 이루어지기 어려움.

118 明鏡[　　　　　]水 : 잡념과 가식과 헛된 욕심 없이 맑고 깨끗한 마음.

119 群衆心[　　　　　] : 다른 사람의 언동에 따라 움직이는 심리 상태.

120 北[　　　　　]三友 : 거문고, 술, 시(詩).

121 [　　　　　]言書判 : 예전에, 인물을 선택하는 데 표준으로 삼던 조건.

122 黑色宣[　　　　　] : 사실무근의 이야기를 만들어 내어 혼란과 무질서를 조장하는 술책.

123~127번

9 다음 漢字의 部首를 쓰시오.

123 感 – [　　　　] 124 星 – [　　　　]

125 産 – [　　　　] 126 烏 – [　　　　]

127 勝 – [　　　　]

128~132번

10 다음의 漢字에서 뜻이 비슷한 漢字를 [보기]에서 골라 그 번호를 써넣으시오.

보기 ① 發 ② 固 ③ 擇 ④ 尙 ⑤ 慈
⑥ 問 ⑦ 聞 ⑧ 者 ⑨ 潔 ⑩ 考

128 選 – [　　　　] 129 堅 – [　　　　]

130 聽 – [　　　　] 131 淨 – [　　　　]

132 仁 – [　　　　]

133~137번

11 다음 漢字語와 音은 같으나 뜻이 다른 漢字語를 쓰시오(長短音 관계없음).

133 工程 – [　　　　] : 공평하고 올바름.

134 祀典 – [　　　　] : 무슨 일이 있기 전. 무슨 일이 이루어지기 전.

135 究明 – [　　　　] : 사람의 목숨을 구함.

136 斷髮 – [　　　　] : 한 번의 발사.

137 疏遠 – [　　　　] : (무슨 일이 이루어지기를) 바람. 또는 바라는 바.

138~142번

12 다음 訓과 音에 알맞은 漢字를 쓰시오.

138 벌일 렬 [　　　] 139 손 객 [　　　]

140 뜻 지 [　　　] 141 풀 해 [　　　]

142 붉을 적 [　　　]

143~147번

13 다음 漢字語의 뜻을 쓰시오.

143 已往 : [　　　　　　　　]

144 持久 : [　　　　　　　　]

145 此際 : [　　　　　　　　]

146 蒼生 : [　　　　　　　　]

147 陶醉 : [　　　　　　　　]

148~150번

14 다음 漢字의 略字를 쓰시오.

148 對 – [　　　] 149 號 – [　　　]

150 擔 – [　　　]

(사) 한국어문회 주관

한자능력검정시험

제 08 회 예상문제

합격문항 : 105문항
시험시간 : 60분
정 답 : 179쪽

01~45번

1 다음 漢字語의 讀音을 쓰시오.

01 본가에서 가족들과 함께 裕福한 생활을 하고 있다. ………………………… [ ]

02 범행을 共謀하였으나 사전에 발각되고 말았다. ………………………… [ ]

03 환경 변화에 따른 새로운 기능을 追加하였다. ………………………… [ ]

04 나라의 융성과 풍년을 祈願하는 노래를 불렀다. ………………………… [ ]

05 민사 소송법상 원고와 被告가 당사자이다. ………………………… [ ]

06 감독은 배우들의 어색한 演技와 몸짓을 지적하였다. ………………………… [ ]

07 그의 범죄 여부는 裁判 과정에서 밝혀질 것이다. ………………………… [ ]

08 발효식품은 우리 음식 문화의 特徵 중 하나이다. ………………………… [ ]

09 그들은 인정이 두터우며 학문을 崇尙하였다. ………………………… [ ]

10 병사들의 사기를 격려하고 투지를 鼓舞시켰다. ………………………… [ ]

11 소득의 대부분을 지출하느라 貯蓄할 여력이 없다. ………………………… [ ]

12 각 부분을 精彩롭게 묘사하여 개성을 살렸다. ………………………… [ ]

13 난공불락으로 여겨지던 성이 陷落되고 말았다. ………………………… [ ]

14 그는 탁월한 慧眼으로 미래를 투시하고 경계하였다. ………………………… [ ]

15 사건현장에서 범인의 指紋을 채취하였다. ………………………… [ ]

16 주사위 던지기는 결코 우연을 排除하지 않을 것이다. ………………………… [ ]

17 눈물로 진심을 보여 겨우 許諾을 받았다. ………………………… [ ]

18 자신들의 輕率한 행동을 깊이 후회했다. ………………………… [ ]

19 모든 것이 주마등처럼 그의 腦裏를 스쳐갔다. ………………………… [ ]

20 작가와 독자 사이에는 몇 가지의 默契가 전제되어 있어야 한다. ………… [ ]

21 熟眠 [ ] 22 鎖港 [ ]

23 惠鑑 [ ] 24 黃栗 [ ]

25 寬恕 [ ] 26 巖壁 [ ]

27 製鹽 [ ] 28 繁榮 [ ]

29 吏讀 [ ] 30 盲信 [ ]

31 紀綱 [ ] 32 換錢 [ ]

33 葬送 [ ] 34 勤儉 [ ]
35 縱橫 [ ] 36 蒸濕 [ ]
37 剛堅 [ ] 38 鬼瓦 [ ]
39 臨終 [ ] 40 便乘 [ ]
41 齒牙 [ ] 42 淫談 [ ]
43 冠婚 [ ] 44 盛衰 [ ]
45 再審 [ ]

2 다음 漢字의 訓과 音을 쓰시오.

46~72번

46 僞 [ ] 47 航 [ ]
48 影 [ ] 49 靈 [ ]
50 緊 [ ] 51 味 [ ]
52 怒 [ ] 53 宮 [ ]
54 燕 [ ] 55 島 [ ]
56 訣 [ ] 57 隊 [ ]
58 豪 [ ] 59 禁 [ ]
60 壞 [ ] 61 値 [ ]
62 豫 [ ] 63 禪 [ ]
64 芽 [ ] 65 炎 [ ]
66 快 [ ] 67 拂 [ ]
68 薄 [ ] 69 荒 [ ]
70 借 [ ] 71 透 [ ]
72 武 [ ]

3 다음 漢字와 訓이 같은 글자를 [보기]에서 골라 그 漢字를 쓰시오.

73~77번

보기 宅 職 勵 髮 畫 聞 書 曲 手

73 勉 – [ ] 74 舍 – [ ]
75 聽 – [ ] 76 毛 – [ ]
77 屈 – [ ]

4 다음 漢字의 部首를 쓰시오.

78~82번

78 變 – [ ] 79 失 – [ ]
80 象 – [ ] 81 卵 – [ ]
82 缺 – [ ]

5 다음 漢字語와 音이 같으나 뜻이 다른 漢字를 다음 풀이에 맞게 漢字[正字]로 쓰시오.

83~87번

83 青山 – [ ] : 서로 간에 셈하여 깨끗이 해결함.
84 端正 – [ ] : 딱 잘라서 판단하고 결정함.
85 人道 – [ ] : 이끌어 지도함.
86 失政 – [ ] : 실제의 사정이나 정세.
87 水道 – [ ] : 한 나라의 중앙 정부가 있는 도시.

6 다음 漢字의 略字를 쓰시오.

88~90번

88 獨 – [ ] 89 觀 – [ ]
90 興 – [ ]

91~95번

7 다음 漢字語 중 첫 소리가 長音인 것을 5개 가려 그 번호[①~⑩]를 쓰시오.

보기 ① 投宿 ② 彈壓 ③ 祭器 ④ 臨戰 ⑤ 振動 ⑥ 卽席 ⑦ 效能 ⑧ 疑惑 ⑨ 緣故 ⑩ 序列

91 [ ] 92 [ ]
93 [ ] 94 [ ]
95 [ ]

96~100번

8 다음 漢字와 뜻이 反對 또는 相對되는 漢字[正字]를 써넣어 글 속의 漢字語를 完成하시오.

96 어느 누구에게도 [ ]怨이 없어서 문자 그대로의 불편부당이다.

97 문제 유형별로 [ ]易의 차이가 뚜렷했다.

98 서해안은 세계적으로 조석 干[ ]의 차가 큰 해안 중에 하나이다.

99 두 민족은 결코 결합할 수 없는 氷[ ]의 관계임을 밝혔다.

100 LNG는 기화할 때의 [ ]熱에너지를 전력으로 회수할 수가 있고, 또 식품의 냉동 등에도 이용한다.

101~105번

9 다음 漢字語의 反對語 또는 相對語를 漢字[正字]로 쓰시오.

101 死藏 ↔ [ ] 102 形式 ↔ [ ]
103 個別 ↔ [ ] 104 悠長 ↔ [ ]
105 和睦 ↔ [ ]

106~135번

10 다음 각 文章의 밑줄 친 漢字語를 漢字로 쓰시오.

교육방송을 **녹화**106해서 **복습**107하였다.

106 [ ] 107 [ ]

어렵던 시절 **혈육**108처럼 지내던 **친구**109

108 [ ] 109 [ ]

의혹이 **제기**110되면서 사건은 **일파만파**111로 확대되었다.

110 [ ] 111 [ ]

침수로 인해 곳곳에서 **구조**112를 **요청**113했다.

112 [ ] 113 [ ]

물고기의 **생태**114와 자연환경에 대한 **이해**115가 필요하다.

114 [ ] 115 [ ]

서정**민요**116는 주관적인 감정을 표현하여 선율이 **풍부**117하고 시상이 아름답다.

116 [ ] 117 [ ]

독성물질의 주요 유입 **경로**118는 피부나 **호흡**119기이다.

118 [ ] 119 [ ]

부정적 상황을 고발하기 위해 **미래**120의 **가상**121현실을 충격적으로 보여주었다.

120 [ ] 121 [ ]

> 회장 **선출**[122]을 **표결**[123]에 부쳤다.

122 [ ] 123 [ ]

> 위험 범위에 **근접**[124]했을 때 **경보**[125]를 발하는 장치.

124 [ ] 125 [ ]

> 운동을 **지배**[126]하는 자연법칙은 수없이 많으나, 그 **근원**[127]이 되는 것은 뉴턴의 운동법칙이다.

126 [ ] 127 [ ]

> 생활의 파탄과 **병고**[128] 앞에서 자신의 작업에 **한계**[129]가 왔음을 깨달았다.

128 [ ] 129 [ ]

> 일국의 군주가 외국 **공사**[130]관에 머물러 있다는 사실은 **상식**[131] 밖의 일이었다.

130 [ ] 131 [ ]

> 간신들은 **후환**[132]을 없애기 위해 그를 **음해**[133]할 생각을 가졌다.

132 [ ] 133 [ ]

> 최초로 심장 **이식**[134]에 성공하면서 세계적인 **명성**[135]을 얻었다.

134 [ ] 135 [ ]

136~145번

11 다음 빈칸에 알맞은 漢字[正字]를 써넣어 漢字成語를 完成하시오.

136 巧言[ ]色 : 아첨하는 말과 알랑거리는 태도.

137 宿虎衝[ ] : 가만히 있는 사람을 공연히 건드려서 화를 입음.

138 [ ]從腹背 : 겉으로는 복종하는 체하면서 속으로는 배반함.

139 朝變夕[ ] : 계획이나 결정 따위를 자주 고침.

140 緣木求[ ] : 도저히 불가능한 일을 굳이 하려 함.

141 錦衣夜[ ] : 아무 보람이 없는 일을 함.

142 馬耳東[ ] : 남의 말을 귀담아듣지 아니하고 지나쳐 흘려버림.

143 自[ ]自得 : 자기가 저지른 일의 결과를 자기가 받음.

144 竹馬[ ]友 : 어릴 때부터 같이 놀며 자란 벗.

145 [ ]不釋卷 : 손에서 책을 놓지 아니하고 늘 글을 읽음.

146~150번

12 다음 漢字語의 뜻을 쓰시오.

146 逸走 : [ ]

147 屈折 : [ ]

148 宗家 : [ ]

149 暴露 : [ ]

150 省墓 : [ ]

한자능력검정시험

(사) 한국어문회 주관

제 09 회 예상문제

합격문항 : 105문항
시험시간 : 60분
정　　답 : 181쪽

01~45번

1 다음 漢字語의 讀音을 쓰시오.

01 계산에서 작은 偏差가 있었다. …… [ ]

02 무례함을 빌며 容恕를 구하였다. …… [ ]

03 정치적 腐敗와 관리의 탐욕으로 경제가 더욱 어려워졌다. …… [ ]

04 교향악단의 協奏로 독주회를 열었다. …… [ ]

05 서울의 외곽인 京畿 일대의 경비를 강화하였다. …… [ ]

06 창의력의 根幹이 되는 인적자원 확보를 위해 노력하였다. …… [ ]

07 상대측과 折衝할 수 있다는 입장을 나타냈다. …… [ ]

08 1885년 영국은 거문도를 불법으로 占領하였다. …… [ ]

09 인도적 차원의 평화 維持를 위해 지원하였다. …… [ ]

10 자연재해는 耐震 공사를 선호하도록 만들었다. …… [ ]

11 공사 예정 지역을 걸어서 踏査하였다. …… [ ]

12 대부분의 종교에는 각기 다른 祭祀의 형식이 있다. …… [ ]

13 선거 결과 薄氷의 승부로 재집권에 성공하였다. …… [ ]

14 의식을 깨우치고 사기를 鼓吹시키는 데 힘을 쏟았다. …… [ ]

15 경이로운 무대 裝飾은 관객의 눈을 매혹시켰다. …… [ ]

16 대금을 지불한 다음 殘額을 확인하였다. …… [ ]

17 자연과의 접촉에서 고독과 喜悅을 발견하였다. …… [ ]

18 날씨가 맑은 날이면 밤하늘의 별자리를 探索하였다. …… [ ]

19 심판의 裁量으로 판단하여 경기가 원활하게 진행되었다. …… [ ]

20 제자들을 가르치며 연구와 著述에 몰두하였다. …… [ ]

21 戀愛 [ ] 22 寂滅 [ ]

23 轉籍 [ ] 24 慶祝 [ ]

25 暫時 [ ] 26 賃借 [ ]

27 刺促 [ ] 28 枝葉 [ ]

29 康寧 [ ] 30 超越 [ ]

31 燃料 [ ] 32 拾遺 [ ]

33 沙漠 [ ] 34 讚歎 [ ]

35 延滯 [ ] 36 引導 [ ]

37 名譽 [ ] 38 吐血 [ ]
39 牧畜 [ ] 40 陳謝 [ ]
41 奇怪 [ ] 42 朝廷 [ ]
43 雅樂 [ ] 44 栗糖 [ ]
45 招誘 [ ]

46~72번

2 다음 漢字의 訓과 音을 쓰시오.

46 閣 [ ] 47 蒼 [ ]
48 側 [ ] 49 彼 [ ]
50 弓 [ ] 51 栥 [ ]
52 壬 [ ] 53 菊 [ ]
54 腹 [ ] 55 刑 [ ]
56 紛 [ ] 57 辱 [ ]
58 譯 [ ] 59 舌 [ ]
60 何 [ ] 61 忽 [ ]
62 限 [ ] 63 謙 [ ]
64 邪 [ ] 65 律 [ ]
66 履 [ ] 67 貫 [ ]
68 曾 [ ] 69 宜 [ ]
70 刷 [ ] 71 企 [ ]
72 淑 [ ]

73~93번

3 다음 글에서 밑줄 친 漢字語 중 한글로 쓴 것은 漢字로, 漢字로 쓴 것은 한글로 바꾸시오.

이성을 갖추는 시기에 **도달**[73]할 때까지는 도덕적 **存在**[74]라든가 사회적 관계에 대한 **관념**[75]을 가지는 것은 불가능하다. 그러므로 되도록 그런 관념을 나타내는 말은 아이들 앞에서 **사용**[76]하지 말아야 한다. 아이가 처음에 그런 말에 대하여 잘못된 관념을 가지게 되면 **성인**[77]이 되어서도 바로잡기 힘들기 때문이다.

아이의 머리 속에 새겨진 최초의 잘못된 관념은 오류와 **악덕**[78]의 씨가 된다. 따라서 첫발을 특히 **주의**[79]하여 내딛지 않으면 안 된다. 아이가 **感覺**[80]적인 사물에 의해서만 자극을 받는 동안에는 아이의 모든 관념이 感覺에 머무르도록 하는 것이 좋다. 아이가 **周圍**[81] 어디를 보아도 感覺적인 세계만을 볼 수 있게 해주는 것이 좋다. 그렇게 하지 않으면 아이는 당신 말에 전혀 귀를 기울이지 않게 되든지, 또는 당신이 말하는 도덕적인 세계에 대해 평생 지울 수 없는 환상적인 관념에 사로잡히고 말 것이다.

『아이와 함께 **討論**[82]하라』… 어떤 철학자가 **제시**[83]한 중요한 **준칙**[84]이다. 이 말은 오늘날 대단히 **유행**[85]하고 있다. 그러나 이 준칙을 지킨 **결과**[86]는 그리 바람직한 것이 아니다. 나는 어른과 討論을 해 온 아이처럼 어리석은 존재는 없을 것이라 생각한다. 인간의 모든 **능력**[87] 중에서 이른바 다른 모든 능력들을 종합한 능력인 **이성**[88]은 가장 까다로운 길을 통해, 그리고 가장 늦게 발달한다. 그럼에도 **不拘**[89]하고 사람들은 그것을 사용하여 다른 능력을 발달시키려 하고 있다. 훌륭한 교육이란 이성적인 인간을 만드는 것이다.

그런데도 사람들은 이성에 의해 아이를 교육하려 한다. 그것은 교육을 맨 마지막 **段階**[90]에서부터 시작하는 것이다. 즉, **目標**[91]를 수단으로 삼으려는 것이다. 아이가 **이치**[92]를 **분별**[93]한다면 그들을 교육시킬 필요가 없다.

73 도달 [ ] 74 存在 [ ]
75 관념 [ ] 76 사용 [ ]

77 성인 [ ] 78 악덕 [ ]
79 주의 [ ] 80 感覺 [ ]
81 周圍 [ ] 82 討論 [ ]
83 제시 [ ] 84 준칙 [ ]
85 유행 [ ] 86 결과 [ ]
87 능력 [ ] 88 이성 [ ]
89 不拘 [ ] 90 段階 [ ]
91 目標 [ ] 92 이치 [ ]
93 분별 [ ]

94~97번

4 다음 밑줄 친 漢字語를 漢字로 쓰시오.

94 그를 호기심이 어린 <u>시선</u>으로 쳐다보았다. ………………………… [ ]

95 국어 공부에 대하여 <u>평소</u> 궁금해하던 몇 가지를 물어보았다. ………………… [ ]

96 그는 남들이 아무리 칭찬하여도 스스로 <u>만족</u>하지 못했다. ………………………… [ ]

97 수필에는 시나 소설처럼 일정한 형식이나 <u>제약</u>이 없다. ………………………… [ ]

98~102번

5 다음 漢字語 가운데 첫 音節이 長音으로 발음되는 것을 골라 그 번호를 쓰시오.

98 [ ] : ① 混雜 ② 丹靑 ③ 拍手 ④ 除去
99 [ ] : ① 旋回 ② 商街 ③ 幼兒 ④ 解脫
100 [ ] : ① 點數 ② 投資 ③ 醉客 ④ 剛健
101 [ ] : ① 技術 ② 走者 ③ 雄建 ④ 貴宅
102 [ ] : ① 洗面 ② 綠陰 ③ 吸水 ④ 熱誠

103~107번

6 다음 漢字와 反對(또는 相對)되는 漢字를 써넣어 漢字語를 만드시오.

103 두 사람은 가장 모범적이고 이상적인 師[ ] 관계였다.

104 인재를 고루 등용하여 [ ]舊 세력의 조화를 꾀하였다.

105 얼굴은 方[ ]형의 형태로 납작하고 광대뼈가 나왔다.

106 고금의 정치에 대하여 [ ]失을 논하였다.

107 기차표에 기입된 열차의 發[ ] 시간을 확인하였다.

108~112번

7 다음 漢字語의 反對語(또는 相對語)를 漢字로 쓰시오.

108 人爲 ↔ [ ] 109 好轉 ↔ [ ]
110 生産 ↔ [ ] 111 散在 ↔ [ ]
112 固定 ↔ [ ]

113~122번

8 다음 빈칸에 알맞은 漢字를 써넣어 漢字語(成語)를 完成하시오.

113 臨[ ]無退 : 전쟁에 나아가서 물러서지 않음.

114 [ ]不識丁 : 아주 까막눈임.

115 言中[ ]骨 : 예사로운 말 속에 속뜻이 들어 있음.

116 美辭麗[ ] : 아름다운 말로 듣기 좋게 꾸민 글귀.

117 教學相[　　　　　　] : 가르침과 배움이 서로 진보시켜 줌.

118 [　　　　　　]恭非禮 : 지나친 공손은 오히려 예의에 어긋남.

119 克己[　　　　　　]禮 : 욕심을 누르고 예의범절을 따름.

120 斷[　　　　　　]之交 : 매우 두터운 우정.

121 下[　　　　　　]上臺 : 임시변통으로 이리저리 둘러맞춤.

122 半生半[　　　　　　] : 죽을지 살지 모를 지경에 이름.

123~127번

9 다음 漢字의 部首를 쓰시오.

123 利 – [　　　　] 124 永 – [　　　　]

125 養 – [　　　　] 126 猶 – [　　　　]

127 卓 – [　　　　]

128~132번

10 다음의 漢字와 뜻이 비슷한 漢字를 [보기]에서 골라 그 번호를 써넣으시오.

보기				
① 鼻	② 態	③ 米	④ 勢	⑤ 備
⑥ 髮	⑦ 紅	⑧ 亦	⑨ 庫	⑩ 皮

128 毛 – [　　　　] 129 倉 – [　　　　]

130 具 – [　　　　] 131 朱 – [　　　　]

132 姿 – [　　　　]

133~137번

11 다음 漢字語와 음은 같으나 뜻이 다른 漢字語를 쓰시오(長短音 관계없음).

133 厚情 – [　　　　　　] : 뒤꼍. 뒤뜰.

134 正否 – [　　　　　　] : 으뜸과 버금.

135 肉聲 – [　　　　　　] : 길러서 자라게 함.

136 催告 – [　　　　　　] : 가장 높음. 가장 나음.

137 亂國 – [　　　　　　] : (처리하기가) 어려운 국면. 어려운 고비.

138~142번

12 다음 訓과 音에 알맞은 漢字를 쓰시오.

138 바랄 희 [　　　　] 139 구리 동 [　　　　]

140 도장 인 [　　　　] 141 곱　배 [　　　　]

142 고을 주 [　　　　]

143~147번

13 다음 漢字語의 뜻을 쓰시오.

143 礎盤 : [　　　　　　　　　　　　]

144 支配 : [　　　　　　　　　　　　]

145 適切 : [　　　　　　　　　　　　]

146 依舊 : [　　　　　　　　　　　　]

147 口實 : [　　　　　　　　　　　　]

148~150번

14 다음 漢字의 略字를 쓰시오.

148 變 – [　　　　] 149 學 – [　　　　]

150 醫 – [　　　　]

한자능력검정시험

제 10 회 예상문제

(사) 한국어문회 주관

합격문항 : 105문항
시험시간 : 60분
정　　답 : 182쪽

01~45번

1 다음 漢字語의 讀音을 쓰시오.

01 바닷물의 蒸發은 염분도를 증가시킨다. ………… [　　　]

02 어떤 반대에도 굽히지 않고 정면 突破했다. ………… [　　　]

03 은방울이 구르는 듯한 매력적인 旋律이 흘렀다. ………… [　　　]

04 산업단지 조성을 추진하는 데 愼重한 태도를 보였다. ………… [　　　]

05 기술개발 업무에 관한 諸般 사항을 규정하였다. ………… [　　　]

06 버드나무는 고향에 대한 鄕愁를 불러일으켰다. ………… [　　　]

07 새로운 이벤트는 얄팍한 商魂으로만 비춰졌다. ………… [　　　]

08 지역 간의 均衡 있는 발전을 도모하였다. ………… [　　　]

09 파상풍 感染을 막기 위해 예방 주사를 맞았다. ………… [　　　]

10 동해 연안의 淸淨 해역에서 갓 잡아 올린 싱싱한 활어. ………… [　　　]

11 협정을 통해 需給 조절과 가격 안정화를 도모하였다. ………… [　　　]

12 동굴 내부에서는 구석기시대의 穴居 유적이 발견되었다. ………… [　　　]

13 독보적인 문체와 스타일로 문학계에 큰 影響을 끼쳤다. ………… [　　　]

14 군대의 사기가 絶頂에 이른 지금이야말로 기회였다. ………… [　　　]

15 주인공을 통해 인간적인 의리와 信賴를 보여주었다. ………… [　　　]

16 고려청자의 상감문양은 회화적이며 시적인 韻致가 있다. ………… [　　　]

17 히로시마에는 可恐할 만한 원자탄이 투하되었다. ………… [　　　]

18 틈틈이 원고를 執筆하며 자신의 상상력을 구체화하였다. ………… [　　　]

19 그의 기부는 전 세계에 신선한 衝擊을 주었다. ………… [　　　]

20 침체된 경제의 활성화를 위해 貿易의 자유화를 촉진하였다. ………… [　　　]

21 編戶 [　　　]　22 帳幕 [　　　]

23 決裁 [　　　]　24 企劃 [　　　]

25 贊成 [ ] 26 窮途 [ ]
27 沒落 [ ] 28 承諾 [ ]
29 怪狀 [ ] 30 斷層 [ ]
31 履修 [ ] 32 誘導 [ ]
33 漆板 [ ] 34 寒菊 [ ]
35 悅樂 [ ] 36 緊密 [ ]
37 潛伏 [ ] 38 隱逸 [ ]
39 慣習 [ ] 40 疾病 [ ]
41 慕戀 [ ] 42 巧辯 [ ]
43 憂慮 [ ] 44 健脚 [ ]
45 淡墨 [ ]

46~72번

2 다음 漢字의 訓과 音을 쓰시오.

46 紋 [ ] 47 飾 [ ]
48 寬 [ ] 49 介 [ ]
50 池 [ ] 51 策 [ ]
52 帥 [ ] 53 寺 [ ]
54 柔 [ ] 55 荒 [ ]
56 債 [ ] 57 密 [ ]
58 央 [ ] 59 督 [ ]
60 壁 [ ] 61 移 [ ]
62 錄 [ ] 63 康 [ ]
64 曆 [ ] 65 銅 [ ]
66 尾 [ ] 67 羅 [ ]
68 趣 [ ] 69 拒 [ ]
70 凍 [ ] 71 端 [ ]
72 寄 [ ]

73~77번

3 다음 漢字語 중 첫 소리가 長音인 것을 5개 가려 그 번호[①~⑩]를 쓰시오.

보기 ① 雅樂 ② 觸覺 ③ 宇宙 ④ 栽培 ⑤ 祈願
⑥ 獻納 ⑦ 亭子 ⑧ 譯書 ⑨ 詳細 ⑩ 壯觀

73 [ ] 74 [ ]
75 [ ] 76 [ ]
77 [ ]

78~82번

4 다음 漢字와 뜻이 反對 또는 相對되는 漢字를 써넣어 漢字語를 만드시오.

78 투자에 앞서 [ ]支 타산이 맞는지 저울질하였다.

79 이번 일은 勞[ ] 교섭에 따라 결정하기로 하였다.

80 국가의 存[ ]이 걸린 지극히 중대한 일이다.

81 충의와 지조로써 나라의 [ ]危를 걱정했다.

82 시작부터 끝까지 일이 벌어진 [ ]緯를 작성하였다.

83~105번

5 다음 밑줄 친 漢字語를 漢字로 쓰시오.

- **소유**[83]하고 있는 **물질**[84]을 **위주**[85]로 셈하는 것은 **행복**[86]의 질을 **제시**[87]하는 좋은 **방법**[88]이 아니다.
- **강사**[89]는 **연구**[90]한 **내용**[91]을 **매주**[92] **전원**[93]에게 **발표**[94]시켜, **공동**[95]으로 **협의**[96]하고 **배경**[97] 지식을 **설명**[98]하는 식으로 수업의 **통합**[99]을 **강조**[100]하며 **진행**[101]하였다.
- 학생들의 **관심**[102]사는 어떻게 하면 학업에 **집중**[103]하여 **최대**[104]의 **효과**[105]를 얻는가이다.

83 소유 [ ] 84 물질 [ ]
85 위주 [ ] 86 행복 [ ]
87 제시 [ ] 88 방법 [ ]
89 강사 [ ] 90 연구 [ ]
91 내용 [ ] 92 매주 [ ]
93 전원 [ ] 94 발표 [ ]
95 공동 [ ] 96 협의 [ ]
97 배경 [ ] 98 설명 [ ]
99 통합 [ ] 100 강조 [ ]
101 진행 [ ] 102 관심 [ ]
103 집중 [ ] 104 최대 [ ]
105 효과 [ ]

106~117번

6 다음 각 文章의 밑줄 친 漢字語를 漢字로 쓰시오.

- 경기 침체로 인해 **구직**[106]자들이 늘고 있다.
- 순국선열의 **정신**[107]을 되새기며 명복을 빌었다.
- 남북한 정상회담을 **제의**[108]하였다.
- **무분별**[109]한 개발로 인해 환경오염이 심각하다.
- 학예회에서 **합창단**[110]을 지휘하였다.
- 해맑은 그의 인상이 **선명**[111]하게 그려진다.
- 허리를 굽혀 **사과**[112]의 말씀을 드렸다.
- 청년들이여, 높은 **이상**[113]을 갖고 정진하라!
- 극기훈련 **기간**[114] 동안 야영 생활을 하였다.
- 조사하여 **결국**[115] 사고의 원인을 밝혀냈다.
- 그녀의 얼굴에 **실망**[116]의 빛이 가득하였다.
- 학기말 성적을 각자 집으로 **통지**[117]하였다.

106 구직 [ ] 107 정신 [ ]
108 제의 [ ] 109 무분별 [ ]
110 합창단 [ ] 111 선명 [ ]
112 사과 [ ] 113 이상 [ ]
114 기간 [ ] 115 결국 [ ]
116 실망 [ ] 117 통지 [ ]

118~122번

7 다음 漢字와 訓이 같은 글자를 [보기]에서 골라 그 漢字를 쓰시오.

보기 論 擊 貨 材 續 話 東 常 喜 狀

118 打 – [ ] 119 財 – [ ]
120 繼 – [ ] 121 談 – [ ]
122 恒 – [ ]

123~127번

8 다음 漢字의 部首를 쓰시오.

123 更 – [ ] 124 承 – [ ]

125 李 – [ ] 126 唐 – [ ]

127 舍 – [ ]

128~137번

9 다음 빈칸에 알맞은 漢字를 써넣어 漢字語(成語)를 完成하시오.

128 異口同[ ] : 여러 사람의 말이 한결같음.

129 [ ]父之利 : 두 사람이 이해를 다투는 사이에 엉뚱한 사람이 애쓰지 않고 가로챈 이익.

130 種豆[ ]豆 : 원인에 따라 결과가 생김.

131 人[ ]獸心 : 마음이나 행동이 몹시 흉악함.

132 文[ ]四友 : 종이, 붓, 먹, 벼루.

133 三旬九[ ] : 몹시 가난함.

134 江湖煙[ ] : 대자연의 풍경.

135 有名無[ ] : 이름만 그럴듯하고 실속은 없음.

136 [ ]折不屈 : 어떤 난관에도 결코 굽히지 않음.

137 [ ]古不變 : 아주 오랜 세월 동안 변하지 아니함.

138~142번

10 다음 漢字語와 음은 같으나 뜻이 다른 漢字語를 쓰시오(長短音 관계없음).

138 疏遠 – [ ] : 바라고 원함.

139 至誠 – [ ] : 지적 능력.

140 景氣 – [ ] : 기량과 기술을 겨룸.

141 詩人 – [ ] : 옳거나 그러하다고 인정함.

142 理解 – [ ] : 이익과 손해.

143~145번

11 다음 漢字를 略字로 쓰시오.

143 黨 – [ ] 144 寫 – [ ]

145 醫 – [ ]

146~150번

12 다음 漢字語의 뜻을 쓰시오.

146 漏刻 : [ ]

147 堂叔 : [ ]

148 獨占 : [ ]

149 復權 : [ ]

150 報道 : [ ]

한자능력검정시험

제 11 회 예상문제

(사) **한국어문회** 주관

합격문항 : 105문항
시험시간 : 60분
정　　답 : 184쪽

01~45번

1 다음 漢字語의 讀音을 쓰시오.

01 위성의 움직임을 追跡하여 궤도, 속도 등을 관측한다. .... [ ]

02 신용관계가 붕괴되면서 금융시장에 混亂이 야기되었다. .... [ ]

03 개울 건너에 천연 浴湯이 있다. .... [ ]

04 시주들의 布施를 빈궁한 사람들에게 나누어주었다. .... [ ]

05 우리 마을의 유일한 교통로인 橋梁이 유실되었다. .... [ ]

06 기사들을 지면에 보기 좋게 排置하였다. .... [ ]

07 시리도록 눈부신 光彩를 가진 보석. .... [ ]

08 "경제적인 이익 때문에 문화 破壞 행위를 저지르다니!" .... [ ]

09 분쟁을 해소하기 위해 柔軟한 자세로 임하였다. .... [ ]

10 간결한 문장과 힘찬 붓글씨로 稱讚을 받았다. .... [ ]

11 정확히 회계하여 帳簿에 기입하였다. .... [ ]

12 여러 부분에서 缺陷이 있다는 점을 논증했다. .... [ ]

13 과제물을 잊기는커녕 遲刻 한 번 없었던 착실한 학생. .... [ ]

14 "비밀이 새지 않으려면 禍根을 미리 제거할 수밖에." .... [ ]

15 조선시대에는 상평창에서 물가조절 업무를 管掌하였다. .... [ ]

16 전염병을 이겨낸 사람들은 免疫 기능이 높아졌다. .... [ ]

17 상징적인 표현에 있어서 최고의 頂點에 이르렀다. .... [ ]

18 황제의 威嚴을 상징하듯 웅장하고 화려하게 꾸몄다. .... [ ]

19 두 사람은 꿈을 매개로 기이한 因緣을 맺었다. .... [ ]

20 팔작지붕 아래에 懸板 글씨가 물이 흐르는 듯하다. .... [ ]

21 漏籍 [ ]　22 巖盤 [ ]

23 滅裂 [ ]　24 監獄 [ ]

25 中央 [ ]　26 改憲 [ ]

27 適材 [ ]　28 凍太 [ ]

29 越南 [ ]　30 配當 [ ]

31 墓碑 [ ] 32 摘芽 [ ]

33 祕密 [ ] 34 悲哀 [ ]

35 卒倒 [ ] 36 敵陣 [ ]

37 胃臟 [ ] 38 胸像 [ ]

39 抗訴 [ ] 40 井邑 [ ]

41 潤澤 [ ] 42 勤勉 [ ]

43 秩序 [ ] 44 藝術 [ ]

45 獻壽 [ ]

46~72번

2 다음 漢字의 訓과 音을 쓰시오.

46 栗 [ ] 47 版 [ ]

48 醉 [ ] 49 齊 [ ]

50 獲 [ ] 51 甲 [ ]

52 廊 [ ] 53 疾 [ ]

54 辰 [ ] 55 莊 [ ]

56 隨 [ ] 57 丙 [ ]

58 妻 [ ] 59 禽 [ ]

60 壤 [ ] 61 淺 [ ]

62 魂 [ ] 63 夢 [ ]

64 稀 [ ] 65 途 [ ]

66 系 [ ] 67 泰 [ ]

68 但 [ ] 69 較 [ ]

70 嶺 [ ] 71 豆 [ ]

72 頃 [ ]

73~90번

3 다음 글에서 밑줄 친 漢字語 중 한글로 쓴 것은 漢字로, 漢字로 쓴 것은 한글로 바꾸시오.

요사이 우리 사회는 터진 봇물처럼 마구 흘러드는 외래 문명에 **정신**[73]을 차리지 못할 지경이다. **세계화**[74]가 미국이라는 한 나라의 **주도하**[75]에 이루어지고 있다. 일본은 얼마 전 영어를 아예 **공용어**[76]로 **採擇**[77]하는 안을 **檢討**[78]하고 있다. 문화 **인류**[79]학자들은 이번 세기가 끝나기 전에 대부분의 언어들이 이 지구상에서 자취를 감출 것이라고 **豫測**[80]한다. 언어를 잃는다는 것은 곧 그 언어로 세운 문화도 사라진다는 것을 **의미**[81]한다. 우리가 그토록 긍지를 갖고 있는 우리말의 **운명**[82]은 과연 어떻게 될 것인가. (중략)

제 아무리 **大院君**[83]이 살아 돌아온다 하더라도 더 이상 타문명의 **유입**[84]을 막을 길은 없다. 어떤 문명들은 서로 만났을 때 **衝突**[85]을 면치 못할 것이고, 어떤 것들은 **比較**[86]적 평화롭게 **공존**[87]하게 될 것이다.

결코 **一般化**[88]할 수 있는 문제는 아니겠지만 스스로 아끼지 못한 문명은 외래 문명에 텃밭을 빼앗기고 말 것이라는 豫測을 해도 큰 무리는 없을 듯싶다. 내가 **당당**[89]해야 남을 **수용**[90]할 수 있다.

- 최재천, 「황소개구리와 우리말」 中 -

73 정신 [ ] 74 세계화 [ ]

75 주도하 [ ] 76 공용어 [ ]

77 採擇 [ ] 78 檢討 [ ]

79 인류 [ ] 80 豫測 [ ]

81 의미 [ ] 82 운명 [ ]

83 大院君[ ] 84 유입 [ ]

85 衝突 [ ] 86 比較 [ ]

87 공존 [ ] 88 一般化[ ]

89 당당 [ ] 90 수용 [ ]

91~97번

4 다음 밑줄 친 漢字語를 漢字로 쓰시오.

91 "걱정 마라. **지성**이면 감천이란다." ………… [ ]

92 제시문에는 **필자**의 의도가 정확하게 드러나 있다. ………… [ ]

93 그는 자기의 주장만을 내세우면서 **소신**이 뚜렷한 사람이라 자처한다. · [ ]

94 모든 일이 **순조**롭게 뜻대로 되기만 하면 오죽 좋으랴. ………… [ ]

95 **양서**를 펴 보아라. 인생의 깊은 정신적 만남의 행복을 느낄 것이다. ……… [ ]

96 시내까지 거리가 멀기도 하였지만 택시 **요금**도 매우 비쌌다. ………… [ ]

97 인류의 행복과 평화를 위하여 국제적으로 서로 **협조**해야 한다. ………… [ ]

98~102번

5 다음 漢字語 가운데 첫 音節이 長音으로 발음되는 것을 골라 그 번호를 쓰시오.

98 [ ] : ① 師弟 ② 舊式 ③ 慈愛 ④ 承諾

99 [ ] : ① 圖面 ② 湖水 ③ 再考 ④ 旬報

100 [ ] : ① 隆盛 ② 宿食 ③ 障壁 ④ 望樓

101 [ ] : ① 譽聲 ② 淡水 ③ 複寫 ④ 側面

102 [ ] : ① 派生 ② 醫業 ③ 康寧 ④ 負擔

103~107번

6 다음 漢字와 反對(또는 相對)되는 漢字를 써넣어 漢字語를 만드시오.

103 경제 발전에 따라 貧[ ]의 차도 심해졌다.

104 한여름에 비가 [ ]夜로 3일간 쏟아졌다.

105 목판화를 이용하여 黑[ ]의 조화를 나타냈다.

106 투표를 실시하여 [ ]落을 결정하였다.

107 고구려는 自[ ]가 공인하는 동북아시아의 최강국이었다.

108~112번

7 다음 漢字語의 反對語(또는 相對語)를 漢字로 쓰시오.

108 增加 ↔ [ ] 109 子正 ↔ [ ]

110 紛爭 ↔ [ ] 111 結果 ↔ [ ]

112 空想 ↔ [ ]

113~122번

8 다음 빈칸에 알맞은 漢字를 써넣어 漢字語(成語)를 完成하시오.

113 [ ]退維谷 : 이러지도 저러지도 못하고 꼼짝할 수 없는 궁지.

114 大[ ]小異 : 큰 차이 없이 거의 같음.

115 開卷有[ ] : 독서를 권장함.

116 [ ]猶不及 : 중용이 중요함.

117 九折[ ]腸 : 꼬불꼬불하며 험한 산길.

118 [ ] 地風波 : 뜻밖에 분쟁이 일어남.

119 離散家 [ ] : 이리저리 흩어져서 서로 소식을 모르는 가족.

120 [ ] 金分割 : 전체에 대한 큰 부분의 비와 큰 부분에 대한 작은 부분의 비가 같도록 나눈 것.

121 安分 [ ] 足 : 편안한 마음으로 제 분수를 지키며 만족할 줄을 앎.

122 桑 [ ] 碧海 : 세상일의 변천이 심함.

123~127번

9 다음 漢字의 部首를 쓰시오.

123 盲 - [ ] 124 應 - [ ]

125 熱 - [ ] 126 載 - [ ]

127 島 - [ ]

128~132번

10 다음의 漢字와 뜻이 비슷한 漢字를 [보기]에서 골라 그 번호를 써넣으시오.

보기 ① 比 ② 範 ③ 白 ④ 園 ⑤ 告
⑥ 忠 ⑦ 評 ⑧ 獨 ⑨ 圓 ⑩ 無

128 批 - [ ] 129 申 - [ ]

130 孤 - [ ] 131 模 - [ ]

132 庭 - [ ]

133~137번

11 다음 漢字語와 音은 같으나 뜻이 다른 漢字語를 쓰시오(長短音 관계없음).

133 奴婢 - [ ] : 노동의 대가로 주는 돈·품삯·노임.

134 標識 - [ ] : 책의 겉장.

135 懷疑 - [ ] : (여럿이) 모여 의논함 또는 그 모임.

136 斷指 - [ ] : 현대적 건물이나 시설들을 계획적·집단적으로 조성한 일정 지역.

137 救護 - [ ] : 어떤 요구나 주장 따위를 나타내는 짤막한 호소, 또는 그것을 나타낸 글.

138~142번

12 다음 訓과 音에 알맞은 漢字를 쓰시오.

138 약 약 [ ] 139 줄기 맥 [ ]

140 인원 원 [ ] 141 원할 원 [ ]

142 주일 주 [ ]

143~147번

13 다음 漢字語의 뜻을 쓰시오.

143 收拾 : [ ]

144 首班 : [ ]

145 曾孫 : [ ]

146 起草 : [ ]

147 履行 : [ ]

148~150번

14 다음 漢字의 略字를 쓰시오.

148 邊 - [ ] 149 處 - [ ]

150 禮 - [ ]

한자능력검정시험

(사) **한국어문회** 주관

제 12 회 예상문제

합격문항 : 105문항
시험시간 : 60분
정　　답 : 185쪽

01~45번

1 다음 漢字語의 讀音을 쓰시오.

01 맛을 내는 祕決을 자식들에게 알려주었다. ………… [　　　]

02 실종된 장병의 무사 歸還을 빌었다. ………… [　　　]

03 정치적 내분은 국력 衰退를 불러왔다. ………… [　　　]

04 이 작품은 태양빛을 받은 대기의 微妙한 변화를 표현했다. ………… [　　　]

05 시적 비약과 含蓄 등의 수법을 이번 작품에 도입하였다. ………… [　　　]

06 빼어나게 어여쁨이 목석같은 肝腸을 녹일 듯 하였다. ………… [　　　]

07 분별과 망상이 消滅된 상태에서 드러나는 청정한 모습. ………… [　　　]

08 군신들이 예를 갖추어 정중하게 迎接하였다. ………… [　　　]

09 금단현상으로 신체적 症狀이 다양하게 나타났다. ………… [　　　]

10 세계평화에 대한 貢獻을 기본 목표로 하고 있다. ………… [　　　]

11 마음에 邪念이 없이 평정하고 평탄하였다. ………… [　　　]

12 그 눈빛이 형형하여 凡常한 인물이 아님을 알았다. ………… [　　　]

13 지배 권력과 抵抗세력이 모두 민족문화를 강조하였다. ………… [　　　]

14 이웃을 위해 돈을 기부하고 저축 奬勵 운동에 힘썼다. ………… [　　　]

15 "귀인을 만나 뜻밖에 橫財를 하니 기분이 좋다." ………… [　　　]

16 벼가 익을수록 고개를 숙이듯 謙讓의 미덕이 필요하다. ………… [　　　]

17 수입절차를 마치지 않은 물품을 倉庫에 보관하였다. ………… [　　　]

18 육포는 단백질 함량이 높고 오랜 기간 貯藏이 가능하다. ………… [　　　]

19 차별을 없애고 慣例에 따를 것을 촉구하였다. ………… [　　　]

20 학생들은 御用 교수 퇴진을 요구하였다. ………… [　　　]

21	冠帶	[　　　]	22	忍耐	[　　　]
23	氏譜	[　　　]	24	般若	[　　　]
25	輸送	[　　　]	26	整齊	[　　　]
27	腐索	[　　　]	28	契約	[　　　]
29	掃除	[　　　]	30	燃燒	[　　　]
31	琴鶴	[　　　]	32	卽決	[　　　]
33	危殆	[　　　]	34	畿湖	[　　　]

35 比較 [ ] 36 激浪 [ ]
37 徹底 [ ] 38 疏通 [ ]
39 賤職 [ ] 40 納凉 [ ]
41 貞淑 [ ] 42 閑寂 [ ]
43 音響 [ ] 44 司祭 [ ]
45 溪谷 [ ]

46~72번

2 다음 漢字의 訓과 音을 쓰시오.

46 訟 [ ] 47 罰 [ ]
48 糧 [ ] 49 鍾 [ ]
50 巖 [ ] 51 租 [ ]
52 娘 [ ] 53 婢 [ ]
54 悅 [ ] 55 濃 [ ]
56 芳 [ ] 57 軟 [ ]
58 達 [ ] 59 布 [ ]
60 阿 [ ] 61 役 [ ]
62 割 [ ] 63 桃 [ ]
64 包 [ ] 65 齒 [ ]
66 鑑 [ ] 67 渡 [ ]
68 替 [ ] 69 越 [ ]
70 突 [ ] 71 策 [ ]
72 蒼 [ ]

73~77번

3 다음 漢字 가운데 單語의 첫소리에서 長音으로 나는 글자를 5개 가려내어 차례대로 번호를 쓰시오.

보기 ① 據點 ② 華麗 ③ 田園 ④ 耳順 ⑤ 墓域 ⑥ 寬待 ⑦ 啓蒙 ⑧ 圓周 ⑨ 攻守 ⑩ 勉學

73 [ ] 74 [ ]
75 [ ] 76 [ ]
77 [ ]

78~82번

4 다음 漢字와 反對(또는 相對)되는 漢字를 써넣어 漢字語를 만드시오.

78 발문에서 정확한 [ ] 沒 연대를 확인할 수 있다.
79 마음을 깨닫고 彼 [ ]의 이해를 깊이 생각하였다.
80 식생활의 본능에는 貧 [ ] 貴賤이 따로 없다.
81 내용에 있어서 서로 [ ] 裏 관계에 있음을 주장하였다.
82 아폴로 8호는 인류 최초의 달 [ ] 復 여행에 성공하였다.

83~87번

5 다음 漢字와 訓이 같은 글자를 [보기]에서 골라 그 漢字를 쓰시오.

보기 滿 苦 論 加 固 睦 帝 樂 負 減

83 堅 – [ ] 84 和 – [ ]
85 皇 – [ ] 86 增 – [ ]
87 充 – [ ]

88~92번

6 다음 漢字의 部首를 쓰시오.

88 兆 – [ ] 89 季 – [ ]
90 貿 – [ ] 91 朗 – [ ]
92 牧 – [ ]

93~127번

7 다음 각 文章의 밑줄 친 漢字語를 漢字로 쓰시오.

전통[93] 문화의 **명맥**[94]을 이어가기 위해 노력하였다.

93 [ ] 94 [ ]

선생님과 상급 학교의 **진로**[95]를 **상담**[96]하였다.

95 [ ] 96 [ ]

흉악범을 전국에 공개**수배**[97]하여 **검거**[98]하였다.

97 [ ] 98 [ ]

농촌 살리기 운동의 **대열**[99]에 **합류**[100]하였다.

99 [ ] 100 [ ]

어려운 처지에 놓인 **난민**[101]을 **구제**[102]하였다.

101 [ ] 102 [ ]

달의 남극은 물론 **북극**[103]에서도 얼음의 존재 **가능성**[104]을 발견했다.

103 [ ] 104 [ ]

가족 간의 **가사**[105] 노동 **분담**[106]이 많아져 가고 있다.

105 [ ] 106 [ ]

규칙에 맞는 **훈련**[107]과 충분한 **휴식**[108]이 필요하다.

107 [ ] 108 [ ]

예술의 생산과 소비는 동일한 **경험**[109]의 **지평**[110] 위에서 이루어졌다.

109 [ ] 110 [ ]

컴퓨터로 **제조**[111] **공정**[112]을 다양하게 실험한 뒤 실제 제작을 하였다.

111 [ ] 112 [ ]

무질서한 **국유화**[113]는 생산의 **저하**[114]를 초래한다.

113 [ ] 114 [ ]

그림에 대한 **충고**[115]를 받아들이고 그의 **화풍**[116]을 계승하였다.

115 [ ] 116 [ ]

인간의 **의식**[117]·행동의 방식을 정하는 또 하나의 중요한 조건은 **소질**[118]이다.

117 [ ] 118 [ ]

근대국가에서 법에 의해 국민의 **의무**[119]를 최초로 **규정**[120]한 나라는 영국이다.

119 [ ] 120 [ ]

환경보전의 문제는 전 인류의 생존과 **직결**[121]되는 중요한 **과제**[122]이다.

121 [ ] 122 [ ]

시험에 **응시**[123]하기 위해서는 일정한 자격 **요건**[124]을 갖추어야 한다.

123 [ ] 124 [ ]

경제의 **활력**[125]을 되찾고 근로 대중의 노력과 기업 의욕에 **보답**[126]하기 위해 **세금**[127]을 줄이기로 하였다.

125 [ ] 126 [ ] 127 [ ]

128~137번

8 다음 빈칸에 알맞은 漢字를 써넣어 漢字語(成語)를 完成하시오.

128 多多益[ ] : 많으면 많을수록 더욱 좋음.

129 十[ ]所視 : 세상 사람을 속일 수 없음.

130 烏合之[ ] : 질서가 없이 모인 병졸.

131 酒池[ ]林 : 호사스러운 술잔치.

132 浩[ ]之氣 : 거침없이 넓고 큰 기개.

133 寸[ ]殺人 : 간단한 말로도 남을 감동하게 하거나 남의 약점을 찌를 수 있음.

134 同[ ]紅裳 : 같은 값이면 좋은 물건을 가짐.

135 欲言[ ]吐 : 감정의 깊이가 있음.

136 權[ ]十年 : 아무리 높은 권세라도 오래가지 못함.

137 溫故知[ ] : 옛것을 익히고 그것을 미루어서 새것을 앎.

138~142번

9 다음 漢字語와 음은 같으나 뜻이 다른 漢字語를 쓰시오(長短音 관계없음).

138 幹線 - [ ] : 간접 선거.

139 警戒 - [ ] : 기준에 의하여 분간되는 한계.

140 受信 - [ ] : 심신을 바르게 닦아 수양함.

141 錄音 - [ ] : 우거진 나무나 수풀.

142 驛舍 - [ ] : 인류 사회의 변천과 흥망의 과정.

143~145번

10 다음 漢字의 略字를 쓰시오.

143 拜 - [ ] 144 當 - [ ]

145 聲 - [ ]

146~150번

11 다음 漢字語의 뜻을 쓰시오.

146 怒號 : [ ]

147 慈堂 : [ ]

148 晩種 : [ ]

149 解禁 : [ ]

150 退色 : [ ]

(사) **한국어문회** 주관

한자능력검정시험

제 13 회 예상문제

합격문항 : 105문항
시험시간 : 60분
정　　답 : 187쪽

1 다음 漢字語의 讀音을 쓰시오.

01~45번

01 회원 상호 간의 親睦을 도모하는 활동을 하였다. ………………………… [　　　]

02 봉사회원들이 방문하여 看護를 하고 있다. ………………………… [　　　]

03 빛깔이 보일 듯 말 듯 稀微하고 엷었다. ………………………… [　　　]

04 자유민주주의의 수호를 위해 불의에 抗拒하였다. ………………………… [　　　]

05 전술적으로 중요한 고지를 奪還하였다. ………………………… [　　　]

06 국제회의에 파견할 대표를 選拔하였다. ………………………… [　　　]

07 상대의 띠를 맞춰 보며 그 結婚의 길흉을 확인해보았다. ………………………… [　　　]

08 콘크리트 상자가 유리와 鋼鐵로 둘러싸여 있다. ………………………… [　　　]

09 이재민에게 잠자리를 제공하는 임시 幕舍를 설치하였다. ………………………… [　　　]

10 지역별로 割當하여 조사 대상자를 선정하였다. ………………………… [　　　]

11 시위행진 중에 폭력배에게 被襲을 당하였다. ………………………… [　　　]

12 제사에 필요한 제주와 제물의 陳設을 관장하였다. ………………………… [　　　]

13 화려하지는 않지만 그 模樣이 단아하고 품위가 있다. ………………………… [　　　]

14 실제 비행기에 들어가는 附屬들을 축소해서 전시하였다. ………………………… [　　　]

15 관리들의 부당한 橫暴가 심하였다. ………………………… [　　　]

16 그는 호방하여 대수롭지 않은 예절에 拘泥되지 않았다. ………………………… [　　　]

17 그들은 자주 連絡하면서 서로 의지하였다. ………………………… [　　　]

18 왕은 御座에 앉아 신하들의 하례를 받았다. ………………………… [　　　]

19 온 산의 丹楓이 붉은 비단 장막을 이루었다. ………………………… [　　　]

20 그는 대중화에 힘쓰며 수많은 著述을 남겼다. ………………………… [　　　]

21 修飾	[　　　]	22 恭賀	[　　　]
23 配偶	[　　　]	24 橋架	[　　　]
25 碧溪	[　　　]	26 排雪	[　　　]
27 麥粉	[　　　]	28 毛皮	[　　　]
29 樓臺	[　　　]	30 平壤	[　　　]

31 陶器 [ ] 32 浮遊 [ ]

33 縮刷 [ ] 34 署理 [ ]

35 趣味 [ ] 36 徵驗 [ ]

37 硬骨 [ ] 38 折桂 [ ]

39 喪失 [ ] 40 潛在 [ ]

41 漠然 [ ] 42 軟禁 [ ]

43 愼慮 [ ] 44 拳鬪 [ ]

45 再臨 [ ]

46~72번

2 다음 漢字의 訓과 音을 쓰시오.

46 唐 [ ] 47 疑 [ ]

48 戲 [ ] 49 誇 [ ]

50 宴 [ ] 51 亭 [ ]

52 肝 [ ] 53 梅 [ ]

54 蘭 [ ] 55 鬼 [ ]

56 牧 [ ] 57 丈 [ ]

58 浩 [ ] 59 懷 [ ]

60 局 [ ] 61 械 [ ]

62 爐 [ ] 63 已 [ ]

64 秀 [ ] 65 項 [ ]

66 裳 [ ] 67 劍 [ ]

68 壓 [ ] 69 蒸 [ ]

70 拓 [ ] 71 勿 [ ]

72 旦 [ ]

73~93번

3 다음 밑줄 친 漢字語 중 한글로 쓴 것은 漢字로, 漢字로 쓴 것은 한글로 쓰시오.

17세기부터는 **音韻**[73], 문법 등에서 앞 시기의 국어와는 상당히 다른 모습을 보인다. **모음**[74] **體系**[75] 상에 변화가 일어났으며, 여러 문법 **現象**[76]들이 사라지거나 새로 생겨나기도 했다. 이 시기, 즉 17**世紀**[77] 초기부터 19世紀 말까지의 약 300년 동안의 국어를 **근대**[78] 국어라고 부른다.

개화기[79]부터 현재까지의 국어를 현대 국어라 한다. 현대 국어는 앞 시기의 언어와 주로 어휘 면에서 커다란 **差異**[80]를 보인다. 이는 서구 **신문명**[81]의 **전래**[82]와 더불어 수많은 **單語**[83]들이 **도입**[84]되거나 만들어졌기 때문이다.

우리말이 문자로 **기록**[85]되기 시작한 것은 신라 시대부터이다. 그러나 이 시기의 기록은 모두 한자를 빌려서 적은 借字 **표기**[86]로 되어 있어서 그 **해독**[87]이 쉽지 않기 때문에 당시의 우리말의 **실제**[88] 모습을 되살려 내기란 **如干**[89] 어려운 일이 아니다. 그래서 국어의 변화는 **훈민정음**[90]이 **창제**[91]되어 한글 문헌 **資料**[92]가 충분히 **확보**[93]된 15世紀 국어, 즉 후기 중세 국어부터 생생하게 밝힐 수 있다.

– 「우리말의 역사」 中 –

73 音韻 [ ] 74 모음 [ ]

75 體系 [ ] 76 現象 [ ]

77 世紀 [ ] 78 근대 [ ]

79 개화기 [ ] 80 差異 [ ]

81 신문명 [ ] 82 전래 [ ]

83 單語 [ ] 84 도입 [ ]

85 기록 [ ] 86 표기 [ ]
87 해독 [ ] 88 실제 [ ]
89 如干 [ ] 90 훈민정음[ ]
91 창제 [ ] 92 資料 [ ]
93 확보 [ ]

94~97번

4 다음 밑줄 친 漢字語를 漢字로 쓰시오.

94 손을 대는 **정도**로도 형체가 심하게 일그러지고 말았다. ·························· [ ]

95 별다른 실수만 하지 않는다면 이번에는 합격할 **가망성**이 많다. ············ [ ]

96 그들이 봉사활동에 나선 것은 **일시적**인 허영이나 영웅심이 아니었다. · [ ]

97 모르는 말은 그냥 **단념**하지 말고 사전에서 완전히 알 때까지 찾아보아야 한다.
·· [ ]

98~102번

5 다음 漢字語 가운데 첫 音節이 長音으로 발음되는 것을 골라 그 번호를 쓰시오.

98 [ ] : ① 紛亂 ② 閑暇 ③ 衆論 ④ 希願
99 [ ] : ① 崇拜 ② 淨水 ③ 順接 ④ 旅客
100 [ ] : ① 需要 ② 疏通 ③ 絶壁 ④ 漏水
101 [ ] : ① 超越 ② 裏面 ③ 句讀 ④ 示範
102 [ ] : ① 層階 ② 誠金 ③ 宣布 ④ 妙手

103~107번

6 다음 漢字와 反對(또는 相對)되는 漢字를 써넣어 漢字語를 만드시오.

103 난이도가 높아 시험 때마다 喜[ ]가 엇갈렸다.

104 촌수는 단순한 [ ]疏 관계를 말하는 수치일 뿐이다.

105 평지이면서도 다소 高[ ]가 있는 지형을 이루고 있다.

106 가부를 묻거나 [ ]直을 가리지도 않았다.

107 수입, 지출과 관련된 損[ ]내역을 확인하였다.

108~112번

7 다음 漢字語의 反對語(또는 相對語)를 漢字로 쓰시오.

108 故意 ↔ [ ] 109 他動 ↔ [ ]
110 巨富 ↔ [ ] 111 片道 ↔ [ ]
112 立體 ↔ [ ]

113~122번

8 다음 빈칸에 알맞은 漢字를 써넣어 漢字語(成語)를 完成하시오.

113 草[ ]同色 : 처지가 비슷한 사람들끼리 한패가 됨.

114 [ ]一知十 : 지극히 총명함.

115 燈[ ]不明 : 가까이에 두고 잘 찾지 못함.

116 論[ ]行賞 : 공적을 논의하여 그에 알맞은 상을 줌.

117 起[ ]轉結 : 한시에서, 시구를 구성하는 방법.

118 安居危[ ] : 편안할 때에 어려움이 닥칠 것을 대비하여야 함.

119 三綱[ ]倫 : 유교의 도덕에서 세 가지의 강령과 다섯 가지의 도리.

120 北[ ]七星 : 일곱 개의 별.

121 多[ ]多感 : 정이 많고 감정이 풍부함.

122 防犯[ ]員 : 범죄를 막는 일을 하는 대원.

123~127번

9 다음 漢字의 部首를 쓰시오.

123 聲 – [ ] 124 閉 – [ ]

125 船 – [ ] 126 頂 – [ ]

127 貯 – [ ]

128~132번

10 다음의 漢字와 뜻이 비슷한 漢字를 [보기]에서 골라 그 번호를 써넣으시오.

보기 ① 度 ② 擊 ③ 席 ④ 勵 ⑤ 動
⑥ 方 ⑦ 助 ⑧ 放 ⑨ 益 ⑩ 婦

128 釋 – [ ] 129 尺 – [ ]

130 勉 – [ ] 131 扶 – [ ]

132 打 – [ ]

133~137번

11 다음 漢字語와 音은 같으나 뜻이 다른 漢字語를 쓰시오(長短音 관계없음).

133 仙藥 – [ ] : 먼저 약속함, 또는 그 약속.

134 企圖 – [ ] : 뭍 위에 사는 척추동물이 숨을 쉴 때 공기가 폐에 드나드는 통로.

135 蘇生 – [ ] : 자기가 낳은 '자녀'를 이르는 말.

136 假裝 – [ ] : 집안의 어른.

137 造花 – [ ] : 대립이나 어긋남이 없이 서로 잘 어울림.

138~142번

12 다음 訓과 音에 알맞은 漢字를 쓰시오.

138 배 항 [ ] 139 법칙 률 [ ]

140 갈 연 [ ] 141 익힐 습 [ ]

142 공 구 [ ]

143~147번

13 다음 漢字語의 뜻을 쓰시오.

143 遺志 : [ ]

144 飛報 : [ ]

145 露宿 : [ ]

146 緣故 : [ ]

147 徒步 : [ ]

148~150번

14 다음 漢字의 略字를 쓰시오.

148 舊 – [ ] 149 數 – [ ]

150 廣 – [ ]

■ 사단법인 한국어문회 321 ■

수험번호 □□□-□□-□□□□□ 성명 □□□□□

생년월일 □□□□□□ ※ 주민등록번호 앞 6자리 숫자를 기입하십시오. ※성명은 한글로 작성

※ 필기구는 검정색 볼펜만 가능

※ 답안지는 컴퓨터로 처리되므로 구기거나 더럽히지 마시고, 정답 칸 안에만 쓰십시오. 글씨가 채점란으로 들어오면 오답처리가 됩니다.

공인민간자격 전국한자능력검정시험 3급Ⅱ 답안지(1) (시험시간 : 60분)

답안란		채점란		답안란		채점란		답안란		채점란	
번호	정답	1검	2검	번호	정답	1검	2검	번호	정답	1검	2검
1				24				47			
2				25				48			
3				26				49			
4				27				50			
5				28				51			
6				29				52			
7				30				53			
8				31				54			
9				32				55			
10				33				56			
11				34				57			
12				35				58			
13				36				59			
14				37				60			
15				38				61			
16				39				62			
17				40				63			
18				41				64			
19				42				65			
20				43				66			
21				44				67			
22				45				68			
23				46				69			

감독위원	채점위원(1)		채점위원(2)		채점위원(3)	
(서명)	(득점)	(서명)	(득점)	(서명)	(득점)	(서명)

■ ※뒷면으로 이어짐 ■

※ 답안지는 컴퓨터로 처리되므로 구기거나 더럽히지 마시고, 정답 칸 안에만 쓰십시오. 글씨가 채점란으로 들어오면 오답처리가 됩니다.

공인민간자격 전국한자능력검정시험 3급Ⅱ 답안지(2) (시험시간 : 60분)

답안란		채점란		답안란		채점란		답안란		채점란	
번호	정답	1검	2검	번호	정답	1검	2검	번호	정답	1검	2검
70				97				124			
71				98				125			
72				99				126			
73				100				127			
74				101				128			
75				102				129			
76				103				130			
77				104				131			
78				105				132			
79				106				133			
80				107				134			
81				108				135			
82				109				136			
83				110				137			
84				111				138			
85				112				139			
86				113				140			
87				114				141			
88				115				142			
89				116				143			
90				117				144			
91				118				145			
92				119				146			
93				120				147			
94				121				148			
95				122				149			
96				123				150			

사단법인 한국어문회 321

수험번호 □□□-□□-□□□□□ 성명 □□□□□

생년월일 □□□□□□ ※ 주민등록번호 앞 6자리 숫자를 기입하십시오. ※ 성명은 한글로 작성

※ 필기구는 검정색 볼펜만 가능

※ 답안지는 컴퓨터로 처리되므로 구기거나 더럽히지 마시고, 정답 칸 안에만 쓰십시오. 글씨가 채점란으로 들어오면 오답처리가 됩니다.

공인민간자격 전국한자능력검정시험 3급Ⅱ 답안지(1) (시험시간 : 60분)

답안란		채점란		답안란		채점란		답안란		채점란	
번호	정답	1검	2검	번호	정답	1검	2검	번호	정답	1검	2검
1				24				47			
2				25				48			
3				26				49			
4				27				50			
5				28				51			
6				29				52			
7				30				53			
8				31				54			
9				32				55			
10				33				56			
11				34				57			
12				35				58			
13				36				59			
14				37				60			
15				38				61			
16				39				62			
17				40				63			
18				41				64			
19				42				65			
20				43				66			
21				44				67			
22				45				68			
23				46				69			

감독위원	채점위원(1)		채점위원(2)		채점위원(3)	
(서명)	(득점)	(서명)	(득점)	(서명)	(득점)	(서명)

※뒷면으로 이어짐

※ 답안지는 컴퓨터로 처리되므로 구기거나 더럽히지 마시고, 정답 칸 안에만 쓰십시오. 글씨가 채점란으로 들어오면 오답처리가 됩니다.

공인민간자격 전국한자능력검정시험 3급Ⅱ 답안지(2) (시험시간 : 60분)

답안란		채점란		답안란		채점란		답안란		채점란	
번호	정답	1검	2검	번호	정답	1검	2검	번호	정답	1검	2검
70				97				124			
71				98				125			
72				99				126			
73				100				127			
74				101				128			
75				102				129			
76				103				130			
77				104				131			
78				105				132			
79				106				133			
80				107				134			
81				108				135			
82				109				136			
83				110				137			
84				111				138			
85				112				139			
86				113				140			
87				114				141			
88				115				142			
89				116				143			
90				117				144			
91				118				145			
92				119				146			
93				120				147			
94				121				148			
95				122				149			
96				123				150			

■ 사단법인 한국어문회 321 ■

수험번호 □□□-□□-□□□□□ 성명 □□□□□

생년월일 □□□□□□ ※ 주민등록번호 앞 6자리 숫자를 기입하십시오. ※성명은 한글로 작성
※ 필기구는 검정색 볼펜만 가능

※ 답안지는 컴퓨터로 처리되므로 구기거나 더럽히지 마시고, 정답 칸 안에만 쓰십시오. 글씨가 채점란으로 들어오면 오답처리가 됩니다.

공인민간자격 전국한자능력검정시험 3급Ⅱ 답안지(1) (시험시간 : 60분)

답안란		채점란		답안란		채점란		답안란		채점란	
번호	정답	1검	2검	번호	정답	1검	2검	번호	정답	1검	2검
1				24				47			
2				25				48			
3				26				49			
4				27				50			
5				28				51			
6				29				52			
7				30				53			
8				31				54			
9				32				55			
10				33				56			
11				34				57			
12				35				58			
13				36				59			
14				37				60			
15				38				61			
16				39				62			
17				40				63			
18				41				64			
19				42				65			
20				43				66			
21				44				67			
22				45				68			
23				46				69			

감독위원	채점위원(1)		채점위원(2)		채점위원(3)	
(서명)	(득점)	(서명)	(득점)	(서명)	(득점)	(서명)

■ ※뒷면으로 이어짐 ■

※ 답안지는 컴퓨터로 처리되므로 구기거나 더럽히지 마시고, 정답 칸 안에만 쓰십시오. 글씨가 채점란으로 들어오면 오답처리가 됩니다.

공인민간자격 전국한자능력검정시험 3급Ⅱ 답안지(2) (시험시간 : 60분)

답안란		채점란		답안란		채점란		답안란		채점란	
번호	정답	1검	2검	번호	정답	1검	2검	번호	정답	1검	2검
70				97				124			
71				98				125			
72				99				126			
73				100				127			
74				101				128			
75				102				129			
76				103				130			
77				104				131			
78				105				132			
79				106				133			
80				107				134			
81				108				135			
82				109				136			
83				110				137			
84				111				138			
85				112				139			
86				113				140			
87				114				141			
88				115				142			
89				116				143			
90				117				144			
91				118				145			
92				119				146			
93				120				147			
94				121				148			
95				122				149			
96				123				150			

■ 사단법인 한국어문회 ■ 321

수험번호 □□□-□□-□□□□□ 성명 □□□□□

생년월일 □□□□□□ ※ 주민등록번호 앞 6자리 숫자를 기입하십시오. ※ 성명은 한글로 작성

※ 필기구는 검정색 볼펜만 가능

※ 답안지는 컴퓨터로 처리되므로 구기거나 더럽히지 마시고, 정답 칸 안에만 쓰십시오. 글씨가 채점란으로 들어오면 오답처리가 됩니다.

공인민간자격 전국한자능력검정시험 3급Ⅱ 답안지(1) (시험시간 : 60분)

답안란		채점란		답안란		채점란		답안란		채점란	
번호	정답	1검	2검	번호	정답	1검	2검	번호	정답	1검	2검
1				24				47			
2				25				48			
3				26				49			
4				27				50			
5				28				51			
6				29				52			
7				30				53			
8				31				54			
9				32				55			
10				33				56			
11				34				57			
12				35				58			
13				36				59			
14				37				60			
15				38				61			
16				39				62			
17				40				63			
18				41				64			
19				42				65			
20				43				66			
21				44				67			
22				45				68			
23				46				69			

감독위원	채점위원(1)		채점위원(2)		채점위원(3)	
(서명)	(득점)	(서명)	(득점)	(서명)	(득점)	(서명)

※뒷면으로 이어짐

※ 답안지는 컴퓨터로 처리되므로 구기거나 더럽히지 마시고, 정답 칸 안에만 쓰십시오. 글씨가 채점란으로 들어오면 오답처리가 됩니다.

공인민간자격 전국한자능력검정시험 3급Ⅱ 답안지(2) (시험시간 : 60분)

답안란		채점란		답안란		채점란		답안란		채점란	
번호	정답	1검	2검	번호	정답	1검	2검	번호	정답	1검	2검
70				97				124			
71				98				125			
72				99				126			
73				100				127			
74				101				128			
75				102				129			
76				103				130			
77				104				131			
78				105				132			
79				106				133			
80				107				134			
81				108				135			
82				109				136			
83				110				137			
84				111				138			
85				112				139			
86				113				140			
87				114				141			
88				115				142			
89				116				143			
90				117				144			
91				118				145			
92				119				146			
93				120				147			
94				121				148			
95				122				149			
96				123				150			

수험번호 □□□-□□-□□□□□ 성명 □□□□□

생년월일 □□□□□□ ※ 주민등록번호 앞 6자리 숫자를 기입하십시오. ※ 성명은 한글로 작성

※ 필기구는 검정색 볼펜만 가능

※ 답안지는 컴퓨터로 처리되므로 구기거나 더럽히지 마시고, 정답 칸 안에만 쓰십시오. 글씨가 채점란으로 들어오면 오답처리가 됩니다.

공인민간자격 전국한자능력검정시험 3급Ⅱ 답안지(1) (시험시간 : 60분)

답안란		채점란		답안란		채점란		답안란		채점란	
번호	정답	1검	2검	번호	정답	1검	2검	번호	정답	1검	2검
1				24				47			
2				25				48			
3				26				49			
4				27				50			
5				28				51			
6				29				52			
7				30				53			
8				31				54			
9				32				55			
10				33				56			
11				34				57			
12				35				58			
13				36				59			
14				37				60			
15				38				61			
16				39				62			
17				40				63			
18				41				64			
19				42				65			
20				43				66			
21				44				67			
22				45				68			
23				46				69			

감독위원	채점위원(1)		채점위원(2)		채점위원(3)	
(서명)	(득점)	(서명)	(득점)	(서명)	(득점)	(서명)

※뒷면으로 이어짐

※ 답안지는 컴퓨터로 처리되므로 구기거나 더럽히지 마시고, 정답 칸 안에만 쓰십시오. 글씨가 채점란으로 들어오면 오답처리가 됩니다.

공인민간자격 전국한자능력검정시험 3급Ⅱ 답안지(2) (시험시간 : 60분)

답안란		채점란		답안란		채점란		답안란		채점란	
번호	정답	1검	2검	번호	정답	1검	2검	번호	정답	1검	2검
70				97				124			
71				98				125			
72				99				126			
73				100				127			
74				101				128			
75				102				129			
76				103				130			
77				104				131			
78				105				132			
79				106				133			
80				107				134			
81				108				135			
82				109				136			
83				110				137			
84				111				138			
85				112				139			
86				113				140			
87				114				141			
88				115				142			
89				116				143			
90				117				144			
91				118				145			
92				119				146			
93				120				147			
94				121				148			
95				122				149			
96				123				150			

■ 사단법인 한국어문회 321 ■

수험번호 □□□-□□-□□□□□ 성명 □□□□□

생년월일 □□□□□□ ※ 주민등록번호 앞 6자리 숫자를 기입하십시오. ※성명은 한글로 작성

※ 필기구는 검정색 볼펜만 가능

※ 답안지는 컴퓨터로 처리되므로 구기거나 더럽히지 마시고, 정답 칸 안에만 쓰십시오. 글씨가 채점란으로 들어오면 오답처리가 됩니다.

공인민간자격 전국한자능력검정시험 3급Ⅱ 답안지(1) (시험시간 : 60분)

답안란		채점란		답안란		채점란		답안란		채점란	
번호	정답	1검	2검	번호	정답	1검	2검	번호	정답	1검	2검
1				24				47			
2				25				48			
3				26				49			
4				27				50			
5				28				51			
6				29				52			
7				30				53			
8				31				54			
9				32				55			
10				33				56			
11				34				57			
12				35				58			
13				36				59			
14				37				60			
15				38				61			
16				39				62			
17				40				63			
18				41				64			
19				42				65			
20				43				66			
21				44				67			
22				45				68			
23				46				69			

감독위원	채점위원(1)		채점위원(2)		채점위원(3)	
(서명)	(득점)	(서명)	(득점)	(서명)	(득점)	(서명)

■ ※뒷면으로 이어짐 ■

※ 답안지는 컴퓨터로 처리되므로 구기거나 더럽히지 마시고, 정답 칸 안에만 쓰십시오. 글씨가 채점란으로 들어오면 오답처리가 됩니다.

공인민간자격 전국한자능력검정시험 3급Ⅱ 답안지(2) (시험시간 : 60분)

답안란		채점란		답안란		채점란		답안란		채점란	
번호	정답	1검	2검	번호	정답	1검	2검	번호	정답	1검	2검
70				97				124			
71				98				125			
72				99				126			
73				100				127			
74				101				128			
75				102				129			
76				103				130			
77				104				131			
78				105				132			
79				106				133			
80				107				134			
81				108				135			
82				109				136			
83				110				137			
84				111				138			
85				112				139			
86				113				140			
87				114				141			
88				115				142			
89				116				143			
90				117				144			
91				118				145			
92				119				146			
93				120				147			
94				121				148			
95				122				149			
96				123				150			

■ 사단법인 한국어문회 321 ■

수험번호 □□□-□□-□□□□□ 성명 □□□□□

생년월일 □□□□□□ ※ 주민등록번호 앞 6자리 숫자를 기입하십시오. ※ 성명은 한글로 작성

※ 필기구는 검정색 볼펜만 가능

※ 답안지는 컴퓨터로 처리되므로 구기거나 더럽히지 마시고, 정답 칸 안에만 쓰십시오. 글씨가 채점란으로 들어오면 오답처리가 됩니다.

공인민간자격 전국한자능력검정시험 3급Ⅱ 답안지(1) (시험시간 : 60분)

답안란		채점란		답안란		채점란		답안란		채점란	
번호	정답	1검	2검	번호	정답	1검	2검	번호	정답	1검	2검
1				24				47			
2				25				48			
3				26				49			
4				27				50			
5				28				51			
6				29				52			
7				30				53			
8				31				54			
9				32				55			
10				33				56			
11				34				57			
12				35				58			
13				36				59			
14				37				60			
15				38				61			
16				39				62			
17				40				63			
18				41				64			
19				42				65			
20				43				66			
21				44				67			
22				45				68			
23				46				69			

감독위원	채점위원(1)		채점위원(2)		채점위원(3)	
(서명)	(득점)	(서명)	(득점)	(서명)	(득점)	(서명)

■ ※뒷면으로 이어짐 ■

■ 사단법인 한국어문회 322 ■

※ 답안지는 컴퓨터로 처리되므로 구기거나 더럽히지 마시고, 정답 칸 안에만 쓰십시오. 글씨가 채점란으로 들어오면 오답처리가 됩니다.

공인민간자격 전국한자능력검정시험 3급Ⅱ 답안지(2) (시험시간 : 60분)

답안란		채점란		답안란		채점란		답안란		채점란	
번호	정답	1검	2검	번호	정답	1검	2검	번호	정답	1검	2검
70				97				124			
71				98				125			
72				99				126			
73				100				127			
74				101				128			
75				102				129			
76				103				130			
77				104				131			
78				105				132			
79				106				133			
80				107				134			
81				108				135			
82				109				136			
83				110				137			
84				111				138			
85				112				139			
86				113				140			
87				114				141			
88				115				142			
89				116				143			
90				117				144			
91				118				145			
92				119				146			
93				120				147			
94				121				148			
95				122				149			
96				123				150			

■ ■

■ 사단법인 한국어문회 321 ■

수험번호 □□□-□□-□□□□□ 성명 □□□□□

생년월일 □□□□□□ ※ 주민등록번호 앞 6자리 숫자를 기입하십시오. ※성명은 한글로 작성

※ 필기구는 검정색 볼펜만 가능

※ 답안지는 컴퓨터로 처리되므로 구기거나 더럽히지 마시고, 정답 칸 안에만 쓰십시오. 글씨가 채점란으로 들어오면 오답처리가 됩니다.

공인민간자격 전국한자능력검정시험 3급Ⅱ 답안지(1) (시험시간 : 60분)

답안란		채점란		답안란		채점란		답안란		채점란	
번호	정답	1검	2검	번호	정답	1검	2검	번호	정답	1검	2검
1				24				47			
2				25				48			
3				26				49			
4				27				50			
5				28				51			
6				29				52			
7				30				53			
8				31				54			
9				32				55			
10				33				56			
11				34				57			
12				35				58			
13				36				59			
14				37				60			
15				38				61			
16				39				62			
17				40				63			
18				41				64			
19				42				65			
20				43				66			
21				44				67			
22				45				68			
23				46				69			

감독위원	채점위원(1)		채점위원(2)		채점위원(3)	
(서명)	(득점)	(서명)	(득점)	(서명)	(득점)	(서명)

■ ※뒷면으로 이어짐 ■

※ 답안지는 컴퓨터로 처리되므로 구기거나 더럽히지 마시고, 정답 칸 안에만 쓰십시오. 글씨가 채점란으로 들어오면 오답처리가 됩니다.

공인민간자격 전국한자능력검정시험 3급Ⅱ 답안지(2) (시험시간 : 60분)

답안란		채점란		답안란		채점란		답안란		채점란	
번호	정답	1검	2검	번호	정답	1검	2검	번호	정답	1검	2검
70				97				124			
71				98				125			
72				99				126			
73				100				127			
74				101				128			
75				102				129			
76				103				130			
77				104				131			
78				105				132			
79				106				133			
80				107				134			
81				108				135			
82				109				136			
83				110				137			
84				111				138			
85				112				139			
86				113				140			
87				114				141			
88				115				142			
89				116				143			
90				117				144			
91				118				145			
92				119				146			
93				120				147			
94				121				148			
95				122				149			
96				123				150			

■ 사단법인 한국어문회 321 ■

수험번호 □□□-□□-□□□□□ 성명 □□□□□

생년월일 □□□□□□ ※ 주민등록번호 앞 6자리 숫자를 기입하십시오. ※ 성명은 한글로 작성

※ 필기구는 검정색 볼펜만 가능

※ 답안지는 컴퓨터로 처리되므로 구기거나 더럽히지 마시고, 정답 칸 안에만 쓰십시오. 글씨가 채점란으로 들어오면 오답처리가 됩니다.

공인민간자격 전국한자능력검정시험 3급Ⅱ 답안지(1) (시험시간 : 60분)

답안란		채점란		답안란		채점란		답안란		채점란	
번호	정답	1검	2검	번호	정답	1검	2검	번호	정답	1검	2검
1				24				47			
2				25				48			
3				26				49			
4				27				50			
5				28				51			
6				29				52			
7				30				53			
8				31				54			
9				32				55			
10				33				56			
11				34				57			
12				35				58			
13				36				59			
14				37				60			
15				38				61			
16				39				62			
17				40				63			
18				41				64			
19				42				65			
20				43				66			
21				44				67			
22				45				68			
23				46				69			

감독위원	채점위원(1)		채점위원(2)		채점위원(3)	
(서명)	(득점)	(서명)	(득점)	(서명)	(득점)	(서명)

■ ※뒷면으로 이어짐 ■

※ 답안지는 컴퓨터로 처리되므로 구기거나 더럽히지 마시고, 정답 칸 안에만 쓰십시오. 글씨가 채점란으로 들어오면 오답처리가 됩니다.

공인민간자격 전국한자능력검정시험 3급Ⅱ 답안지(2) (시험시간 : 60분)

답안란		채점란		답안란		채점란		답안란		채점란	
번호	정답	1검	2검	번호	정답	1검	2검	번호	정답	1검	2검
70				97				124			
71				98				125			
72				99				126			
73				100				127			
74				101				128			
75				102				129			
76				103				130			
77				104				131			
78				105				132			
79				106				133			
80				107				134			
81				108				135			
82				109				136			
83				110				137			
84				111				138			
85				112				139			
86				113				140			
87				114				141			
88				115				142			
89				116				143			
90				117				144			
91				118				145			
92				119				146			
93				120				147			
94				121				148			
95				122				149			
96				123				150			

■ ■

■ 사단법인 한국어문회 321 ■

수험번호	□□□-□□-□□□□	성명	□□□□□
생년월일	□□□□□□ ※ 주민등록번호 앞 6자리 숫자를 기입하십시오.	※ 성명은 한글로 작성 ※ 필기구는 검정색 볼펜만 가능	

※ 답안지는 컴퓨터로 처리되므로 구기거나 더럽히지 마시고, 정답 칸 안에만 쓰십시오. 글씨가 채점란으로 들어오면 오답처리가 됩니다.

공인민간자격 전국한자능력검정시험 3급Ⅱ 답안지(1) (시험시간 : 60분)

답안란		채점란		답안란		채점란		답안란		채점란	
번호	정답	1검	2검	번호	정답	1검	2검	번호	정답	1검	2검
1				24				47			
2				25				48			
3				26				49			
4				27				50			
5				28				51			
6				29				52			
7				30				53			
8				31				54			
9				32				55			
10				33				56			
11				34				57			
12				35				58			
13				36				59			
14				37				60			
15				38				61			
16				39				62			
17				40				63			
18				41				64			
19				42				65			
20				43				66			
21				44				67			
22				45				68			
23				46				69			

감독위원	채점위원(1)		채점위원(2)		채점위원(3)	
(서명)	(득점)	(서명)	(득점)	(서명)	(득점)	(서명)

■ ※뒷면으로 이어짐 ■

※ 답안지는 컴퓨터로 처리되므로 구기거나 더럽히지 마시고, 정답 칸 안에만 쓰십시오. 글씨가 채점란으로 들어오면 오답처리가 됩니다.

공인민간자격 전국한자능력검정시험 3급Ⅱ 답안지(2) (시험시간 : 60분)

답안란		채점란		답안란		채점란		답안란		채점란	
번호	정답	1검	2검	번호	정답	1검	2검	번호	정답	1검	2검
70				97				124			
71				98				125			
72				99				126			
73				100				127			
74				101				128			
75				102				129			
76				103				130			
77				104				131			
78				105				132			
79				106				133			
80				107				134			
81				108				135			
82				109				136			
83				110				137			
84				111				138			
85				112				139			
86				113				140			
87				114				141			
88				115				142			
89				116				143			
90				117				144			
91				118				145			
92				119				146			
93				120				147			
94				121				148			
95				122				149			
96				123				150			

■ 사단법인 한국어문회 321 ■

수험번호 □□□-□□-□□□□□ 성명 □□□□□

생년월일 □□□□□□ ※ 주민등록번호 앞 6자리 숫자를 기입하십시오. ※ 성명은 한글로 작성

※ 필기구는 검정색 볼펜만 가능

※ 답안지는 컴퓨터로 처리되므로 구기거나 더럽히지 마시고, 정답 칸 안에만 쓰십시오. 글씨가 채점란으로 들어오면 오답처리가 됩니다.

공인민간자격 전국한자능력검정시험 3급Ⅱ 답안지(1) (시험시간 : 60분)

답안란		채점란		답안란		채점란		답안란		채점란	
번호	정답	1검	2검	번호	정답	1검	2검	번호	정답	1검	2검
1				24				47			
2				25				48			
3				26				49			
4				27				50			
5				28				51			
6				29				52			
7				30				53			
8				31				54			
9				32				55			
10				33				56			
11				34				57			
12				35				58			
13				36				59			
14				37				60			
15				38				61			
16				39				62			
17				40				63			
18				41				64			
19				42				65			
20				43				66			
21				44				67			
22				45				68			
23				46				69			

감독위원	채점위원(1)		채점위원(2)		채점위원(3)	
(서명)	(득점)	(서명)	(득점)	(서명)	(득점)	(서명)

※뒷면으로 이어짐

※ 답안지는 컴퓨터로 처리되므로 구기거나 더럽히지 마시고, 정답 칸 안에만 쓰십시오. 글씨가 채점란으로 들어오면 오답처리가 됩니다.

공인민간자격 전국한자능력검정시험 3급Ⅱ 답안지(2) (시험시간 : 60분)

답안란		채점란		답안란		채점란		답안란		채점란	
번호	정답	1검	2검	번호	정답	1검	2검	번호	정답	1검	2검
70				97				124			
71				98				125			
72				99				126			
73				100				127			
74				101				128			
75				102				129			
76				103				130			
77				104				131			
78				105				132			
79				106				133			
80				107				134			
81				108				135			
82				109				136			
83				110				137			
84				111				138			
85				112				139			
86				113				140			
87				114				141			
88				115				142			
89				116				143			
90				117				144			
91				118				145			
92				119				146			
93				120				147			
94				121				148			
95				122				149			
96				123				150			

■ 사단법인 한국어문회 321 ■

수험번호 □□□-□□-□□□□　　성명 □□□□□

생년월일 □□□□□□ ※ 주민등록번호 앞 6자리 숫자를 기입하십시오.　※성명은 한글로 작성

※ 필기구는 검정색 볼펜만 가능

※ 답안지는 컴퓨터로 처리되므로 구기거나 더럽히지 마시고, 정답 칸 안에만 쓰십시오. 글씨가 채점란으로 들어오면 오답처리가 됩니다.

공인민간자격 전국한자능력검정시험 3급Ⅱ 답안지(1) (시험시간 : 60분)

답안란		채점란		답안란		채점란		답안란		채점란	
번호	정답	1검	2검	번호	정답	1검	2검	번호	정답	1검	2검
1				24				47			
2				25				48			
3				26				49			
4				27				50			
5				28				51			
6				29				52			
7				30				53			
8				31				54			
9				32				55			
10				33				56			
11				34				57			
12				35				58			
13				36				59			
14				37				60			
15				38				61			
16				39				62			
17				40				63			
18				41				64			
19				42				65			
20				43				66			
21				44				67			
22				45				68			
23				46				69			

감독위원	채점위원(1)		채점위원(2)		채점위원(3)	
(서명)	(득점)	(서명)	(득점)	(서명)	(득점)	(서명)

■ ※뒷면으로 이어짐 ■

※ 답안지는 컴퓨터로 처리되므로 구기거나 더럽히지 마시고, 정답 칸 안에만 쓰십시오. 글씨가 채점란으로 들어오면 오답처리가 됩니다.

공인민간자격 전국한자능력검정시험 3급Ⅱ 답안지(2) (시험시간 : 60분)

답안란		채점란		답안란		채점란		답안란		채점란	
번호	정답	1검	2검	번호	정답	1검	2검	번호	정답	1검	2검
70				97				124			
71				98				125			
72				99				126			
73				100				127			
74				101				128			
75				102				129			
76				103				130			
77				104				131			
78				105				132			
79				106				133			
80				107				134			
81				108				135			
82				109				136			
83				110				137			
84				111				138			
85				112				139			
86				113				140			
87				114				141			
88				115				142			
89				116				143			
90				117				144			
91				118				145			
92				119				146			
93				120				147			
94				121				148			
95				122				149			
96				123				150			

■ 사단법인 한국어문회 321 ■

수험번호 □□□-□□-□□□□□ 성명 □□□□□

생년월일 □□□□□□ ※ 주민등록번호 앞 6자리 숫자를 기입하십시오. ※성명은 한글로 작성

※ 필기구는 검정색 볼펜만 가능

※ 답안지는 컴퓨터로 처리되므로 구기거나 더럽히지 마시고, 정답 칸 안에만 쓰십시오. 글씨가 채점란으로 들어오면 오답처리가 됩니다.

공인민간자격 전국한자능력검정시험 3급Ⅱ 답안지(1) (시험시간 : 60분)

답안란		채점란		답안란		채점란		답안란		채점란	
번호	정답	1검	2검	번호	정답	1검	2검	번호	정답	1검	2검
1				24				47			
2				25				48			
3				26				49			
4				27				50			
5				28				51			
6				29				52			
7				30				53			
8				31				54			
9				32				55			
10				33				56			
11				34				57			
12				35				58			
13				36				59			
14				37				60			
15				38				61			
16				39				62			
17				40				63			
18				41				64			
19				42				65			
20				43				66			
21				44				67			
22				45				68			
23				46				69			

감독위원	채점위원(1)		채점위원(2)		채점위원(3)	
(서명)	(득점)	(서명)	(득점)	(서명)	(득점)	(서명)

※뒷면으로 이어짐

※ 답안지는 컴퓨터로 처리되므로 구기거나 더럽히지 마시고, 정답 칸 안에만 쓰십시오. 글씨가 채점란으로 들어오면 오답처리가 됩니다.

공인민간자격 전국한자능력검정시험 3급Ⅱ 답안지(2) (시험시간 : 60분)

답안란		채점란		답안란		채점란		답안란		채점란	
번호	정답	1검	2검	번호	정답	1검	2검	번호	정답	1검	2검
70				97				124			
71				98				125			
72				99				126			
73				100				127			
74				101				128			
75				102				129			
76				103				130			
77				104				131			
78				105				132			
79				106				133			
80				107				134			
81				108				135			
82				109				136			
83				110				137			
84				111				138			
85				112				139			
86				113				140			
87				114				141			
88				115				142			
89				116				143			
90				117				144			
91				118				145			
92				119				146			
93				120				147			
94				121				148			
95				122				149			
96				123				150			

■ 사단법인 한국어문회 321 ■

수험번호 □□□-□□-□□□□□ 성명 □□□□□

생년월일 □□□□□□ ※ 주민등록번호 앞 6자리 숫자를 기입하십시오. ※ 성명은 한글로 작성

※ 필기구는 검정색 볼펜만 가능

※ 답안지는 컴퓨터로 처리되므로 구기거나 더럽히지 마시고, 정답 칸 안에만 쓰십시오. 글씨가 채점란으로 들어오면 오답처리가 됩니다.

공인민간자격 전국한자능력검정시험 3급Ⅱ 답안지(1) (시험시간 : 60분)

답안란		채점란		답안란		채점란		답안란		채점란	
번호	정답	1검	2검	번호	정답	1검	2검	번호	정답	1검	2검
1				24				47			
2				25				48			
3				26				49			
4				27				50			
5				28				51			
6				29				52			
7				30				53			
8				31				54			
9				32				55			
10				33				56			
11				34				57			
12				35				58			
13				36				59			
14				37				60			
15				38				61			
16				39				62			
17				40				63			
18				41				64			
19				42				65			
20				43				66			
21				44				67			
22				45				68			
23				46				69			

감독위원	채점위원(1)		채점위원(2)		채점위원(3)	
(서명)	(득점)	(서명)	(득점)	(서명)	(득점)	(서명)

■ ※뒷면으로 이어짐 ■

※ 답안지는 컴퓨터로 처리되므로 구기거나 더럽히지 마시고, 정답 칸 안에만 쓰십시오. 글씨가 채점란으로 들어오면 오답처리가 됩니다.

공인민간자격 전국한자능력검정시험 3급Ⅱ 답안지(2) (시험시간 : 60분)

답안란		채점란		답안란		채점란		답안란		채점란	
번호	정답	1검	2검	번호	정답	1검	2검	번호	정답	1검	2검
70				97				124			
71				98				125			
72				99				126			
73				100				127			
74				101				128			
75				102				129			
76				103				130			
77				104				131			
78				105				132			
79				106				133			
80				107				134			
81				108				135			
82				109				136			
83				110				137			
84				111				138			
85				112				139			
86				113				140			
87				114				141			
88				115				142			
89				116				143			
90				117				144			
91				118				145			
92				119				146			
93				120				147			
94				121				148			
95				122				149			
96				123				150			

(사) 한국어문회 주관

한자능력검정시험

3급Ⅱ

기출 · 예상문제

(1회 ~ 5회)

• 정답과 해설은 189 ~ 196쪽에 있습니다.

한자능력검정시험

(사) 한국어문회 주관

제 01 회 기출·예상문제

합격문항 : 105문항
시험시간 : 60분
정　　답 : 189쪽

01~45번

1 다음의 밑줄 친 漢字語 또는 제시된 漢字語의 讀音을 쓰시오.

01 그 교수는 박학다식하면서 <u>透徹</u>한 역사의식을 지녔다. ………………………… [ ]

02 신제품에서 기계적 <u>缺陷</u>이 발생하였다. ………………………… [ ]

03 메마르고 <u>索莫</u>한 시골 들판을 묘사하였다. ………………………… [ ]

04 교통법규를 위반하여 벌금이 <u>賦課</u>되었다. ………………………… [ ]

05 부당한 억압과 <u>收奪</u>을 막고자 노력하였다. ………………………… [ ]

06 금기사항을 조목조목 <u>羅列</u>하였다. ………………………… [ ]

07 환경오염은 생물의 생존을 <u>威脅</u>하고 있다. ………………………… [ ]

08 농작물 <u>栽培</u>에 좋은 조건을 갖추고 있다. ………………………… [ ]

09 그의 신념이 <u>演壇</u>에서 불을 뿜는 듯하였다. ………………………… [ ]

10 국제 정세는 하루가 다르게 <u>緊迫</u>하게 돌아갔다. ………………………… [ ]

11 그는 노벨문학상 <u>候補</u>에 올랐다. ………………………… [ ]

12 드라마의 내용은 현실과 <u>距離</u>가 멀게 느껴졌다. ………………………… [ ]

13 모든 면에 걸쳐 <u>監察</u>하여 기강을 세웠다. ………………………… [ ]

14 마지막 임무 수행 후 <u>退役</u>하였다. ………………………… [ ]

15 최후의 <u>突擊</u>을 감행한 끝에 탈환하였다. ………………………… [ ]

16	機關	[ ]	17	耐震	[ ]
18	廢鑛	[ ]	19	優秀	[ ]
20	變革	[ ]	21	崇祀	[ ]
22	吏讀	[ ]	23	坐視	[ ]
24	桃李	[ ]	25	騎銃	[ ]
26	模寫	[ ]	27	盤旋	[ ]
28	更張	[ ]	29	燃燒	[ ]
30	倒置	[ ]	31	妄覺	[ ]
32	薄氷	[ ]	33	歸省	[ ]
34	壽宴	[ ]	35	肖像	[ ]
36	幽玄	[ ]	37	雜穀	[ ]
38	筋肉	[ ]	39	捕球	[ ]
40	麻浦	[ ]	41	紀綱	[ ]
42	漏電	[ ]	43	顔料	[ ]
44	鷄鳴	[ ]	45	降伏	[ ]

2 다음 漢字의 訓과 音을 쓰시오.

46~72번

46 踏 [ ] 47 襲 [ ]

48 頻 [ ] 49 頂 [ ]

50 克 [ ] 51 泥 [ ]

52 衝 [ ] 53 屬 [ ]

54 讓 [ ] 55 絡 [ ]

56 載 [ ] 57 巡 [ ]

58 免 [ ] 59 畢 [ ]

60 拳 [ ] 61 稚 [ ]

62 賤 [ ] 63 奮 [ ]

64 佳 [ ] 65 貞 [ ]

66 雷 [ ] 67 央 [ ]

68 辯 [ ] 69 裕 [ ]

70 奏 [ ] 71 詳 [ ]

72 努 [ ]

3 다음의 밑줄 친 漢字語를 漢字(正字)로 쓰시오.

73~102번

고도[73]의 **수련**[74]을 **요구**[75]하는 승무는 춤의 **형태**[76]도 **호흡**[77] **조절**[78]과 동작이 조화를 이루어야 하기 때문에 한국 춤의 정수 혹은 백미라 한다.

73 [ ] 74 [ ]

75 [ ] 76 [ ]

77 [ ] 78 [ ]

그들의 민족은 **과학**[79], **정치**[80], **예술**[81] 등 모든 방면에서 새로운 세계를 낳은 **원동력**[82]이 되어왔다.

79 [ ] 80 [ ]

81 [ ] 82 [ ]

그들은 선인들의 **기법**[83]을 취하면서도 **전통**[84]적인 법식에 얽매이지 않고 참신하면서도 **파격**[85]적으로 **진실**[86]한 감정을 펼쳐 냈다.

83 [ ] 84 [ ]

85 [ ] 86 [ ]

광고[87]는 **기본**[88]적으로 **제품**[89]이나 브랜드에 대한 **정보**[90]를 전달함으로써 **소비**[91]자의 **인지**[92] 활동을 자극한다.

87 [ ] 88 [ ]

89 [ ] 90 [ ]

91 [ ] 92 [ ]

현대의 글쓰기는 **명쾌**[93]한 **논리**[94]로 상대를 **제압**[95]하는 것을 **능사**[96]로 치지만 그렇게 되면 나중에 그 칼끝이 자신에게 올 수도 있다.

93 [ ] 94 [ ]

95 [ ] 96 [ ]

집단적 노사관계는 단체 **협약**[97]에 의하여 평화적으로 **규율**[98]하는 것이 가장 이상적이지만 노사의 **이해**[99] 관계 대립이 언제나 평화적으로 **해결**[100]될 수는 없는 것이다. 때문에 노동 **쟁의**[101]가 신고 되면 공무원은 알선에 나서되 관계당사자로 하여금 자주적으로 분쟁을 해결토록 하여야 하며, 스스로 어떤 해결안을 **제시**[102]하지 않는 것이 원칙이다.

97 [ ] 98 [ ]

99 [ ] 100 [ ]

101 [ ] 102 [ ]

103~107번

4 다음 漢字語 가운데 첫 음절이 長音으로 발음되는 것을 골라 그 번호를 쓰시오.

103 [ ] : ① 露骨 ② 手足 ③ 奬勵 ④ 將校

104 [ ] : ① 凍傷 ② 諸君 ③ 令愛 ④ 陶工

105 [ ] : ① 官吏 ② 弱冠 ③ 憂愁 ④ 混亂

106 [ ] : ① 包含 ② 戀慕 ③ 仲媒 ④ 素朴

107 [ ] : ① 占星 ② 狀況 ③ 新郎 ④ 善行

108~112번

5 다음 漢字와 反對(또는 相對)되는 漢字를 써넣어 글 속의 漢字語를 완성하시오.

108 그 드라마는 전통사회의 姑[ ] 갈등을 주제로 다루었다.

109 그는 신임을 중시하며 損[ ]을 계산할 줄 몰랐다.

110 달빛을 보고 그 해의 豊[ ]을 점쳤다.

111 사적인 好[ ]에 따라 함부로 사람을 논하지 말아야 한다.

112 지원자 중에서 [ ]石을 가려내기가 쉽지 않았다.

113~117번

6 다음 漢字語의 反對語(또는 相對語)를 漢字(正字)로 쓰시오.

113 稱讚 ↔ [ ] 114 干涉 ↔ [ ]

115 寒冷 ↔ [ ] 116 加重 ↔ [ ]

117 許可 ↔ [ ]

118~127번

7 다음 빈칸에 알맞은 漢字(正字)를 써넣어 漢字語(成語)를 完成하시오.

118 [ ]思熟考 : 깊이 잘 생각함.

119 美辭[ ]句 : 아름다운 말과 글귀.

120 烏合之[ ] : 규율이 없고 무질서한 병졸 또는 군중.

121 九[ ]肝腸 : 시름이 쌓인 깊은 마음속.

122 滅私[ ]公 : 사적인 욕심을 버리고 공익을 위하여 힘씀.

123 [ ]裏不同 : 겉과 속이 다름.

124 淸[　　　　]樂道 : 청렴결백하고 가난하게 사는 것을 옳은 것으로 여김.

125 千慮一[　　　　] : 천 번을 생각하면 하나라도 얻는 것이 있음.

126 [　　　　]機之敎 : 학문을 중도에서 그만두는 것은 짜던 베의 날을 끊는 것과 같다는 가르침.

127 天下[　　　　]色 : 세상에 드문 아주 뛰어난 미인.

128~132번

8 다음 漢字의 部首를 쓰시오.

128 興 – [　　　　] 129 喪 – [　　　　]

130 危 – [　　　　] 131 冤 – [　　　　]

132 北 – [　　　　]

133~137번

9 다음 漢字와 訓이 같거나 비슷한 漢字를 [보기]에서 찾아 그 번호를 써넣으시오.

보기 ① 邪 ② 援 ③ 斜 ④ 旅 ⑤ 承 ⑥ 誤 ⑦ 勉 ⑧ 庫

133 倉 – [　　　　] 134 過 – [　　　　]

135 勸 – [　　　　] 136 助 – [　　　　]

137 客 – [　　　　]

138~142번

10 다음 漢字語와 音이 같으며, 풀이에 알맞은 漢字語를 漢字(正字)로 쓰시오.

138 單旗 – [　　　　] : 짧은 기간.

139 資源 – [　　　　] : 어떤 일을 자기 스스로 하고자 하여 나섬.

140 死義 – [　　　　] : 감사히 여기는 뜻.

141 指章 – [　　　　] : 일하는 데 방해가 되는 장애.

142 爆音 – [　　　　] : 술을 한꺼번에 많이 마심.

143~147번

11 다음 漢字語의 뜻을 5글자 이내의 순우리말로 쓰시오.

143 妙案 : [　　　　]

144 硬直 : [　　　　]

145 覆蓋 : [　　　　]

146 丘陵 : [　　　　]

147 請婚 : [　　　　]

148~150번

12 다음 漢字의 略字를 쓰시오.

148 佛 – [　　　　] 149 假 – [　　　　]

150 醫 – [　　　　]

(사) 한국어문회 주관

한자능력검정시험

제 02 회 기출 · 예상문제

합격문항 : 105문항
시험시간 : 60분
정　　답 : 190쪽

01~45번

1 다음의 밑줄 친 漢字語 또는 제시된 漢字語의 讀音을 쓰시오.

01 여러 요인이 <u>均衡</u>을 유지하고 있다. ………… [　　]

02 사적지를 직접 현장 <u>踏査</u>하여 체험담을 채록하였다. ………… [　　]

03 전통적 <u>韻律</u>을 생동감 있게 살려 노래하였다. ………… [　　]

04 회원들은 하나같이 <u>履歷</u>이 화려했다. ………… [　　]

05 산맥은 강풍을 막아주는 <u>緩衝</u> 역할을 한다. ………… [　　]

06 수평상태의 지층이 높게 <u>隆起</u>하여 대지가 형성되었다. ………… [　　]

07 암각화는 살아 있는 문화와 전통을 <u>含蓄</u>하고 있다. ………… [　　]

08 해당 지역 주민들은 조세가 감면되는 등의 <u>惠澤</u>을 받았다. ………… [　　]

09 자신이 하던 일을 후임자에게 <u>引繼</u>하고 물러났다. ………… [　　]

10 같은 실수가 많은 것에 대해 <u>指摘</u>을 받았다. ………… [　　]

11 무역사범에 대한 <u>犯則</u>을 수사하였다. ………… [　　]

12 대규모 <u>干拓</u> 사업으로 섬들이 육지와 연결되었다. ………… [　　]

13 그의 애절한 <u>懇請</u>을 끝내 거절할 수 없었다. ………… [　　]

14 탐관의 <u>橫暴</u> 때문에 백성의 곤궁함이 더욱 심해졌다. ………… [　　]

15 그는 명석하고 <u>頭腦</u> 회전이 빨랐다. ………… [　　]

16 壞滅 [　　]　17 盜取 [　　]

18 梅雨 [　　]　19 拔群 [　　]

20 悲憤 [　　]　21 隨時 [　　]

22 燕巖 [　　]　23 悠久 [　　]

24 切親 [　　]　25 總選 [　　]

26 勝負 [　　]　27 稀微 [　　]

28 乾濕 [　　]　29 姑婦 [　　]

30 破邪 [　　]　31 獨斷 [　　]

32 森羅 [　　]　33 默念 [　　]

34 壁報 [　　]　35 誇張 [　　]

36 襲擊 [　　]　37 結核 [　　]

38 弊習 [ ] 39 鑄貨 [ ]

40 逸走 [ ] 41 夏穀 [ ]

42 環境 [ ] 43 熟慮 [ ]

44 經營 [ ] 45 難易 [ ]

46~72번

2 다음 漢字의 訓과 音을 쓰시오.

46 繁 [ ] 47 愼 [ ]

48 寢 [ ] 49 薄 [ ]

50 蛇 [ ] 51 衛 [ ]

52 洪 [ ] 53 爐 [ ]

54 漸 [ ] 55 浮 [ ]

56 複 [ ] 57 刷 [ ]

58 栗 [ ] 59 已 [ ]

60 遊 [ ] 61 曾 [ ]

62 快 [ ] 63 御 [ ]

64 拂 [ ] 65 笛 [ ]

66 恒 [ ] 67 倫 [ ]

68 暇 [ ] 69 曆 [ ]

70 丙 [ ] 71 哲 [ ]

72 僞 [ ]

73~102번

3 다음의 밑줄 친 漢字語를 漢字(正字)로 쓰시오.

신약을 **개발**[73]한 **제약**[74]회사에서 의약품의 물질**특허**[75]를 **등록**[76]하였을 때, 다른 제약회사들은 특허권자인 개발회사 측에 **사용료**[77]를 지불한 뒤 해당 신약을 **생산**[78]・판매할 수 있다.

73 [ ] 74 [ ]

75 [ ] 76 [ ]

77 [ ] 78 [ ]

시간과 **공간**[79]을 초월하여 독자들의 **공감**[80]을 받는 문학 작품들의 긴 생명력은 **원전**[81]에 담긴 높은 **미적**[82] 완성과 자기 **성찰**[83]을 유도하는 인간적 **진실**[84]들이다.

79 [ ] 80 [ ]

81 [ ] 82 [ ]

83 [ ] 84 [ ]

정당[85]이나 정치가는 때로는 권력에 **접근**[86]하여 사적 **이익**[87]을 획득하고자 하는 **세력**[88]과 **부도덕**[89]한 관계에 빠질 위험이 항상 따른다. 이러한 정치부패의 근원을 막기 위해서는 철저한 정보 공개, 정당으로의 **국고**[90]보조제도의 **연구**[91]도 필요하지만 무엇보다 **유권**[92]자의 성숙한 자질이 가장 중요하다.

85 [ ] 86 [ ]

87 [ ] 88 [ ]

89 [ ] 90 [ ]

91 [ ] 92 [ ]

「토끼전」은 **여타**[93]의 고전 **소설**[94]에 비해 그 양상이 훨씬 **흥미**[95]롭다. 이본에 따라 작품의 결말까지도 차이가 나기 때문이다. 고전 소설의 경우 이본에 따른 편차가 심하다고는 하지만 엄밀하게 말해 '**합의**[96]된 **결론**[97]'이라는 **전제**[98] 내에서의 차이라고 할 수 있다.

93 [ ] 94 [ ]

95 [ ] 96 [ ]

97 [ ] 98 [ ]

조선의 과학·**기술**[99]의 발달은 개항 이후 도약을 보였으며 서양의 근대과학문물과 기술이 **도입**[100]되어 교통·통신을 비롯하여 전기·의료·**건축**[101]·산업 등 각 분야에 새로운 **시설**[102]이 생기고 생활양식이 변모하였다.

99 [ ] 100 [ ]

101 [ ] 102 [ ]

103~107번

4 다음 漢字語 가운데 첫 음절이 長音으로 발음되는 것을 골라 그 번호를 쓰시오.

103 [ ] : ① 激烈 ② 儉素 ③ 克己 ④ 格致

104 [ ] : ① 件名 ② 徵候 ③ 疏遠 ④ 影響

105 [ ] : ① 沿邊 ② 奮鬪 ③ 授業 ④ 怪異

106 [ ] : ① 妹弟 ② 達筆 ③ 假令 ④ 徒步

107 [ ] : ① 坐定 ② 透過 ③ 純潔 ④ 封紙

108~112번

5 다음 漢字와 反對(또는 相對)되는 漢字를 써넣어 글 속의 漢字語를 完成하시오.

108 충분한 토의를 거친 후에 [ ]否를 결정하기로 하였다.

109 빠른 攻[ ] 전환은 강인한 체력을 필요로 한다.

110 그곳은 적을 막아내는 水[ ]의 중요한 길목에 있었다.

111 마음속에서는 그에 대한 [ ]疑가 앞을 다투었다.

112 천문현상을 통해 吉[ ]을 점치기도 하였다.

113~117번

6 다음 漢字語의 反對語(또는 相對語)를 漢字(正字)로 쓰시오.

113 光明 ↔ [ ] 114 聽者 ↔ [ ]

115 好轉 ↔ [ ] 116 紛爭 ↔ [ ]

117 現象 ↔ [ ]

118~127번

7 다음 빈칸에 알맞은 漢字(正字)를 써넣어 漢字語(成語)를 完成하시오.

118 苦[ ]之策 : 어려운 상태를 벗어나기 위해 자기를 상하면서 꾸며하는 계책.

119 進[ ]維谷 : 꼼짝할 수 없는 궁지.

120 [ ]春佳節 : 따뜻하고 좋은 봄철.

121 百年河[ ] : 아무리 기다려도 가망이 없음.

122 太平[ ]月 : 근심이나 걱정이 없는 편안한 세월.

123 易地[ ]之 : 처지를 바꾸어서 생각함.

124 一[ ]相通 : 하나의 맥락으로 서로 통하거나 비슷해짐.

125 置之[ ]外 : 마음에 두지 아니함.

126 風[ ]之歎 : 부모에게 효도를 다하려고 생각할 때 이미 돌아가셔서 뜻을 이룰 수 없음.

127 寸[ ]殺人 : 짧은 말로도 남을 감동하게 하거나 남의 약점을 찌를 수 있음.

128~132번

8 다음 漢字의 部首를 쓰시오.

128 鼻 – [ ] 129 京 – [ ]

130 井 – [ ] 131 鼓 – [ ]

132 呼 – [ ]

133~137번

9 다음 漢字와 訓이 같거나 비슷한 漢字를 [보기]에서 찾아 그 번호를 써넣으시오.

보기 ① 言 ② 寧 ③ 承 ④ 疲
⑤ 改 ⑥ 迫 ⑦ 亡 ⑧ 誤

133 [ ] – 困 134 談 – [ ]

135 奉 – [ ] 136 急 – [ ]

137 康 – [ ]

138~142번

10 다음 漢字語와 음이 같으며 풀이에 알맞은 漢字語를 漢字(正字)로 쓰시오.

138 星團 – [ ] : 신을 모신 제단.

139 王師 – [ ] : 지나간 일.

140 遺傳 – [ ] : 석유가 나는 곳.

141 侍婢 – [ ] : 일의 옳고 그름.

142 喪神 – [ ] : 윗사람이나 관청 등에 일에 대한 의견을 여쭙는 것.

143~147번

11 다음 漢字語의 뜻을 5글자 이내의 순우리말로 쓰시오.

143 稱頌 : [ ]

144 鄕愁 : [ ]

145 逢着 : [ ]

146 固辭 : [ ]

147 毒舌 : [ ]

148~150번

12 다음 漢字의 略字를 쓰시오.

148 寶 – [ ] 149 晝 – [ ]

150 缺 – [ ]

(사) 한국어문회 주관

한자능력검정시험

제 03 회 기출 · 예상문제

합격문항 : 105문항
시험시간 : 60분
정　　답 : 192쪽

01~45번

1 다음의 밑줄 친 漢字語 또는 제시된 漢字語의 讀音을 쓰시오.

01 소나무 숲길을 <u>散策</u> 삼아 거닐었다. .... [ ]

02 국난 극복을 위해 국민 <u>啓蒙</u>에 나섰다. .... [ ]

03 생활수준의 향상에 <u>顯著</u>한 성과를 올렸다. .... [ ]

04 여러 문제를 해명하는데 크게 <u>貢獻</u>하였다. .... [ ]

05 가격이 비싸며 취급하기가 <u>容易</u>하지 않다. .... [ ]

06 의료기기는 완전하게 <u>滅菌</u>하여 사용해야 한다. .... [ ]

07 백제는 중국과 교섭하여 해상무역이 <u>繁盛</u>하였다. .... [ ]

08 그는 마치 조각처럼 <u>微動</u>도 하지 않았다. .... [ ]

09 세계 제패의 야욕을 품고 <u>狂奔</u>하였다. .... [ ]

10 각 국의 천문대와 <u>提携</u>하여 별의 분포를 조사하였다. .... [ ]

11 사건의 진실을 <u>誤導</u>하는 거짓에 심한 분노를 느꼈다. .... [ ]

12 도덕적 이미지를 부각시키며 선거 <u>遊說</u>를 펼쳤다. .... [ ]

13 그는 어려서부터 <u>早熟</u>하여 마치 어른처럼 행동하였다. .... [ ]

14 전후 복구기간에는 경제 <u>沈滯</u> 상태를 벗어나지 못하였다. .... [ ]

15 외국과의 <u>接觸</u>이 빈번해지면서 대외무역도 증가하였다. .... [ ]

16 覺悟 [ ] 17 腦炎 [ ]

18 謙稱 [ ] 19 待遇 [ ]

20 鐵筋 [ ] 21 削髮 [ ]

22 複寫 [ ] 23 星辰 [ ]

24 愼重 [ ] 25 委員 [ ]

26 宮庭 [ ] 27 秩序 [ ]

28 閉講 [ ] 29 還拂 [ ]

30 幕舍 [ ] 31 頃刻 [ ]

32 巧妙 [ ] 33 路程 [ ]

34 檀君 [ ] 35 猛獸 [ ]

36 輩出 [ ] 37 寺塔 [ ]

38 需要 [ ] 39 悅樂 [ ]

40 誘惑 [ ] 41 鬪魂 [ ]

42 催眠 [ ] 43 豪傑 [ ]

44 激勵 [ ] 45 困窮 [ ]

2 다음 漢字의 訓과 音을 쓰시오.

46~72번

46 掌 [ ] 47 簿 [ ]
48 孟 [ ] 49 擇 [ ]
50 瓦 [ ] 51 契 [ ]
52 借 [ ] 53 臺 [ ]
54 旬 [ ] 55 賴 [ ]
56 芽 [ ] 57 森 [ ]
58 諾 [ ] 59 柔 [ ]
60 仲 [ ] 61 荒 [ ]
62 耐 [ ] 63 緩 [ ]
64 帶 [ ] 65 憶 [ ]
66 陵 [ ] 67 逸 [ ]
68 傾 [ ] 69 殆 [ ]
70 執 [ ] 71 懇 [ ]
72 垂 [ ]

3 다음의 밑줄 친 漢字語를 漢字(正字)로 쓰시오.

73~102번

개인이든 집단이든 이미 형성돼 있는 전통 문화 속에서 살기 마련이고 문화마다 나름의 **고유성**[73]을 가진다. 그러나 서로 다른 문화를 평가하고 좋은 문화를 가꾸어 나가는 **합당**[74]한 자세는 우리 문화이든 남들의 문화이든, 문화라면 꼭 갖추어야 할 **세련미**[75]와 도덕성을 **기준**[76]으로 살펴서 더욱 **발전**[77] 시킬 것은 발전시키고 **개선**[78]해야 할 것은 개선하여 문자 그대로 문화를 **부단**[79]히 형성해 가는 유연하고 **개방**[80]적인 자세이다.

73 [ ] 74 [ ]
75 [ ] 76 [ ]
77 [ ] 78 [ ]
79 [ ] 80 [ ]

군사중심의 안보개념에서 **정치**[81], **경제**[82], 사회, 환경의 다양한 영역의 중요성이 부각되고 있다. 그러나 다양한 영역으로의 확대가 안보의 군사적 수단의 중요성을 **약화**[83]시키는, 즉 종래의 군사중심의 안보 예산을 경제, 복지, **인권**[84], 환경 등을 강화하는 의미로 **인식**[85]하여 군사비를 타 **분야**[86]로 전환한다면 이는 안보의 개념을 잘못 인식하고 있는 것이다.

81 [ ] 82 [ ]
83 [ ] 84 [ ]
85 [ ] 86 [ ]

우리나라 법에서 **집회**[87]는 **사전**[88] **허가**[89]를 받아야 하지만 1인 시위는 사전 **신고**[90] **절차**[91] 없이 자신의 **의견**[92]을 피켓에 자유롭게 표현할 수 있다. 이때 1인 시위자의 의견에 **동감**[93]하는 이들이 시위를 하는 사람을 응원하는 의미에서 피켓을 바라보며 옆에 서 있어주면 바람잡이 역할을 해서 **주변**[94] 사람들의 **시선**[95]을 모을 수 있다. 그러나 '바람잡이'라는 표현이 좋지 않은 느낌을 주기 때문에 1인 시위 지지자를 만화 주인공 이름을 **참고**[96]해 '모래요정'이라고 말한다. 모래요정은 1인 시위가 보편화되면서 **등장**[97]한 **신조어**[98]이다.

87 [ ] 88 [ ]
89 [ ] 90 [ ]

91 [ ] 92 [ ]

93 [ ] 94 [ ]

95 [ ] 96 [ ]

97 [ ] 98 [ ]

현대 **주택**[99]에서 방은 취침과 개인생활을 **확보**[100]하는 장소이다. 자기 방을 갖는다는 것은 개인의 생활과 사생활 보호라는 점에서 필요한 물리적 요인이며, 이것은 인격형성에 영향을 미치기도 한다. 주택에서 적정한 방의 크기는 개인의 생활방식, 가구의 종류 및 **배치**[101], 활동 여유 공간, 사용자의 수 등을 고려하여 결정되어야 하므로 **일률적**[102]으로 정하기는 어렵다.

99 [ ] 100 [ ]

101 [ ] 102 [ ]

103~107번

4 다음 漢字語 가운데 첫 음절이 長音으로 발음되는 것을 골라 그 번호를 쓰시오.

103 [ ] : ① 銃劍 ② 休暇 ③ 語幹 ④ 編隊

104 [ ] : ① 餘裕 ② 輸送 ③ 枝葉 ④ 冷凍

105 [ ] : ① 愁心 ② 虎患 ③ 崇拜 ④ 映畫

106 [ ] : ① 亞流 ② 沒入 ③ 議決 ④ 冬至

107 [ ] : ① 投球 ② 紛爭 ③ 數量 ④ 景致

108~112번

5 다음 漢字와 反對(또는 相對)되는 漢字를 써넣어 글 속의 漢字語를 完成하시오.

108 담묵으로 가볍게 우려서 [ ]暗을 표현했다.

109 제사를 통해 [ ]影을 섬기는 문화를 이루었다.

110 방생은 [ ]生과 반대되는 개념이다.

111 "사람은 모두 한울과 같은데 어찌 [ ]賤이 있겠는가?"

112 원앙새와 물총새는 [ ]婦의 화목함에 비유된다.

113~117번

6 다음 漢字語의 反對語(또는 相對語)를 漢字(正字)로 쓰시오.

113 破壞 ↔ [ ] 114 和睦 ↔ [ ]

115 現實 ↔ [ ] 116 結果 ↔ [ ]

117 滅退 ↔ [ ]

118~127번

7 다음 빈칸에 알맞은 漢字(正字)를 써넣어 漢字語(成語)를 完成하시오.

118 百害無[ ] : 해롭기만 하고 하나도 이로울 것이 없음.

119 臨機[ ]變 : 그 때 그 때 처한 상황에 따라 변함.

120 盡忠[ ]國 : 충성을 다하여서 나라의 은혜를 갚음.

121 虛張[ ]勢 : 실속은 없으면서 허세를 부림.

122 群[ ]割據 : 여러 영웅이 한 지방씩 차지하고 위세를 부림.

123 卓上空[ ] : 실현성이 없는 헛된 공론.

124 [ ]言書判 : 인물을 선택하는 네 가지 조건.

125 [ ]壤之差 : 하늘과 땅 사이와 같이 엄청난 차이.

126 說[ ]說來 : 서로 자신의 주장을 내세우며 옥신각신하는 것을 말함.

127 魚[ ]肉尾 : 물고기는 머리 쪽이 맛이 있고 짐승 고기는 꼬리 쪽이 맛이 있다는 말.

128~132번

8 다음 漢字의 部首를 쓰시오.

128 務 – [ ] 129 坐 – [ ]

130 豫 – [ ] 131 條 – [ ]

132 幕 – [ ]

133~137번

9 다음 漢字와 訓이 같거나 비슷한 漢字를 [보기]에서 찾아 그 번호를 써넣으시오.

보기 ① 庫 ② 唱 ③ 離 ④ 盟
⑤ 作 ⑥ 祀 ⑦ 通 ⑧ 疲

133 達 – [ ] 134 祭 – [ ]

135 距 – [ ] 136 歌 – [ ]

137 製 – [ ]

138~142번

10 다음 漢字語와 音이 같으며 풀이에 알맞은 漢字語를 漢字(正字)로 쓰시오.

138 甘辭 – [ ] : 감독하고 검사함.

139 構圖 – [ ] : 깨달음의 경지를 구함.

140 驛舍 – [ ] : 인류 사회의 변천과 흥망의 과정. 또는 그 기록.

141 助詞 – [ ] : 어떤 학파나 종파를 처음 세운 사람.

142 加擔 – [ ] : 거리에 떠도는 이야기.

143~147번

11 다음 漢字語의 뜻을 5글자 이내의 순우리말로 쓰시오.

143 橋梁 : [ ]

144 鎭火 : [ ]

145 麥飯 : [ ]

146 願望 : [ ]

147 攻守 : [ ]

148~150번

12 다음 漢字의 略字를 쓰시오.

148 與 – [ ] 149 齒 – [ ]

150 燈 – [ ]

한자능력검정시험

(사) 한국어문회 주관

제04회 기출 · 예상문제

합격문항 : 105문항
시험시간 : 60분
정　　답 : 193쪽

1 다음 문장에서 밑줄 친 漢字語의 讀音을 쓰시오.

01~20번

낙동강은 우리 민족의 悠久01한 역사와 榮辱02의 세월을 함께 안고 흐르고 있다.

01 [ ] 02 [ ]

그는 일제의 종교탄압에 대항하여 신사참배 반대 운동을 강력히 추진하다가 拘束03되어 獄苦04를 치르던 중 1944년 4월, 49세로 순교하였다.

03 [ ] 04 [ ]

그는 국방을 튼튼히 할 것을 懇請05하였으나 뜻이 貫徹06되지 않자 벼슬을 내놓고 다시 산으로 들어가 은거하였다.

05 [ ] 06 [ ]

그는 臨終07 직전까지도 십자가와 성모상을 품에 안고 있었으며, 默珠08를 유품으로 남겼다.

07 [ ] 08 [ ]

토마토의 發芽09적온은 25~30℃이며 1주일이 지나야 싹이 나는데, 햇빛이 잘 들고 배수가 잘 되는 곳이면 어느 곳에서나 栽培10할 수 있다.

09 [ ] 10 [ ]

캐스팅이 配役11의 짜임새를 다질 수 있는 기틀을 마련함으로써, 성공적인 공연에 鼓舞12된 단원들의 사기와 의욕이 넘쳤다.

11 [ ] 12 [ ]

회사는 과도한 負債13로 경영난에 허덕이다 파산 선고를 하였고, 책임자는 潛迹14한 상태이다.

13 [ ] 14 [ ]

통속적으로 쓰는 卑俗15어는 일반적인 표현들에 비해 품위가 낮아 淺薄16한 느낌을 준다.

15 [ ] 16 [ ]

경찰서, 관공서 등의 被擊17 상황이 전날보다 훨씬 확대되자, 야당 彈壓18은 절정에 이르렀다.

17 [ ] 18 [ ]

신분을 超越19하여 친구로 사귀었던 두 사람은 세상에 귀감이 될 만한 逸話20를 많이 남겼다.

19 [ ] 20 [ ]

2 다음 漢字語의 讀音을 쓰시오.

21~45번

21 參照 [ ] 22 覆蓋 [ ]
23 誤譯 [ ] 24 警笛 [ ]
25 整齊 [ ] 26 鑄鐵 [ ]
27 干拓 [ ] 28 奪還 [ ]

29 割賦 [ ] 30 閉鎖 [ ]
31 印鑑 [ ] 32 鬪魂 [ ]
33 緊密 [ ] 34 踏襲 [ ]
35 脈絡 [ ] 36 露宿 [ ]
37 料亭 [ ] 38 觸媒 [ ]
39 投影 [ ] 40 承諾 [ ]
41 寄附 [ ] 42 捕獲 [ ]
43 技巧 [ ] 44 潤澤 [ ]
45 緩急 [ ]

46~72번

3 다음 漢字의 訓과 音을 쓰시오.

46 蒙 [ ] 47 蒸 [ ]
48 穴 [ ] 49 耐 [ ]
50 陵 [ ] 51 封 [ ]
52 肺 [ ] 53 尾 [ ]
54 旋 [ ] 55 倉 [ ]
56 溪 [ ] 57 寡 [ ]
58 斜 [ ] 59 汗 [ ]
60 栗 [ ] 61 翼 [ ]
62 塔 [ ] 63 突 [ ]
64 樓 [ ] 65 喪 [ ]
66 惜 [ ] 67 硬 [ ]
68 碧 [ ] 69 滯 [ ]
70 嶺 [ ] 71 憂 [ ]
72 陷 [ ]

73~77번

4 다음 漢字語 중 첫 음절이 長音으로 발음되는 것의 번호를 쓰시오.

73 [ ] : ① 邪教 ② 陶工 ③ 菊花 ④ 漸次
74 [ ] : ① 莫重 ② 換算 ③ 稀少 ④ 寬大
75 [ ] : ① 補修 ② 郎君 ③ 禽獸 ④ 腦裏
76 [ ] : ① 東京 ② 糖分 ③ 胸像 ④ 浸透
77 [ ] : ① 芳年 ② 逃避 ③ 帝王 ④ 騎兵

78~107번

5 다음 문장에서 밑줄 친 漢字語를 漢字[正字]로 쓰시오.

78 제품에 효율적인 디자인을 **고안**하여 새로운 부가가치를 창출하였다. ………… [ ]

79 열은 자발적으로 고온에서 **저온**으로 흐른다. ………………………………………… [ ]

80 우리나라의 **전통** 가옥을 통칭하여 '한옥'이라고 한다. ………………………… [ ]

81 편경은 음색이 청아하고 음높이가 변동이 없어 모든 악기 **조율**의 표준이 된다. ………………………………………… [ ]

82 버스정류장, 식당, 지하철 등 공공장소를 **금연** 구역으로 지정하였다. ………… [ ]

83 양자 사이에 역사적인 **원탁** 회담이 개최되고 마침내 타협안이 가결되었다. ………………………………………… [ ]

84 출발 **총성**이 울리자 선수들은 앞으로 달려 나갔다. ………………………… [ ]

85 석굴암의 본래 이름은 석불사로, 돌로 만들어 낸 석굴 **사원**이다. ……………… [ ]

86 눈물이 마르거나 흐르지 않으면 **안구** 표면이 쉽게 손상될 수 있다. ………… [ ]

87 울창한 희귀 수목과 기암절벽이 어우러지며 천혜의 **절경**을 이루고 있다. ………………………………………… [ ]

88 갑자기 천둥이 치고 **폭우**가 쏟아져서 다리가 무너지고 냇물이 불어났다. … [ ]

89 이 지역은 산지가 많고 **목초**가 풍부하여 예로부터 축산업이 흥하였다. ….. [ ]

90 '돌산갓'은 한반도 **남단**의 따뜻한 해양성 기후 지역에서만 생산되는 특산품이다. ………… [ ]

91 관측과 통신을 목적으로 지구 주위의 궤도를 회전하는 것을 '인공**위성**'이라 한다. ………… [ ]

92 주택정책을 통해 무주택 저소득층의 근로 및 **저축** 의욕을 높이기로 하였다. ………… [ ]

93 그는 자연 속에서 **소박**하게 풍류를 즐기는 삶을 노래하였다. ………… [ ]

94 영화는 전쟁이 아니면 볼 수 없는 **극한** 상황에 처한 인간의 처참한 모습을 그렸다. ………… [ ]

95 전후 가장 길고 혹독한 불황의 **여파**로 일본은 자신감을 상실했다. ………… [ ]

96 그는 사관 후보로 입대하였다가 종전과 함께 명예 **제대**하였다. ………… [ ]

97 솔로몬은 식물과 동물에 관해서도 매우 **박식**했다. ………… [ ]

98 청중의 질의와 **응답**을 통해 토의에 직접 참여하며 의견을 나누었다. ………… [ ]

99 '양전'은 전근대사회에서 농지를 조사·**측량**하여 실제 작황을 파악하던 제도이다. ………… [ ]

100 심판의 스트라이크 판정은 종종 선수와 **감독**에게 거센 항의를 받기도 한다. ………… [ ]

101 경험이 쌓이면서 '**구관**이 명관이다'라는 말이 괜히 생기지 않았다는 것을 알았다. ………… [ ]

102 축제는 지역의 문화 **예술**을 한 차원 높일 수 있는 계기를 마련하였다. ………… [ ]

103 굳은 절개와 높은 **지조**는 무서운 무기로도 결코 굽히게 할 수 없다. ………… [ ]

104 용이 꿈틀거리며 구름 사이를 **웅비**하고 있는데 섬세하고도 웅혼함이 넘친다. ………… [ ]

105 예산안은 최종적으로 국회 본회의에 상정되어 질의 및 토론을 거쳐 **의결**된다. ………… [ ]

106 불소는 이의 표면을 강하게 하여 **충치**를 예방하는 작용을 한다. ………… [ ]

107 한국 시가는 고시가 → 향가 → **여요** → 시조(가사) → 개화기 시가 → 근대시 등의 시대적 흐름을 보인다. ………… [ ]

108~112번

6 다음 漢字와 비슷한 뜻을 가진 漢字[正字]를 [ ] 안에 써넣어 문장에 적합한 漢字語가 되게 하시오.

108 독재 정권에 대한 국민들의 憤[ ]가 폭발하였다.

109 국경일에는 기념식을 열어 [ ]祝하고 있다.

110 해마다 풍흉에 따라 租[ ]부담을 가감하였다.

111 소외된 현대인의 孤[ ]을 표현하였다.

112 야생화 온실은 4계절 내내 [ ]覽이 가능하였다.

113~117번

7 다음 漢字와 뜻이 反對 또는 相對되는 漢字[正字]를 써넣어 漢字語를 완성하시오.

113 그는 변덕스럽고 감정의 [ ]伏이 심하였다.

114 사소한 [ ]非 끝에 다툼이 벌어졌다.

115 적을 물리치고 난 뒤에 功[ ]를 따지기로 하였다.

116 선언서를 인쇄하여 京[ ] 각지에 배포하였다.

117 자세와 [ ]吸을 가다듬어 정신을 통일하였다.

118~122번

8 다음 漢字語의 反對語 또는 相對語를 2음절로 된 漢字[正字]로 쓰시오.

118 廢業 ↔ [ ] 119 精神 ↔ [ ]

120 減退 ↔ [ ] 121 支出 ↔ [ ]

122 好轉 ↔ [ ]

123~127번

9 다음 漢字語의 同音異義語를 漢字[正字]로 쓰되, 제시된 뜻에 맞는 것으로 하시오.

123 私製 – [ ] : 스승과 제자.

124 無信 – [ ] : 무관인 신하.

125 每期 – [ ] : 상품을 사려는 분위기.

126 架設 – [ ] : 어떤 사실을 설명하기 위하여 설정한 가정.

127 剛斷 – [ ] : 강연 하는 사람이 올라서도록 약간 높게 만든 자리.

128~137번

10 다음 [ ] 안에 알맞은 漢字[正字]를 써넣어 四字成語를 완성하시오.

128 克己[ ]禮 : 자기의 욕심을 극복하고 예를 회복함.

129 [ ]攻不落 : 공격하기 어려워 쉽사리 함락되지 아니함.

130 興亡[ ]衰 : 흥하고 망하고 성하고 쇠함.

131 我田[ ]水 : 자기에게 이롭게 되도록 생각하거나 행동함.

132 結者[ ]之 : 일을 저지른 사람이 일을 해결해야 한다는 말.

133 一[ ]兩得 : 한 가지 일로 두 가지 이득을 얻음.

134 居安[ ]危 : 편안할 때에도 위험이 닥칠 것을 생각함.

135 [ ]世濟民 : 세상을 다스리고 백성을 구제함.

136 錦衣[ ]行 : 아무 보람이 없는 일을 함.

137 烏[ ]之卒 : 질서가 없이 모인 병졸이나 군중.

138~142번

11 다음 漢字의 部首를 쓰시오.

138 雙 – [ ] 139 殺 – [ ]

140 脅 – [ ] 141 井 – [ ]

142 與 – [ ]

143~145번

12 다음 漢字의 略字를 쓰시오.

143 擔 – [ ] 144 爲 – [ ]

145 黨 – [ ]

146~150번

13 다음 漢字語의 뜻을 쓰시오.

146 積善 : [ ]

147 前兆 : [ ]

148 墨香 : [ ]

149 土器 : [ ]

150 炎天 : [ ]

(사) 한국어문회 주관

한자능력검정시험

제 05 회 기출 · 예상문제

합격문항 : 105문항
시험시간 : 60분
정　　답 : 195쪽

01~25번

1 다음 밑줄 친 漢字語의 讀音을 쓰시오.

만해(萬海) 한용운(韓龍雲)은 조선 불교 유신회 설립을 주도하고, 日帝[01] 強占期[02]인 1920년대 抗日[03]운동과 불교 革新[04]의 기치를 내걸고 활동했다.

01 [　　　　] 02 [　　　　]
03 [　　　　] 04 [　　　　]

토지調査[05]사업 완료 이후, 조선 총독부가 소유한 토지는 동양척식주식회사라는 수탈 機關[06]의 활동 舞臺[07]가 되어 本格的[08]으로 우리나라의 경제를 收奪[09] · 착취하기 始作[10]하였다.

05 [　　　　] 06 [　　　　]
07 [　　　　] 08 [　　　　]
09 [　　　　] 10 [　　　　]

사람의 마음 작용에 影響[11]을 끼치는 가장 강력한 요인을 하나 들라고 하면 筆者[12]는 주저 없이 우리가 가진 배경지식이라고 말할 것이다.

11 [　　　　] 12 [　　　　]

『고려사』가 조선 개국의 정당성을 主張[13]하기 위한 측면에서 기술된 것과 같이 역사책에는 진실이 아닌 것들도 記錄[14]될 수 있다. 여러 자료와 遺物[15]을 가지고 진실을 밝히는 것이 역사가가 해야 할 일임을 銘心[16]해야 한다.

13 [　　　　] 14 [　　　　]
15 [　　　　] 16 [　　　　]

燕行[17]노정은 通信使[18] 노정과 동아시아를 관통하는 중심축이자 한 · 중 문화 交流史[19]의 大動脈[20]으로 불리는 길이다.

17 [　　　　] 18 [　　　　]
19 [　　　　] 20 [　　　　]

그의 작품 傾向[21]은 친근감 있는 생활 周邊[22]의 묘사에서 神祕[23]한 자연의 비밀을 발견하는 데에 이르기까지 多樣[24]한 素材[25]를 보여주고 있다.

21 [　　　　] 22 [　　　　]
23 [　　　　] 24 [　　　　]
25 [　　　　]

26~45번

2 다음 漢字語의 讀音을 쓰시오.

26 潤澤 [　　　　] 27 啓導 [　　　　]
28 便乘 [　　　　] 29 剛健 [　　　　]
30 承諾 [　　　　] 31 降伏 [　　　　]
32 履歷 [　　　　] 33 廢車 [　　　　]
34 猛爆 [　　　　] 35 放置 [　　　　]
36 默想 [　　　　] 37 悅樂 [　　　　]

38 片貌 [ ] 39 貢獻 [ ]

40 要塞 [ ] 41 遊說 [ ]

42 缺陷 [ ] 43 感激 [ ]

44 威勢 [ ] 45 稀微 [ ]

46~72번

3 다음 漢字의 訓과 音을 쓰시오.

46 改 [ ] 47 複 [ ]

48 緩 [ ] 49 倫 [ ]

50 賣 [ ] 51 瓦 [ ]

52 含 [ ] 53 御 [ ]

54 僞 [ ] 55 哲 [ ]

56 懇 [ ] 57 司 [ ]

58 襲 [ ] 59 已 [ ]

60 奮 [ ] 61 儀 [ ]

62 恒 [ ] 63 栗 [ ]

64 曾 [ ] 65 淺 [ ]

66 蓄 [ ] 67 覺 [ ]

68 愼 [ ] 69 踐 [ ]

70 郞 [ ] 71 裳 [ ]

72 衝 [ ]

73~102번

4 다음의 밑줄 친 漢字語를 漢字(正字)로 쓰시오.

세계 **최고**[73]의 **과학**[74]나라 조선을 만든 **세종**[75]은 나라를 안정시키려면 **백성**[76]들 삶의 질이 높아져야 하고, 그러려면 농사가 잘 되어야 한다고 믿었다.

73 [ ] 74 [ ]

75 [ ] 76 [ ]

인간에게 필요한 재화나 서비스를 **생산**[77]·**소비**[78]·분배하여 인간의 욕구를 **충족**[79]시키는 것을 **경제**[80] 활동이라고 한다.

77 [ ] 78 [ ]

79 [ ] 80 [ ]

조상숭배가 중요한 **덕목**[81]의 하나였던 조선 시대 유교사상은 지금까지도 이어져 오고 있는데, 벌초와 성묘 **풍속**[82]은 아름답기까지 하다.

81 [ ] 82 [ ]

사이버교육이란 첨단의 인공지능적 **정보**[83]통신**기술**[84]을 활용하여 교육이 이루어지는 상황을 **염두**[85]에 두고 **제안**[86]된 개념이다.

83 [ ] 84 [ ]

85 [ ] 86 [ ]

유교의 오륜은 군신·**부자**[87]·**부부**[88]·**형제**[89]·친우 사이의 도덕적 규범 모두를 **중시**[90]하고 있으며, 이 중에 3개는 **친족**[91] 관계에 의한 것으로, 가족 중심적 성향이 있음이 **발견**[92]된다.

87 [ ] 88 [ ]

89 [ ] 90 [ ]

91 [ ] 92 [ ]

> 학생들은 **각종**[93] 자격증 **취득**[94]에 관심이 많으며 전교생이 학비 지원을 받고 있다.

93 [ ] 94 [ ]

95 물리에서 '**단위**'는 어떤 물리량이나 수량의 크기의 기준을 말한다. ········ [ ]

96 그곳의 모든 건물은 지진방지 **설계**가 기본으로 되어 있다. ························ [ ]

97 산업혁명 이후로 역사상 **전례** 없는 도시 시대를 이루었다. ························ [ ]

98 자연에서뿐만 아니라 우리 주위에서도 다양한 물질의 **변화**가 일어난다. [ ]

99 대립한 양측에서 전쟁을 종결하고 **평화**를 회복하기 위해 협정을 맺었다.
·· [ ]

100 새로운 변화를 추구하던 신흥세력이 서로 팽팽히 **대립**하면서 갈등이 일어났다.
·· [ ]

101 대부분의 중남미 국가들의 국기에 그려져 있는 콘도르는 **영원**한 자유를 상징한다.
·· [ ]

102 광개토왕은 만주를 장악하고 한강 이북 땅을 통합하여 고구려 **전성**시대를 이루었다.
·· [ ]

103~107번

5 다음 漢字語 가운데 첫음절이 長音으로 발음되는 것을 골라 그 번호를 쓰시오.

103 [ ] : ① 官權 ② 待遇 ③ 構圖 ④ 梅實

104 [ ] : ① 假名 ② 端身 ③ 秀麗 ④ 達觀

105 [ ] : ① 江南 ② 禁止 ③ 墨香 ④ 直角

106 [ ] : ① 隔年 ② 如何 ③ 減少 ④ 克己

107 [ ] : ① 編入 ② 銃擊 ③ 綿密 ④ 硏究

108~112번

6 다음 漢字와 反對(또는 相對)되는 漢字를 써 넣어 글 속의 漢字語를 完成하시오.

108 시행의 [ ]否를 거수로 결정하였다.

109 태극은 [ ]陽이 상보적으로 화합한 모양이다.

110 공평무사한 賞[ ]을 시행하는 것이 관건이다.

111 아름다운 색채와 明[ ]의 교묘한 대비가 뛰어나다.

112 옛사람들은 여러 가지 방법으로 그해의 [ ]凶을 점쳤다.

113~117번

7 다음 漢字語의 反對語(또는 相對語)를 漢字(正字)로 쓰시오.

113 漸進 ↔ [ ] 114 [ ] ↔ 白晝

115 夏至 ↔ [ ] 116 [ ] ↔ 排氣

117 原因 ↔ [ ]

번

8 다음 빈칸에 알맞은 漢字(正字)를 써넣어 漢字語(成語)를 完成하시오.

118 東奔西[ ] : 여기저기 사방으로 바삐 돌아다님.

119 [ ]曲肝腸 : 깊고 깊은 속마음.

120 孤掌[ ]鳴 : 혼자서는 일을 이루기가 어려움.

121 苦盡甘[ ] : 고생 끝에 즐거움이 옴.

122 窮[ ]之策 : 생각다 못해 짜내는 꾀.

123 面從腹[ ] : 겉으로는 복종하는 체하면서 속으로는 배반함.

124 [ ]在頃刻 : 거의 죽게 되어 숨이 끊어질 지경에 있음.

125 事[ ]歸正 : 모든 일은 반드시 바른 길로 돌아감.

126 忠言[ ]耳 : 충고하는 말은 귀에 거슬림.

127 群[ ]割據 : 여러 영웅들이 각 지역을 차지하고 서로 세력을 다툼.

128~132번

9 다음의 漢字와 訓이 같거나 비슷한 漢字를 [보기]에서 찾아 그 번호를 써넣으시오.

보기 ① 議 ② 池 ③ 謠 ④ 固 ⑤ 邪 ⑥ 路 ⑦ 寧 ⑧ 範

128 歌 – [ ] 129 堅 – [ ]

130 規 – [ ] 131 街 – [ ]

132 論 – [ ]

133~137번

10 다음 漢字의 部首를 쓰시오.

133 呼 – [ ] 134 黨 – [ ]

135 務 – [ ] 136 魂 – [ ]

137 衝 – [ ]

138~142번

11 다음 漢字語와 音이 같으며, 다음 풀이에 알맞은 漢字語를 쓰시오.

138 支障 – [ ] : 손가락의 지문을 찍은 것.

139 渡河 – [ ] : 서울 지방 또는 서울 안.

140 製藥 – [ ] : 조건을 붙여 내용을 제한함.

141 警戒 – [ ] : 사물이나 지역이 분간되는 한계.

142 電源 – [ ] : 도시에서 떨어진 시골이나 교외.

143~145번

12 다음 漢字의 略字를 쓰시오.

143 處 – [ ] 144 鐵 – [ ]

145 價 – [ ]

146~150번

13 다음 漢字語의 뜻을 쓰시오.

146 速步 : [ ]

147 旅愁 : [ ]

148 栽培 : [ ]

149 攻守 : [ ]

150 浮雲 : [ ]

(사) 한국어문회 주관

한자능력검정시험

3급 Ⅱ

정답 및 해설

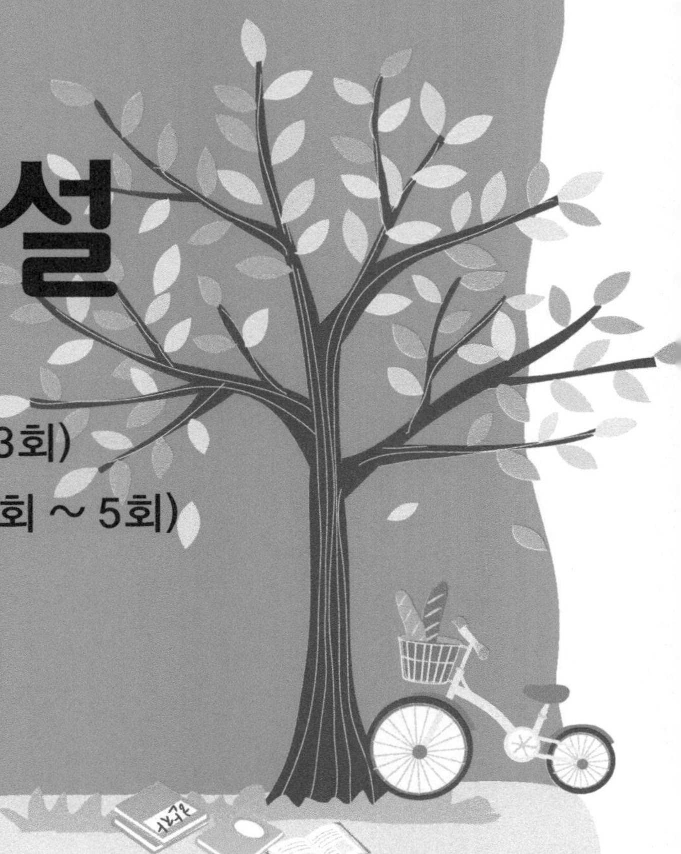

- 예상문제 정답 및 해설(1회 ~ 13회)
- 기출 · 예상문제 정답 및 해설(1회 ~ 5회)

한자능력검정시험

예상문제 정답 및 해설

01회 3급Ⅱ 예상문제

63쪽~66쪽

01	속요	02	은밀	03	답교	04	위임
05	몽리	06	주가	07	가발	08	구역
09	연모	10	개입	11	천대	12	침묵
13	탈세	14	저촉	15	비율	16	멸균
17	후보	18	건기	19	폐습	20	배타
21	선택	22	우개	23	부적	24	피차
25	심판	26	조공	27	주간	28	운항
29	영예	30	투고	31	장식	32	극기
33	발군	34	집행	35	결별	36	사경
37	한도	38	주묵	39	항산	40	임대
41	잠정	42	방국	43	태반	44	종고
45	허락	46	깨끗할 정	47	집 우	48	가루 분
49	넓을 홍 / 큰물 홍			50	장막 막	51	어릴 유
52	실을 재	53	새 을	54	솜 면	55	주춧돌 초
56	문서 권	57	사랑 자	58	관리 리 / 벼슬아치 리		
59	잡을 구	60	무역할 무	61	무성할 무	62	위협할 협
63	진 액	64	뛰어넘을 초	65	만 백	66	무리 배
67	부를 창	68	오히려 유	69	망령될 망	70	근심 우
71	탑 탑	72	봉우리 봉	73	소외	74	支配
75	군림	76	이질	77	狀態	78	개념
79	聖書	80	우상	81	숭배	82	結果
83	不過	84	認識	85	복종	86	기구
87	맹목적	88	一種	89	忠誠	90	熱情
91	共通	92	直面	93	所有權	94	生時
95	品位	96	歷史	97	藥指	98	④
99	②	100	③	101	①	102	②

103	凶	104	加	105	向	106	苦
107	退	108	正統	109	光明	110	複雜
111	朗讀 / 音讀	112	形式	113	流	114	道
115	觀	116	科	117	故	118	律
119	勞	120	陰	121	價	122	消
123	冫	124	行	125	方	126	辶(辵)
127	阜(阝)	128	⑧	129	⑥	130	④
131	③	132	⑨	133	舊都	134	防寒
135	事端	136	死境	137	年金	138	類
139	臣	140	屋	141	副	142	武
143	아주 짧은 동안			144	의(義)를 위해 목숨을 바친 열사		
145	설날 아침	146	(뒷날로) 미룸 (법률에서) 권리나 의무에 관하여 제한을 붙임				
147	잘라 냄 / 자르기 / 자름			148	画	149	歯
150	鉄						

해설

04 委任(위임) : 어떤 일을 책임 지워 맡김.
☞ 서로 뜻이 비슷한 한자로 결합된 한자어이다.
참 08. 區域 09. 戀慕 21. 選擇. 31. 裝飾 35. 訣別 40. 賃貸 45. 許諾

05 蒙利(몽리) : 저수지나 보 따위 수리시설의 혜택을 입음.
☞ 여기에서 '蒙'자는 '입다, 얻다'를 뜻한다.

06 株價(주가) : 주식(株式)이나 주권(株券)의 가격.
☞ 여기에서 '株'자는 '주식(株式 : 주식회사의 자본을 구성하는 단위)'을 뜻한다.

10 介入(개입) : 자신과 직접적인 관계가 없는 일에 끼어듦.
☞ 여기에서 '介'자는 '(사이에) 끼다'를 뜻한다.

12 沈默(침묵) : ① 아무 말도 없이 조용히 있음 ② 어떤 일에 대하여 발표하지 않고 있는 상태.
☞ '沈'자는 쓰임에 따라 훈과 음이 달라지는 글자이다. 참 沈(성 심, 잠길 침)

14 抵觸(저촉) : ① 서로 부딪치거나 모순됨 ② 법률이나 규칙 등에 위반되거나 거슬림.
☞ 여기에서 '抵'자는 '밀다. 거스르다'를 뜻한다.

15 比率(비율) : 둘 이상의 수나 양 따위를 비교하여 그 관계를 수치로 나타낸 것.
☞ '率'자는 쓰임에 따라 훈과 음이 달라지는 글자이다. 참 率(거느릴 솔, 비율 률)
☞ '률'자는 '모음'이나 'ㄴ' 뒤에서는 '율'로 읽는다.

17 候補(후보) : ① (선거에서) 직위나 신분을 얻으려고 일정한 자격을 갖추어 나섬 또는 그런 사람. ② (시상식・운동 경기 등에서) 지위에 오를 자격이나 가능성이 있음.
☞ 여기에서 '候'자는 '기다리다. 기다리는 (사람)'을 뜻한다.

24 彼此(피차) : ① 저것과 이것 ② 이쪽과 저쪽의 양쪽.
☞ 서로 뜻이 반대(상대)되는 한자로 결합된 한자어이다.

45 許諾(허락) : 청하는 일을 하도록 들어줌.
☞ '諾'자는 본음이 '낙'이나 쓰임에 따라 '락'으로 읽기도 한다. 동일한 한자어가 어떤 경우에는 본음으로 나고 어떤 경우에는 속음으로 나는 경우인데, 예를 들면 곤란(困難), 허락(許諾), 의논(議論) 등은 속음으로 발음된 경우이고, 만난(萬難), 승낙(承諾), 토론(討論)은 본음으로 발음된 경우이다.

122 終無消息(종무소식) : 끝끝내 아무런 소식이 없음.

147 '截取(절취)'는 '截取', 또는 '絶取'로 쓰기도 한다.

02회 3급Ⅱ 예상문제

67쪽~70쪽

01	천도	02	협박	03	근거	04	경찰
05	광란	06	해석	07	어획	08	격려
09	유혹	10	면모	11	우상	12	관록
13	소송	14	계루	15	기교	16	간척
17	승강	18	압축	19	여유	20	채무
21	긴요	22	감상	23	원수	24	도리
25	답파	26	분주	27	치희	28	양보
29	시비	30	연마	31	참선	32	사적
33	수입	34	양계	35	순간	36	아편
37	화문	38	광릉	39	피뢰	40	이산
41	제수	42	율곡	43	당류	44	금수
45	기적	46	공손할 공	47	종 노	48	고울 선
49	밝을 철	50	밭갈 경	51	역 역	52	떨칠 진
53	그을 획	54	학 학	55	모래 사	56	부끄러울 치
57	집 주	58	맡을 사	59	독 독	60	서늘할 량
61	생각할 억	62	실마리 서	63	돌 순 / 순행할 순		
64	언덕 안	65	책 편	66	하여금 령	67	난간 란
68	매울 렬	69	쇠불릴 련 / 단련할 련			70	익을 숙
71	깨달을 오	72	개 포	73	傳統	74	過去
75	구성원	76	個人	77	作用	78	경우
79	인습	80	區別	81	계승	82	客觀化
83	비판	84	立場	85	現在	86	創造
87	單純	88	유물	89	待接	90	天職
91	豊盛	92	有望	93	敬意	94	難處
95	建設	96	特色	97	絶勝	98	④
99	①	100	③	101	④	102	③
103	鄕	104	收	105	陽	106	明
107	否	108	惡材	109	利得 / 利益 / 收益		
110	加重	111	生食	112	獨白	113	草
114	息	115	經	116	起	117	千
118	魚	119	公	120	人	121	庭
122	苦	123	黑	124	止	125	雨

126	水(氵)	127	土	128	⑥	129	⑩
130	②	131	⑦	132	④	133	商術
134	科場	135	引上	136	記號	137	制球
138	受	139	案	140	砲	141	句
142	祝	143	몹시 재촉함	144	다른 나라의 땅		
145	(기체나 액체 따위의 밀도가) 묽거나 엷음 / (일의) 가망성이 적음 / (정신 따위가) 약함						
146	의심나는 점을 물어서 밝힘			147	어루만져 달램 잘 구슬려 따르게 함		
148	実	149	断				
150	図						

해설

01 遷都(천도) : 도읍(都邑)을 옮김.
☞ 여기에서 '都'자는 '도읍, 서울'을 뜻한다.

06 解釋(해석) : ① 현상이나 행위, 글 따위의 의미를 판단하고 이해함 ② 외국어를 자기 나라의 말로 이해하고 설명함.
☞ 서로 뜻이 비슷한 한자로 결합된 한자어이다.

08 激勵(격려) : 용기나 의욕이 솟아나도록 북돋아 줌.
☞ 여기에서 '激'자는 '북돋우다'를 뜻한다.

11 偶像(우상) : ① 나무, 돌, 쇠붙이, 흙 따위로 만든 사람이나 신의 형상. ② 맹목적인 인기를 끌거나 신처럼 숭배의 대상이 되는 사람.
☞ 여기에서 '偶'자는 '허수아비'를 뜻한다.

12 貫祿(관록) : 어떤 일에 대한 상당한 경력으로 갖추어진 위엄이나 권위.
☞ 여기에서 '貫'자는 '쌓다. 이루다'를 뜻하고, '祿'자는 '위엄(威嚴). 권위(權威)'를 뜻한다.

16 干拓(간척) : 바다나 호수 주위에 둑을 쌓고 그 안의 물을 빼내어 육지나 경지(耕地)로 만드는 일.
☞ '拓'자는 쓰임에 따라 훈과 음이 달라지는 글자이다. 참 拓(넓힐 척, 박을 탁)

17 乘降(승강) : (기차나 버스 따위에) 타고 내림.
☞ 서로 뜻이 반대(상대)되는 한자로 결합된 한자어이다.
참 昇降(승강) : 오르고 내림, 또는 올라갔다 내려갔다 함.

23 元帥(원수) : 군인의 가장 높은 계급.
☞ '帥'자는 '師(스승 사)'자와 혼동하기 쉬우니 주의!

27 稚戲(치희) : ① 어린아이의 장난 ② 유치한 짓.
☞ '戲'자는 '戲'자와 쓰임이 같은 이체자이다.

31 參禪(참선) : 자신이 흠모하는 선지식을 찾아가서 선도(禪道)를 배워 닦거나 좌선을 통해 스스로 선법(禪法)을 닦아 구함.
☞ '參'자는 쓰임에 따라 훈과 음이 달라지는 글자이다. 참 參(석 삼, 참여할 참)

33 輸入(수입) : 다른 나라로부터 상품이나 기술 따위를 국내로 사들임.
참 收入(수입) : 경제적인 활동을 통해서 돈이나 물품을 벌어들임.

35 旬刊(순간) : 신문, 잡지 따위를 열흘에 한 번씩 간행함 또는 그런 간행물.
☞ 여기에서 '刊'자는 '책을 펴내다. 발행하다'를 뜻한다.

41 祭需(제수) : 제사에 드는 여러 가지 물품이나 음식.
☞ 여기에서 '需'자는 '쓰이다. 쓰다. 필요로 하는 물건'을 뜻한다.

90 天職(천직) : 마땅히 해야 할 직분. 그 사람의 천성에 알맞은 직업.
참 賤職(천직) : 천한 직업.
참 遷職(천직) : 직업을 옮김. 전직(轉職).

97 絶勝(절승) : 경치가 비할 데 없이 빼어나게 아름다움 또는 그 경치.
☞ 여기에서 '絶'자는 '뛰어나다. 비할 데 없다'를 뜻하고, '勝'자는 '경치가 좋다'는 뜻으로 쓰였다.

114 '自強不息'의 '強'자는 '彊'자로 쓰기도 한다.

118 魚東肉西(어동육서) : '제사상을 차릴 때, 어찬(魚饌)은 동쪽에 놓고 육찬(肉饌)은 서쪽에 놓는 일'을 이르는 말.

03회 3급Ⅱ 예상문제

71쪽~74쪽

01	승계	02	분격	03	완만	04	흥분
05	애석	06	무성	07	위장	08	도취
09	호걸	10	촉진	11	거부	12	보충
13	찬양	14	축산	15	촉매	16	박람
17	회의	18	곤란	19	삼엄	20	세균
21	임진	22	잡곡	23	황비	24	탄식
25	하역	26	진영	27	권면	28	희롱
29	교각	30	기병	31	점층	32	두뇌
33	폭탄	34	맥반	35	위험	36	순례
37	가경	38	안모	39	파열	40	용맹
41	선반	42	부각	43	취타	44	환불
45	연필	46	모실 시	47	기록할 지	48	친척 척
49	속 리	50	눈깜짝일 순	51	범 호	52	근심 수
53	멀 유	54	위로할 위	55	달릴 분	56	천천할 서
57	거문고 금	58	벌레 충	59	다를 수	60	자세할 상
61	바칠 공	62	열 계	63	힘줄 근	64	원고 고 볏짚 고
65	단풍 풍	66	미혹할 혹	67	꾀 모		
68	두 쌍 / 쌍 쌍	69	그윽할 유	70	인할 인	71	벼리 유
72	의뢰할 뢰	73	책	74	저자	75	知識
76	感情	77	의욕	78	敎養	79	實生活
80	기초	81	體驗	82	限	83	사색
84	研究	85	觀察	86	백화점	87	진열대
88	商品	89	展示	90	寶庫	91	偉大
92	海陸	93	旅費	94	注目	95	到着
96	說得	97	謝過	98	②	99	③
100	①	101	③	102	④	103	罰
104	開	105	卒	106	集	107	害
108	勝利	109	個別	110	親近 / 緊密	111	低俗
112	寒冷	113	苦	114	見	115	千
116	通	117	行	118	牛	119	命
120	化	121	成	122	名	123	走
124	襾	125	山	126	虍	127	罒(网)

128	②	129	⑥	130	⑩	131	⑨
132	①	133	誤記	134	固守	135	動止
136	首都	137	地文	138	伐	139	毒
140	請	141	葉	142	浴		
143	(국민 전체의 의사로 결정된) 국정의 근본 방침						
144	보통으로 / 어지간하게			145	우물쭈물하며 망설임 시일을 미루거나 늦춤		
146	더할 수 없이 강함						
147	화장을 하고 머리나 옷차림 따위를 매만져서 맵시 있게 꾸밈 / 손을 대어 산뜻하게 꾸밈						
148	発	149	応	150	売		

해설

01 承繼(승계) : 다른 사람의 권리나 의무를 이어받음.
☞ 서로 뜻이 비슷한 한자로 결합된 한자어이다.
참 06. 茂盛 95. 到着.

02 憤激(분격) : 몹시 분하고 노여운 감정이 북받쳐 오름. 격노(激怒).
☞ 여기에서 '激'자는 '격렬하다. 북받쳐 오르다'를 뜻한다.
참 奮激(분격) : 급격하게 마음을 떨쳐 일으킴.
참 奮擊(분격) : 분발하여 공격함.

03 緩晩(완만) : 일 따위의 되어 가는 속도가 늦다.
참 緩慢(완만)하다 : ① 움직임이 느릿느릿하다 ② 경사가 급하지 않다.

08 陶醉(도취) : ① 술이 거나하게 취함 ② 어떠한 것에 취한 듯 마음이 쏠려 헤어나지 못함.
☞ 여기에서 '陶'자는 '기뻐하다. 즐거워하다'를 뜻한다.

18 困難(곤란) : 사정이 몹시 딱하고 어려움.
☞ '難'자는 본음이 '난'이나 쓰임에 따라 '란'으로 읽기도 한다.

19 森嚴(삼엄) : 분위기가 무서우리만큼 질서가 있고 엄숙하다.

☞ 여기에서 '森'자는 '나무들이 질서 있게 무성하다'는 데에서, '무성하다. 삼엄하다'를 뜻한다.

21 壬辰(임진) : 육십갑자의 스물아홉째.
☞ 여기에서 '辰'자는 쓰임에 따라 '신', 또는 '진'으로 읽는다. 참 辰(별 진, 때 신)

26 眞影(진영) : 주로 얼굴을 그린 초상화나 사진.
☞ 여기에서 '影'자는 '초상(肖像). 화상(畫像)'을 뜻한다.

39 破裂(파열) : 깨어지거나 갈라져 터짐.
☞ '裂'자는 본음이 '렬'이나 '모음'과 'ㄴ' 뒤에서는 '열'로 읽는다. 참 87. 陳列(진열).

44 換拂(환불) : 돈이나 물건을 바꾸어 지불함.
☞ 여기에서 '拂'자는 '치르다, 값을 건네주다'를 뜻한다.
참 還拂(환불) : 이미 지불한 돈을 되돌려 줌.

83 思索(사색) : 어떤 것에 대하여 깊이 생각하고 헤아림.
☞ '索'자는 쓰임에 따라 훈과 음이 달라지는 글자이다. 참 索(찾을 색, 노 삭)

96 說得(설득) : 상대편이 이쪽 편의 뜻을 따르도록 여러 가지로 깨우쳐 말함.
☞ 여기에서 '得'자는 '깨닫다'를 뜻한다.

108 敗北(패배) : 겨루어서 짐.
☞ 여기에서 '北'자는 '달아나다'를 뜻한다.

115 千載一遇(천재일우) ☞ 여기에서 '載'자는 '해. 년(年)'을 뜻한다.

143 國是(국시) ☞ 여기에서 '是'자는 '기본 방침'을 뜻한다.

144 如干(여간) : '방패와 같다'는 뜻에서, '그 상태가 보통으로 보아 넘길 만한 것임'을 비유하여 이르는 말로, 보통 부정적인 말과 함께 쓰인다.

145 猶豫(유예) ☞ '猶'자는 '망설이다'를 뜻하고, '豫'자는 '머뭇거리다'를 뜻한다.

04회 3급Ⅱ 예상문제

75쪽~78쪽

01	답습	02	소홀	03	장황	04	투옥
05	폐병	06	억류	07	치욕	08	징조
09	종탑	10	재배	11	침강	12	냉담
13	전아	14	지적	15	온유	16	가치
17	잔상	18	폐색	19	창공	20	아부
21	초극	22	안료	23	선릉	24	통곡
25	기간	26	우주	27	고집	28	방장
29	건달	30	향로	31	어제	32	채록
33	아성	34	포획	35	간담	36	사룡
37	이월	38	관정	39	취입	40	내열
41	최면	42	처제	43	초석	44	탁본
45	철리	46	꾈 유	47	막을 장	48	까마귀 오
49	모양 자	50	다락 루	51	꼬리 미	52	기울 경
53	칠 격	54	드리울 수	55	차례 질	56	미칠 급
57	뉘우칠 회	58	자줏빛 자	59	항구 항	60	짤 직
61	벌릴 라	62	옻 칠	63	띠 대	64	칠 벌
65	갚을 상	66	치우칠 편	67	피리 적	68	인륜 륜
69	봉할 봉	70	우러를 앙	71	달릴 주	72	살찔 비
73	⑨	74	⑦	75	③	76	⑤
77	①	78	萬餘	79	測雨器	80	公平
81	決戰	82	創造的	83	是非	84	希望
85	調査	86	說明文	87	實情	88	健
89	貨	90	邑	91	歲	92	念
93	砲	94	施	95	陽	96	朗
97	總	98	背	99	赤	100	廣
101	處	102	毒	103	致	104	費
105	續	106	脈	107	湖	108	①
109	③	110	⑤	111	⑨	112	⑩
113	惡	114	天	115	給	116	盛
117	婦	118	出	119	自立	120	遠心
121	進化	122	子正	123	床 / 牀	124	登
125	思	126	爭	127	夜	128	窓

129	目	130	弱	131	立	132	成
133	頁	134	車	135	口	136	口
137	止	138	花木	139	上京	140	商術
141	固守	142	地球	143	옳다고 인정하지 않음		
144	정한 수나 정도에 차지 못함			145	탄알이 목표물에 명중하도록 겨냥함		
146	도리나 법규에 어긋나는 행위			147	회의를 한때 정지함		
148	伝	149	労	150	仏		

해설

01 踏襲(답습) : 예로부터 해 오던 방식이나 수법을 좇아 그대로 행함.
☞ 여기에서 '襲'자는 '인습하다(因襲-- : 예전의 풍습, 습관, 예절 따위를 그대로 따르다)'를 뜻한다.

03 張皇(장황) : 매우 길고 크게 번거롭다.
☞ 여기에서 '皇'자는 '크다'를 뜻한다.

08 徵兆(징조) : 어떤 일이 생길 기미.
☞ 여기에서 '徵'자는 '조짐'를 뜻하고, '兆'자는 '빌미, 기미'를 뜻한다.

09 鐘塔(종탑) : 꼭대기에 종을 매달아 치도록 만든 탑.
☞ '鐘'자는 '鍾(쇠북 종)'자와 쓰임이 같은 이체자이다.

11 沈降(침강) : ① 육지 따위가 아래로 내려앉아 우묵하게 들어감 ② 액체 속에서 고체나 다른 종류의 액체 따위가 밑으로 가라앉음.
☞ '沈'자와 '降'자는 각각 뜻에 따라 읽는 소리가 달라지는 글자이다.
참 沈(성 심, 잠길 침), 降(내릴 강, 항복할 항)

14 指摘(지적) : ① 꼭 집어서 가리킴 ② 허물 따위를 드러내어 폭로함.
☞ 여기에서 '摘'자는 '들추어내다'를 뜻한다.

18 閉塞(폐색) : ① 닫히어 막힘 ② 겨울 추위에 천지가 얼어붙어 생기가 막힘.
☞ '塞'자는 뜻에 따라 훈과 음이 달라지는 글자이다. 참 塞(막을 색, 변방 새)

25 基幹(기간) : 어떤 조직이나 부문에서 가장 으뜸이 되거나 중심이 되는 부분.
☞ 여기에서 '基'자와 '幹'자는 '근본'을 뜻한다.
참 期間(기간) : 일정한 어느 시기부터 다른 어느 시기까지의 동안.

26 宇宙(우주) : 무한한 시간과 만물을 포함하고 있는 공간.
☞ 여기에서 '宇'는 '공간'을 뜻하고, '宙'는 '시간'을 뜻한다.

28 方丈(방장) : ① 화상(和尙), 국사(國師), 주실(籌室) 등의 고승이 거처하는 처소. ② 절을 주관하는 승려. 주지(住持). ③ 삼신산(三神山)의 하나 ④ 가로세로가 한 장인 넓이.

31 御製(어제) : 임금이 몸소 짓거나 만듦 또는 그런 글이나 물건.
☞ 여기에서 '御'는 '임금에 관한 사물이나 행위에 붙이는 경칭(敬稱)'을 뜻한다.

38 管井(관정) : 대롱 모양으로 둥글게 판 우물.

104 '費(쓸 비)'자의 뜻인 '쓸'은 '쓰다, 소비하다'의 의미이다.

113 好惡(호오) : 좋음과 싫음.
☞ '惡'자는 쓰임에 따라 뜻과 소리가 달라지는 글자이다. 참 惡(악할 악, 싫어할 오)

120 '求心(구심)'은 '중심으로 가까워져 옴'을 뜻하고, '遠心(원심)'은 '중심에서 멀어져 감'을 뜻한다.

128 北窓三友(북창삼우) : 당(唐)나라 때의 백거이(白居易)가 지은 시 〈北窓三友〉에서 '북쪽 창문의 세 벗'을 이른 말로, '거문고를 타고 나선 술잔을 들고 / 술을 마시고 나선 시를 읊노라(琴罷輒擧酒, 酒罷輒吟詩)'라고 노래한 데에 이른 말이다.

143 否認(부인) ☞ 여기에서 '否'자는 '否定'을 뜻한다.

145 照準(조준) ☞ 여기에서 '準'자는 '표준, 목표물'을 뜻한다.

146 非行(비행) ☞ 여기에서 '非'자는 '잘못되거나 그릇된 것'을 뜻한다.

05회 3급Ⅱ 예상문제

79쪽~82쪽

01	부활	02	현상	03	삼림	04	항상
05	번창	06	윤강	07	극약	08	재단
09	한혈	10	유적	11	비만	12	일화
13	연안	14	긴장	15	미소	16	황폐
17	답보	18	침잠	19	고적	20	침투
21	몽조	22	추억	23	계명	24	이왕
25	범우	26	앙망	27	개최	28	차액
29	면사	30	지혜	31	노비	32	연맹
33	광막	34	색채	35	종균	36	익찬
37	전염	38	표지	39	선풍	40	봉탕
41	체증	42	삭탈	43	호흡	44	폐포
45	분착	46	만날 봉	47	발자취 적	48	빌 기
49	희롱할 롱	50	늘일 연	51	불을 윤	52	짝 우
53	이바지할 공	54	두려울 공	55	장수 수	56	제사 사
57	짐승 축	58	재 회	59	상거할 거	60	칠 정/갈 정
61	운 운	62	중 승	63	순수할 순	64	곧을 정
65	겸할 겸	66	새길 명	67	찾을 색 / 노 삭		
68	기와 와	69	욕심 욕	70	없을 막	71	오히려 상
72	열흘 순	73	非難	74	非經濟	75	결정적
76	行爲	77	權利	78	의심	79	관점
80	充分	81	利益	82	集團	83	동기
84	측면	85	여부	86	국영	87	財務
88	義務	89	부여	90	達成	91	部門
92	타격	93	度外視	94	短期	95	神通
96	處方	97	好意	98	②	99	③
100	①	101	④	102	②	103	果
104	好	105	逆	106	勝	107	實
108	養家	109	感性 / 感情	110	富貴	111	快樂
112	中止	113	正	114	怒	115	引
116	百	117	立	118	同	119	效
120	助	121	雄	122	雪	123	目
124	巾	125	刀	126	巾	127	貝
128	⑩	129	⑦	130	⑧	131	①
132	③	133	有志	134	所持	135	上古
136	感謝	137	字母	138	星	139	島
140	敵	141	兵	142	宮	143	말수가 적고 침착함
144	오고 가는 길 가운데 어느 한쪽 또는 그 길						
145	항복하도록 권함			146	굳이 사양함		
147	'북을 쳐서 춤을 추게 한다'는 뜻으로, 남을 격려하여 힘이 나게 함						
148	昼	149	党	150	乡		

해설

01 復活(부활) : 죽었다가 다시 살아남.
☞ '復'자는 쓰임에 따라 훈과 음이 달라지는 글자이다. 참 復(다시 부, 회복할 복)

06 倫綱(윤강) : 오륜(五倫)과 삼강(三綱)을 아울러 이르는 말.

09 汗血(한혈) : 무엇을 이루기 위하여 애쓰는 노력과 정성. 피땀, 피와 같은 땀, 귀중한 땀.

12 逸話(일화) : 세상에 널리 알려지지 않은 흥미로운 이야기.
☞ 여기에서 '逸'자는 '숨다'를 뜻한다.

17 踏步(답보) : 상태가 나아가지 못하고 한 자리에 머무르는 일. 제자리걸음.

18 沈潛(침잠) : 겉으로 드러나지 아니하게 깊숙이 가라앉거나 숨음.
☞ 서로 뜻이 비슷한 한자로 결합된 한자어이다.
☞ '沈'자는 쓰임에 따라 훈과 음이 달라지는 글자이다. 참 沈(잠길 침, 성 심)

21 夢兆(몽조) : 꿈에 나타난 길흉(吉凶)의 징조.
☞ 여기에서 '兆'자는 '징조(徵兆)'를 뜻한다.

24 已往(이왕) : ① 지금보다 이전. ② 이미 정하여진 사실로서 그렇게 된 바에, 이왕에.
☞ '已'자는 '己(몸 기)', '巳(뱀 사)'자와 혼동하기 쉬우니 주의한다.

25 凡愚(범우) : 평범하고 어리석은 사람.
☞ 여기에서 '凡'자는 '보통. 예사롭다. 범상(凡常)하다'를 뜻한다.

27 開催(개최) : 모임이나 행사 따위를 주최하여 엶.
☞ 여기에서 '催'자는 '베풀다. 일을 차리어 벌이다'를 뜻한다.

36 翼贊 / 翊贊(익찬) : 도와서 올바른 데로 이끌어 감. 보도(輔導).
☞ 여기에서 '翼'자는 '돕다'를 뜻하고, '贊'자는 '이끌다'를 뜻한다.

38 標識(표지) : 다른 사물과 구별하여 알 수 있도록 한 표시나 특징.
☞ '識'자는 뜻에 따라 훈과 음이 달라지는 글자이다. 참 識(알 식, 기록할 지)

45 紛錯(분착)하다 : 뒤섞여 어지럽고 혼란하다.
☞ 여기에서 '紛'자와 '錯'자는 '섞이다. 어지럽다'를 뜻한다.

89 附與(부여) : 사람에게 권리·명예·임무 따위를 지니도록 해 주거나, 사물이나 일에 가치·의의 따위를 붙여 줌.
☞ 여기에서 '與'자는 '주다. 베풀어주다'를 뜻한다.
참 賦與(부여) : 나누어 줌.

93 度外視(도외시) : 상관하지 아니하거나 무시함.
☞ '도외(度外 : 어떤 한도나 범위의 밖)'와 '시(視)'가 결합된 합성어이다.

95 神通(신통)하다 : 신통력. 점이나 약효 따위가 아주 영묘(靈妙)하다. 대견하고 훌륭하다, 마음에 들게 싹싹하다.

104 '惡'자는 결합되는 한자에 따라 음이 달라진다.
참 善↔惡(선악), 愛↔惡(애오), 好↔惡(호오)

119 公訴時效(공소시효) : 일정한 기간이 지나면 검사의 공소권이 소멸되어 공소를 제기할 수 없는 시한(時限).

145 권항(勸降) ☞ '降'자는 쓰임에 따라 훈과 음이 달라지는 글자이다.
참 降(내릴 강, 항복할 항)

06회 3급Ⅱ 예상문제

83쪽~86쪽

01	역할	02	격차	03	가감	04	좌익
05	축대	06	관철	07	융성	08	급락
09	긴박	10	단서	11	개간	12	계몽
13	경도	14	맥락	15	노숙	16	겸임
17	거리	18	피폐	19	종단	20	호화
21	영위	22	희원	23	부장	24	열좌
25	돌연	26	미필	27	가연	28	장편
29	사랑	30	강삭	31	항성	32	잡귀
33	구류	34	초상	35	배양	36	편육
37	수요	38	소장	39	조광	40	간청
41	유치	42	낭자	43	촉각	44	괴이
45	계관	46	문서 부	47	오장 장	48	질그릇 도
49	남을 여	50	진흙 니	51	언덕 구	52	주먹 권
53	진압할 진	54	왕비 비	55	심할 심	56	밥 반
57	펼 술	58	곤할 곤	59	울릴 향	60	섞을 혼
61	넓을 보	62	씨 핵	63	연꽃 련	64	밟을 천
65	집 관	66	기둥 주	67	아낄 석	68	참 진
69	놀랄 경	70	검을 현	71	삼 마	72	못 택
73	⑧	74	④	75	⑤	76	⑥
77	②	78	敬禮	79	努力	80	道具
81	意見	82	指名	83	同族	84	立場
85	一致	86	保存	87	俗談	88	觀衆
89	雲集	90	演說	91	自決	92	序頭
93	結末	94	處地	95	理解	96	惡化
97	禁止	98	規制	99	經濟	100	救護
101	配給	102	強度	103	訓練	104	防備
105	切實	106	移住	107	交流	108	②
109	⑤	110	⑦	111	⑧	112	⑨
113	夕	114	安	115	反	116	夫
117	非	118	愛	119	必然	120	放心
121	友好	122	小人	123	逆	124	結
125	策	126	不	127	刀	128	就

129	卓	130	止	131	物	132	實
133	日	134	儿	135	犬(犭)	136	白
137	口	138	小食	139	最高 / 最古	140	修習
141	課長	142	事前	143	말로 전해 옴 / 입으로 전함		
144	상을 받음	145	총으로 짐승을 잡는 사람				
146	셈을 서로 비김			147	잃어버림	148	声
149	团	150	宝				

해설

01 役割(역할) : 자기가 마땅히 하여야 할 바의 직책이나 임무.
☞ 여기에서 '割'자는 '나누다'를 뜻한다.

03 加減(가감) : 더하거나 뺌. 덧셈과 뺄셈.
☞ 서로 뜻이 상대(반대)되는 한자로 결합된 한자어이다.

04 左翼(좌익) : ① 새나 비행기 따위의 왼쪽 날개 ② 왼쪽에 있는 부대 ③ 급진적 사상이나 노선.

08 及落(급락) : 급제(及第)와 낙제(落第).
☞ 서로 뜻이 상대(반대)되는 한자로 결합된 한자어이다.
☞ '及第'와 '落第'에서 '第'자는 '과거(科擧), 시험'을 뜻한다.

12 啓蒙(계몽) : 지식수준이 낮거나 의식이 덜 깬 사람을 가르쳐서 깨우쳐줌.
☞ 여기에서 '啓'자는 '일깨워주다'를 뜻하고, '蒙'자는 '어리석다, 어리다'를 뜻한다.

15 露宿(노숙) : 한데에서 잠. 한뎃잠.
☞ 보통 '路宿'으로 쓰는 경우가 많으므로 주의!
☞ 여기에서 '露'자는 '드러나다, 한데(실내가 아닌 바깥)'를 뜻한다.

20 豪華(호화) : 사치스럽고 화려함.
☞ 여기에서 '豪'자는 '사치(奢侈)'를 뜻한다.

23 副葬(부장) : 임금이나 귀족이 죽어서 장례를 할 때 죽은 사람이 생전에 사용하던 여러 가지 패물이나 그릇 따위를 무덤에 같이 묻음.
☞ 여기에서 '副'자는 '곁따르다'를 뜻한다.

28 掌篇(장편) : ① '손바닥만 한 크기의 작품'이라는 뜻에서, '매우 짧은 산문'을 이르는 말. ② 콩트.

29 舍廊(사랑) : 집의 안채와 떨어져 있는, 바깥주인이 거처하며 손님을 접대하는 곳.

30 鐵索(철삭) : 쇠밧줄. 여러 가닥의 철사를 꼬아서 만든 줄.
☞ '索'자는 쓰임에 따라 뜻과 소리가 달라지는 글자이다. 참 索(찾을 색, 노 삭)

38 訴狀(소장) : 소송을 제기하기 위하여 법원에 제출하는 서류.
☞ '狀'자는 쓰임에 따라 뜻과 소리가 달라지는 글자이다. 참 狀(형상 상, 문서 장)

42 娘子(낭자) : 예전에 '처녀'를 높여 이르던 말.
☞ 여기에서 '子'자는 접미사를 뜻한다.

102 強度(강도) : 강한 정도.
☞ 여기에서 '度'자는 '정도(程度 : 분량이나 수준)'를 뜻한다.

105 切實(절실)하다 : ① 느낌이나 생각이 뼈저리게 강렬하다 ② 매우 시급하고도 중요하다 ③ 적절하여 실제에 꼭 들어맞다.
☞ '切'자는 쓰임에 따라 뜻과 소리가 달라지는 글자이다. 참 切(끊을 절, 온통 체)

123 '忠言逆耳(충언역이)'는 '良藥苦口(양약고구)'와 같은 의미로 쓰이는 한자성어이다.

128 日就月將(일취월장) ☞ 여기에서 '就'자와 '將'자는 '나아가다, 발전하다'를 뜻한다.

130 明鏡止水(명경지수) : '맑은 거울과 고요한 물'과 같은 마음을 비유하여 이르는 말.

138~142 해답과 다른 한자어도 정답으로 인정할 수 있다. 단, 뜻이 통하는 것만 가능하다.

146 相殺(상쇄) ☞ '殺'자는 뜻에 따라 '살' 또는 '쇄'로 발음한다.

07회 3급Ⅱ 예상문제

87쪽~90쪽

01	포함	02	모공	03	확률	04	항쟁
05	흉배	06	승화	07	사양	08	간절
09	탈진	10	회한	11	격퇴	12	혈맹
13	연재	14	묘책	15	초대	16	지휘
17	삭제	18	석별	19	묵념	20	위협
21	호미	22	연혁	23	채광	24	청계
25	무대	26	자매	27	누각	28	억양
29	여수	30	악보	31	습득	32	독사
33	야수	34	운수	35	경목	36	상강
37	즉각	38	접촉	39	함몰	40	진통
41	아연	42	분투	43	환부	44	할부
45	변새	46	면할 면	47	잃을 상	48	자 척
49	되살아날 소	50	조정 정	51	소경 맹 / 눈멀 맹		
52	이슬 로	53	울 곡	54	마을 서 / 관청 서		
55	하례할 하	56	대개 개	57	지킬 위	58	앉을 좌
59	말사/글사	60	떨칠 불	61	사내 랑	62	부호 부
63	편안 녕	64	뽕나무 상	65	높을 륭	66	비단 금
67	차다/차차	68	딸 적	69	닮을 초	70	굳셀 강
71	목숨 수	72	클 거	73	유신	74	파괴
75	子孫	76	子息	77	舊習	78	方向
79	醫師	80	대강	81	根源	82	除去
83	임시	84	效果	85	名醫	86	증세
87	투여	88	점차	89	完全	90	도모
91	過勞	92	作定	93	景觀	94	課題
95	草創期	96	眼目	97	性味	98	④
99	③	100	①	101	②	102	④
103	亡	104	動	105	重	106	貴
107	防 / 守	108	應答	109	死後	110	相對
111	可決	112	着席	113	貧	114	燈
115	現	116	福	117	河	118	止
119	理	120	窓	121	身	122	傳
123	心	124	日	125	生	126	火
127	力	128	③	129	②	130	⑦
131	⑨	132	⑤	133	公正	134	事前
135	救命	136	單發	137	所願	138	列
139	客	140	志	141	解	142	赤
143	지나간 때	144	어떤 상태를 오래 버티어 견딤 / 오래 도록 유지함				
145	이 즈음 / 이 기회			146	세상의 모든 백성		
147	거나하게 술이 취함 / 무엇에 홀린 듯이 열중하거나 기분이 좋아짐						
148	対	149	号	150	担		

해설

01 包含(포함) : 어떤 사물이나 범위 속에 함께 들어 있거나 함께 넣음.
☞ 뜻이 서로 비슷한 한자로 결합된 한자어이다.
참 07. 辭讓 39. 陷沒.

03 確率(확률) : 일정한 조건 아래에서 하나의 사건이 일어날 수 있는 가능성의 정도.
☞ '率'자는 쓰임에 따라 훈과 음이 달라지는 글자이다. 참 率(거느릴 솔, 비율 률)
☞ '률'자는 '모음'이나 'ㄴ' 뒤에서는 '율'로 읽는다.

05 胸背(흉배) : ① 가슴과 등 ② 가슴의 뒷부분. ③ 조선 시대, 왕족과 문무관이 입는 관복의 가슴과 등에 붙이던 수놓은 헝겊 조각.
☞ 뜻이 서로 상대(반대)되는 한자로 결합된 한자어이다. 참 26. 姉妹 28. 抑揚

15 招待(초대) : ① 모임에 참가해 줄 것을 청함. ② 사람을 불러 대접함.
☞ 여기에서 '待'자는 '대접(待接)하다'를 뜻한다.
참 初代(초대) : 차례로 이어 나가는 계통에서 그 첫 번째에 해당하는 차례.

18 惜別(석별) : 서로 애틋하게 이별함 또는 그런 이별.
☞ 여기에서 '惜'자는 '애석하다. 아쉬워하다'를 뜻하고, '別'자는 '이별'을 뜻한다.

22 沿革(연혁) : 변천하여 온 과정.
☞ 여기에서 '革'자는 '고치다. 바꾸다'를 뜻한다.

31 拾得(습득) : 주워서 얻음.
☞ '拾'자는 쓰임에 따라 뜻과 소리가 달라지는 글자이다. 참 拾(주울 습, 열 십)
참 習得(습득) : 학문이나 기술 따위를 배워서 몸에 익힘.

35 耕牧(경목) : 경작(耕作)과 목축(牧畜).
☞ '牧'자는 '치다(가축이나 가금 따위를 놓아기르다)'를 뜻한다.

36 霜降(상강) : 이십사절기의 하나로, 한로(寒露)와 입동(立冬) 사이에 들며, 이 무렵에 아침과 저녁의 기온이 내려가고, 서리가 내리기 시작한다.
☞ '降'자는 쓰임에 따라 훈과 음이 달라지는 글자이다. 참 降(내릴 강, 항복할 항)

37 卽刻(즉각) : 당장에 곧. 그 순간 바로.
☞ 여기에서 '卽'자는 '곧, 이제'를 뜻하고, '刻'자는 '시각(時刻)'을 뜻한다.

40 陣痛(진통) : 일을 마무리하거나 사물을 완성하기 직전에 겪는 어려움.
☞ 여기에서 '陣'자는 '한바탕'을 뜻한다.

45 邊塞(변새) : 변경(邊境)에 있는 요새.
☞ '塞'자는 뜻에 따라 '색' 또는 '새'로 읽는다.

95 草創期(초창기) : 사업을 일으켜 처음으로 시작하는 시기.
☞ 여기에서 '草'자는 '시초(始初)'를 뜻한다.

97 性味(성미) : 성정(性情)과 취미. 성질과 비위.

116 轉禍爲福(전화위복) ☞ 여기에서 '爲'자는 '되다'를 뜻한다.

117 百年河淸(백년하청) ☞ 여기에서 '河'자는 '중국의 황하(黃河)'를 뜻한다.

121 身言書判(신언서판) ☞ '身'은 신수(身手), '言'은 말씨, '書'는 문필(文筆), '判'은 판단력을 말한다.

145 此際(차제) ☞ 여기에서 '際'자는 '때'를 뜻한다.

146 蒼生(창생) ☞ 여기에서 '蒼'자는 '우거지다. 무성하게 많다'를 뜻하고, '生'자는 '사람, 백성'을 뜻한다.

08회 3급Ⅱ 예상문제

91쪽~94쪽

01	유복	02	공모	03	추가	04	기원
05	피고	06	연기	07	재판	08	특징
09	숭상	10	고무	11	저축	12	정채
13	함락	14	혜안	15	지문	16	배제
17	허락	18	경솔	19	뇌리	20	묵계
21	숙면	22	쇄항	23	혜감	24	황률
25	관서	26	암벽	27	제염	28	번영
29	이두	30	맹신	31	기강	32	환전
33	장송	34	근검	35	종횡	36	증습
37	강견	38	귀와	39	임종	40	편승
41	치아	42	음담	43	관혼	44	성쇠
45	재심	46	거짓 위	47	배 항	48	그림자 영
49	신령 령	50	긴할 긴	51	맛 미	52	성낼 노
53	집 궁	54	제비 연	55	섬 도	56	이별할 결
57	무리 대	58	호걸 호	59	금할 금	60	무너질 괴
61	값 치	62	미리 예	63	선 선	64	싹 아
65	불꽃 염	66	쾌할 쾌	67	떨칠 불	68	엷을 박
69	거칠 황	70	빌(릴) 차	71	사무칠 투	72	호반 무
73	勵	74	宅	75	聞	76	髮
77	曲	78	言	79	大	80	豕
81	卩	82	缶	83	淸算	84	斷定
85	引導	86	實情	87	首都	88	独
89	观	90	兴	91	②	92	③
93	⑤	94	⑦	95	⑩	96	恩
97	難	98	滿	99	炭	100	冷
101	活用	102	內容	103	全體	104	性急
105	反目	106	錄畫	107	復習	108	血肉
109	親舊	110	提起	111	一波萬波	112	救助
113	要請	114	生態	115	理解	116	民謠
117	豊富	118	經路	119	呼吸	120	未來
121	假想	122	選出	123	票決	124	近接
125	警報	126	支配	127	根源	128	病苦

129	限界	130	公使	131	常識	132	後患
133	陰害	134	移植	135	名聲	136	令
137	鼻	138	面	139	改	140	魚
141	行	142	風	143	業	144	故
145	手	146	도망쳐 달아남			147	휘어서 꺾임
148	한 문중에서 맏이로만 이어온 큰집						
149	비밀 따위를 모두 들추어냄			150	조상의 산소를 살피는 일		

해설

03 追加(추가) : 나중에 더 보탬.
☞ 여기에서 '追'자는 '뒤따르다'를 뜻한다.

05 被告(피고) : 민사 소송에서, 소송을 당한 당사자.
☞ 여기에서 '被'자는 '당(當)하다'를 뜻한다.

08 特徵(특징) : ① 벼슬을 시키려고 임금이 특별히 부름 ② 다른 것과 구별되어 특별히 눈에 뜨이는 점.
☞ 여기에서 '徵'자는 '부르다'를 뜻한다.

09 崇尙(숭상) : 높여 소중하게 여김.
☞ 여기에서 '尙'자는 '높다, 높이다'를 뜻한다.
☞ 뜻이 서로 비슷한 글자로 결합된 한자어이다.
참 11. 貯蓄 31. 紀綱

10 鼓舞(고무) : ① 북을 치고 춤을 춤 ② 힘을 내도록 격려하여 용기를 북돋움.

12 精彩(정채) : ① 정묘(精妙)하고 아름다운 빛깔 ② 생기가 넘치는 활발한 기상.

17 許諾(허락) : 청하는 일을 하도록 들어줌.
☞ '諾'자는 '낙' 또는 '락'으로 읽는다. 참 承諾(승낙), 輕諾(경낙), 內諾(내락), 受諾(수락).

18 輕率(경솔) : 말이나 행동이 조심성이 없이 가볍고 거칠음.
☞ 여기에서 '率'자는 '거칠다'를 뜻한다.
☞ '率'자는 뜻에 따라 '률 / 율' 또는 '솔'로 읽는다.

20 默契(묵계) : 말 없는 가운데 뜻이 서로 맞음 또는 그렇게 하여 이루어진 약속. 묵약(默約).
☞ 여기에서 '契'자는 '들어맞다, 부합하다(符合 : 사물이나 현상이 서로 꼭 들어맞다)'를 뜻한다.

23 惠鑑(혜감) : 자기의 저서나 작품을 남에게 보낼 때에, '잘 보아 주십시오.'라는 뜻으로, 상대편 이름 밑에 쓰는 말.
☞ 여기에서 '惠'자는 '경어(敬語 : 상대를 공경하는 뜻의 말)'을 뜻하고, '鑑'자는 '(살펴)보다'를 뜻한다.

29 吏讀(이두) : 신라 때부터 한자의 음과 뜻을 빌려 우리말을 적은 표기법.
☞ '讀'자는 뜻에 따라 '독' 또는 '두'로 읽는다.
참 讀(읽을 독, 구절 두)

35 縱橫(종횡) : ① 세로와 가로 ② 거침없이 마구 오가거나 이리저리 다님.
☞ 서로 뜻이 상대(반대)되는 한자로 결합된 한자어이다. 참 44. 盛衰

72 '武'자의 뜻인 '호반(虎班)'은 '무반(武班)'과 같은 말로, '고려・조선 시대에 무관(武官)의 반열(班列)'을 뜻하는 말이다.

107 復習(복습) : 배운 것을 다시 익혀 공부함.
☞ '復'자는 뜻에 따라 소리가 달라지는 글자이다.
참 復(다시 부, 회복할 복)

133 陰害(음해) : 몸을 드러내지 아니한 채 옳지 못한 방법으로 남을 해함.
☞ 여기에서 '陰'자는 '가만히, 몰래'를 뜻한다.

136 巧言令色(교언영색) ☞ 여기에서 '令'자는 '좋게 꾸미다'를 뜻한다.

140 緣木求魚(연목구어) ☞ 여기에서 '緣'자는 '좇다, 오르다'를 뜻한다.

146 逸走(일주) ☞ 여기에서 '逸'자는 '도망치다, 달아나다'를 뜻한다.

148 宗家(종가) ☞ 여기에서 '宗'자는 '시조(始祖)의 적장자(嫡長子)'를 뜻한다.

149 暴露(폭로) ☞ '暴(사나울 폭, 모질 포)'자는 뜻에 따라 소리가 달라지고, '露'자는 여기에서 '드러내다'를 뜻한다.

09회 3급Ⅱ 예상문제

95쪽~98쪽

01	편차	02	용서	03	부패	04	협주
05	경기	06	근간	07	절충	08	점령
09	유지	10	내진	11	답사	12	제사
13	박빙	14	고취	15	장식	16	잔액
17	희열	18	탐색	19	재량	20	저술
21	연애	22	적멸	23	전적	24	경축
25	잠시	26	임차	27	자축	28	지엽
29	강녕	30	초월	31	연료	32	습유
33	사막	34	찬탄	35	연체	36	인도
37	명예	38	토혈	39	목축	40	진사
41	기괴	42	조정	43	아악	44	율당
45	초유	46	집 각	47	푸를 창	48	곁 측
49	저 피	50	활 궁	51	나물 채	52	북방 임
53	국화 국	54	배 복	55	형벌 형	56	어지러울 분
57	욕될 욕	58	번역할 역	59	혀 설	60	어찌 하
61	갑자기 홀	62	한할 한	63	겸손할 겸	64	간사할 사
65	법칙 률	66	밟을 리	67	꿸 관	68	일찍 증
69	베풀 선	70	인쇄할 쇄	71	꾀할 기	72	맑을 숙
73	到達	74	존재	75	觀念	76	使用
77	成人	78	惡德	79	注意	80	감각
81	주위	82	토론	83	提示	84	準則
85	流行	86	結果	87	能力	88	理性
89	불구	90	단계	91	목표	92	理致
93	分別	94	視線	95	平素	96	滿足
97	制約	98	①	99	④	100	③
101	④	102	①	103	弟	104	新
105	圓	106	得	107	着	108	自然
109	惡化	110	消費	111	密集	112	流動
113	戰	114	目	115	有	116	句
117	長	118	過	119	復	120	金
121	石	122	死	123	刀(刂)	124	水
125	食	126	犬(犭)	127	十	128	⑥
129	⑨	130	⑤	131	⑦	132	②
133	後庭	134	正副	135	育成	136	最高
137	難局	138	希	139	銅	140	印
141	倍	142	州	143	주춧돌		
144	거느려 부림 / 다스림 / 통치함 / 어떤 이의 의사가 상대자의 행위를 규제하여 얽어맴 / 아랫사람을 다 잡아 일을 처리함						
145	꼭 알맞음	146	옛 모양과 다름이 없음 / 옛날 그대로 변함이 없음				
147	핑계 / 변명할 재료			148	変	149	挙 / 舉
150	医						

해설

02 容恕(용서) : 지은 죄나 잘못에 대하여 꾸짖거나 벌하지 아니하고 너그럽게 보아줌.
☞ 여기에서 '容'자는 '받아들이다'를 뜻한다.

05 京畿(경기) : 서울을 중심으로 가까운 주위 지방.
☞ 여기에서 '畿'자는 '경기(京畿 : 왕도 주위로 오백 리 이내의 땅)'를 뜻한다.

07 折衝(절충) : '적의 창끝을 꺾어서 막는다'는 뜻으로, '이해관계가 서로 다른 상대와 교섭하거나 담판함'을 이르는 말.
☞ 여기에서 '折'자는 '꺽다'를 뜻한다.
참 折衷(절충) : 서로 다른 사물이나 의견, 생각 따위를 알맞게 조절하여 서로 잘 어울리게 함.
☞ 여기에서 '折'자는 '타협하다'를 뜻한다.

09 維持(유지) : 상태나 상황을 그대로 보존하거나 변함없이 지탱하여 이어감.
☞ 여기에서 '維'자는 '잡아매다'를 뜻한다.

13 薄氷(박빙) : '살얼음'을 뜻하는 데에서, '근소한 차이'를 비유하여 이르는 말.

16 殘額(잔액) : 나머지 금액.

18 探索(탐색) : 드러나지 않은 사실이나 현상 따위를 알아내기 위하여 살피어 찾음.
☞ '索'자는 쓰임에 따라 훈과 음이 달라지는 글자이다. 참 索(찾을 색, 노 삭)

22 寂滅(적멸) : ①'사라져 없어짐'의 뜻으로, 승려의 죽음을 이르는 말. ② 번뇌의 세상을 완전히 벗어난 높은 경지.
☞ 여기에서 '寂'자는 '죽다'를 뜻한다.

23 轉籍(전적) : 호적이나 학적·병적 따위를 다른 곳으로 옮김.

27 刺促(자촉) : 세상일에 얽매여 매우 바쁨.

32 拾遺(습유) : ① 남이 잃어버린 것을 주움. ② 빠진 것을 보충함. 습유보궐(拾遺補闕).
☞ '拾'자는 쓰임에 따라 훈과 음이 달라지는 글자이다. 참 拾(주울 습, 열 십)

40 陳謝(진사) : 까닭을 설명하며 사과의 말을 함.
☞ 여기에서 '陳'자는 '말하다'를 뜻한다.

42 朝廷(조정) : 임금과 신하들이 모여 나라의 정치를 의논하고 집행하는 곳.
☞ 여기에서 '朝'자는 '조정(朝廷)'을 뜻한다.

43 雅樂(아악) : 고려와 조선 시대, 궁중에서 연주된 전통 음악의 한 갈래를 이르던 말.
☞ '樂'자는 쓰임에 따라 훈과 음이 달라지는 글자이다. 참 樂(즐길 락, 노래 악, 좋아할 요)

89 不拘(불구)하다 : 얽매여 거리끼지 아니하다.
☞ 여기에서 '拘'자는 '거리끼다'를 뜻한다.

90 段階(단계) : 일의 차례를 따라 진행되는 과정.
☞ 서로 뜻이 비슷한 한자로 결합된 한자어이다.
참 18. 探索.

97 制約(제약) : 조건을 붙여 내용을 제한함.
참 製藥(제약) : 약재(藥材)를 섞어서 약을 만듦 또는 그 약.

119 克己復禮(극기복례) ☞ 여기에서 '己'자는 '사욕(私慾)'을 뜻하고, '復'자는 '회복하다'를 뜻한다.

143 礎盤(초반) ☞ 여기에서 '盤'자는 '큰 돌'을 뜻한다.

145 適切(적절) ☞ 여기에서 '適'자는 '맞다'를 뜻하고, '切'자는 '꼭, 적절하다'를 뜻한다.

10회 3급Ⅱ 예상문제

99쪽~102쪽

01	증발	02	돌파	03	선율	04	신중
05	제반	06	향수	07	상혼	08	균형
09	감염	10	청정	11	수급	12	혈거
13	영향	14	절정	15	신뢰	16	운치
17	가공	18	집필	19	충격	20	무역
21	편호	22	장막	23	결재	24	기획
25	찬성	26	궁도	27	몰락	28	승낙
29	괴상	30	단층	31	이수	32	유도
33	칠판	34	한국	35	열락	36	긴밀
37	잠복	38	은일	39	관습	40	질병
41	모련	42	교변	43	우려	44	건각
45	담묵	46	무늬 문	47	꾸밀 식	48	너그러울 관
49	낄 개	50	못 지	51	꾀 책	52	장수 수
53	절 사	54	부드러울 유	55	거칠 황	56	빚 채
57	빽빽할 밀	58	가운데 앙	59	감독할 독	60	벽 벽
61	옮길 이	62	기록할 록	63	편안 강	64	책력 력
65	구리 동	66	꼬리 미	67	벌릴 라	68	뜻 취
69	막을 거	70	얼 동	71	끝 단	72	부칠 기
73	①	74	③	75	④	76	⑥
77	⑩	78	收	79	使	80	亡
81	安	82	經	83	所有	84	物質
85	爲主	86	幸福	87	提示	88	方法
89	講師	90	研究	91	內容	92	每週
93	全員	94	發表	95	共同	96	協議
97	背景	98	說明	99	統合	100	強調
101	進行	102	關心	103	集中	104	最大
105	效果	106	求職	107	精神	108	提議
109	無分別	110	合唱團	111	鮮明	112	謝過
113	理想	114	期間	115	結局	116	失望
117	通知	118	擊	119	貨	120	續
121	話	122	常	123	日	124	手
125	木	126	口	127	舌	128	聲

129	漁	130	得	131	面	132	房
133	食	134	波	135	實	136	百
137	萬	138	所願	139	知性	140	競技
141	是認	142	利害	143	党	144	写/寫
145	医	146	물시계	147	아버지의 사촌 형제		
148	독차지	149	잃어버렸던 권리나 자격 등을 되찾음				
150	새 소식을 널리 알림						

해설

02 突破(돌파) : ① 쳐서 깨뜨려 뚫고 나아감 ② 일정한 기준이나 기록 따위를 넘어섬 ③ 장애나 어려움 따위를 이겨 냄.
☞ 여기에서 '突'자는 '부딪치다'를 뜻한다.

03 旋律(선율) : 소리의 높낮이가 길이나 리듬과 어울려 나타나는 음의 흐름, 가락.
☞ 여기에서 '旋'자는 '돌며 흐르다'를 뜻한다.
☞ '律'자의 본음은 '률'이나 '모음'이나 'ㄴ' 뒤에서 '율'로 읽는다.

07 商魂(상혼) : 더 많은 이익을 추구하는 상인의 정신.
☞ 여기에서 '魂'자는 '마음, 정신'을 뜻한다.

11 需給(수급) : 수요(需要)와 공급(供給).
☞ 서로 뜻이 상대(반대)되는 한자로 결합된 한자어이다.

14 絶頂(절정) : ① 산의 맨 꼭대기 ② 사물의 진행이나 발전이 최고에 달한 상태나 경지 ③ 문학 작품에서, 사건의 발전이나 갈등이 최고조에 이른 단계.
☞ 여기에서 '絶'자는 '으뜸, 비할 데 없다'를 뜻한다.

16 韻致(운치) : 고상하고 우아한 멋.
☞ 여기에서 '致'자는 '풍치(風致 : 격에 맞는 멋)'를 뜻한다.

17 可恐(가공)하다 : 두려워하거나 놀랄 만하다.
☞ 여기에서 '可'자는 '~할 만하다'를 뜻한다.

20 貿易(무역) : 나라와 나라 사이에 서로 물품을 사고파는 일.
☞ '易'자는 뜻에 따라 '역' 또는 '이'라고 읽는다.
참 易(바꿀 역, 쉬울 이)

24 企劃(기획) : 일을 계획(計劃)함.
☞ 여기에서 '劃'자는 '계획하다, 꾀하다'를 뜻한다.

26 窮途(궁도) : 가난하고 어려운 경우나 처지.
☞ 여기에서 '窮'자는 '궁(窮)하다(가난하고 어렵다)'를 뜻하고, '途'자는 '처지'를 뜻한다.

28 承諾(승낙) : 청하는 바를 동의하여 들어줌.
☞ '諾'자는 쓰임에 따라 '낙' 또는 '락'으로 읽는다.
참 許諾(허락), 受諾(수락), 應諾(응낙).

29 怪狀(괴상) : 괴이하거나 이상야릇한 모양.
☞ '狀'자는 뜻에 따라 '상' 또는 '장'으로 읽는다.
참 狀(형상 상, 문서 장)

38 隱逸(은일) : ① 속세를 피하여 벼슬하지 않고 숨어 지냄 ② 속세를 떠나 숨어 지내는 학자로, 임금이 특별히 벼슬을 내린 사람.
☞ 여기에서 '逸'자는 '숨다'를 뜻한다.

85 爲主(위주) : 으뜸으로 삼음, 주된 것으로 삼음.
☞ 여기에서 '爲'자는 '~로 삼다'를 뜻한다.

117 通知(통지) : 사실이나 소식을 전하여 알게 함.
☞ 여기에서 '通'자는 '기별(奇別/寄別 : 소식을 적은 종이)'을 뜻한다.

130 種豆得豆(종두득두) ☞ 여기에서 '種'자는 '심다'를 뜻한다.

134 江湖煙波(강호연파)는 '강이나 호수 위에 안개처럼 보얗게 이는 기운 또는 그 수면의 잔물결'을 뜻하는 말로 '대자연의 풍경'을 이르기도 한다.

146 漏刻(누각) ☞ 여기에서 '刻'자는 '시각(時刻)'을 뜻한다.

149 復權(복권) ☞ '復'자는 뜻에 따라 '복' 또는 '부'로 발음한다. 참 復(회복할 복, 다시 부)

150 報道(보도) ☞ 여기에서 '道'자는 '말하다'를 뜻한다.

11회 3급Ⅱ 예상문제

103쪽~106쪽

01	추적	02	혼란	03	욕탕	04	보시
05	교량	06	배치	07	광채	08	파괴
09	유연	10	칭찬	11	장부	12	결함
13	지각	14	화근	15	관장	16	면역
17	정점	18	위엄	19	인연	20	현판
21	누적	22	암반	23	멸렬	24	감옥
25	중앙	26	개헌	27	적재	28	동태
29	월남	30	배당	31	묘비	32	적아
33	비밀	34	비애	35	졸도	36	적진
37	위장	38	흉상	39	항소	40	정읍
41	윤택	42	근면	43	질서	44	예술
45	헌수	46	밤 률	47	판목 판	48	취할 취
49	가지런할 제	50	얻을 획	51	갑옷 갑	52	사랑채 랑 행랑 랑
53	병 질	54	별 진 / 때 신				
55	씩씩할 장	56	따를 수	57	남녘 병	58	아내 처
59	새 금	60	흙덩이 양	61	얕을 천	62	넋 혼
63	꿈 몽	64	드물 희	65	길 도	66	이어맬 계
67	클 태	68	다만 단	69	비교 교 / 견줄 교		
70	고개 령	71	콩 두	72	이랑 경 / 잠깐 경		
73	精神	74	世界化	75	主導下	76	公用語
77	채택	78	검토	79	人類	80	예측
81	意味	82	運命	83	대원군	84	流入
85	충돌	86	비교	87	共存	88	일반화
89	堂堂	90	受容	91	至誠	92	筆者
93	所信	94	順調	95	良書	96	料金
97	協助	98	②	99	③	100	④
101	①	102	④	103	富	104	晝
105	白	106	當	107	他	108	減少
109	正午	110	和解	111	原因 / 動機	112	現實
113	進	114	同	115	益	116	過
117	羊	118	平	119	族	120	黃
121	知	122	田	123	目	124	心
125	火(灬)	126	車	127	山	128	⑦
129	⑤	130	⑧	131	②	132	④
133	勞費	134	表紙	135	會議	136	團地
137	口號	138	藥	139	脈	140	員
141	願	142	週				
143	어수선하게 흩어진 물건들을 거두어들임 어지러운 마음이나 사태를 거두어 바로잡음						
144	행정부의 우두머리			145	아들의 손자 / 손자의 아들		
146	글의 초안을 씀 / 기안						
147	실제로 함 / 말과 같이 함 / 법적 의무의 실행 / 채무 소멸의 경우의 변제(辨濟)를 이름						
148	辺 / 边	149	処	150	礼 / 祀		

해설

02 混亂(혼란) : 뒤죽박죽 뒤섞여 어지러움.
☞ 서로 뜻이 비슷한 한자로 결합된 한자어이다.
참 05. 橋梁 07. 光彩 15. 管掌 19. 因緣 25. 中央 34. 悲哀 41. 潤澤 43. 秩序 44. 藝術.

04 布施(보시) : 자비심으로 남에게 재물이나 불법(佛法)을 베풂.
☞ '布'자는 뜻에 따라 '포' 또는 '보'로 읽는다.
참 布(베 포, 펼 포, 보시 보)

06 排置(배치) : 일정한 차례나 간격에 따라 벌여 놓음. 배포(排布 / 排鋪)
☞ 여기에서 '排'자는 '늘어서다, 차례로 서다'를 뜻한다.
참 配置(배치) : 사람이나 물자 따위를 일정한 자리에 알맞게 나누어 둠.

11 帳簿 / 賬簿(장부) : 물건의 출납이나 돈의 수입과 지출 계산을 적어 두는 책.
☞ 여기에서 '帳'자는 '장부, 공책'을 뜻한다.

13 遲刻(지각) : 정해진 시각보다 늦게 옴.
☞ 여기에서 '刻'자는 '시각(時刻)'을 뜻한다.

21 漏籍(누적) : 병적 · 학적 · 호적 따위의 기록에서 빠뜨림.
☞ 여기에서 '漏'자는 '빠뜨리다'를 뜻한다.
참 累積(누적) : 거듭하여 반복되거나 쌓임.

23 滅裂(멸렬) : 찢기고 흩어져 없어짐.

33 祕密(비밀) : 밝혀지지 않았거나 알려지지 않은 내용.
☞ '祕'자는 '秘'자와 쓰임이 같은 이체자이나 '祕'자가 정자이고 '秘'자는 속자이다.

35 卒倒(졸도) : 갑자기 정신을 잃고 쓰러짐.
☞ 여기에서 '卒'자는 '갑자기, 돌연히'를 뜻한다.

37 胃臟(위장) : 위(胃).
참 胃腸(위장) : 위와 창자.

40 井邑(정읍) : ① 신라 때에 만들어진 아악(雅樂)의 하나. ② 전라북도의 남쪽 중앙에 있는 시.

75 主導下(주도하) ☞ '主導'에 접미사 '下'가 붙어서 이루어진 말로, '下'자는 '(일부 명사 뒤에 붙어서) 그것과 관련된 조건이나 환경'의 뜻을 더하는 접미사이다.

89 堂堂(당당) : 행동이 정당하고 거리낌 없이 떳떳한 모습이나 태도.
☞ '堂堂'은 의태어(擬態語)로, 여기에서 '堂'자는 가차자(假借字)이다.

91 至誠(지성) : 지극한 정성, 아주 성실함.

118 平地風波(평지풍파) : '평온한 자리에서 일어나는 풍파'라는 뜻으로, '뜻밖에 분쟁이 일어남'을 비유하여 이르는 말.

120 黃金分割(황금분할) : 한 선분을 두 부분으로 나눌 때에, 전체에 대한 큰 부분의 비와 큰 부분에 대한 작은 부분의 비가 같도록 나눈 것.

143 收拾(수습) ☞ '拾'자는 뜻에 따라 '습' 또는 '십'으로 읽는다. 참 拾(주울 습, 열 십)

144 首班(수반) ☞ 여기에서 '班'자는 '(품계나 신분, 등급의) 차례'를 뜻한다,

146 起草(기초) ☞ 여기에서 '草'자는 '草를 잡다'는 뜻에서 '초안(草案)'을 뜻한다.

107쪽~110쪽

12회 3급Ⅱ 예상문제

01	비결	02	귀환	03	쇠퇴	04	미묘
05	함축	06	간장	07	소멸	08	영접
09	증상	10	공헌	11	사념	12	범상
13	저항	14	장려	15	횡재	16	겸양
17	창고	18	저장	19	관례	20	어용
21	관대	22	인내	23	씨보	24	반야
25	수송	26	정제	27	부삭	28	계약
29	소제	30	연소	31	금학	32	즉결
33	위태	34	기호	35	비교	36	격랑
37	철저	38	소통	39	천직	40	납량
41	정숙	42	한적	43	음향	44	사제
45	계곡	46	송사할 송	47	벌할 벌	48	양식 량
49	쇠북 종	50	바위 암	51	조세 조	52	계집 낭
53	계집종 비	54	기쁠 열	55	짙을 농	56	꽃다울 방
57	연할 연	58	통달할 달	59	베 / 펼 포	60	언덕 아
61	부릴 역	62	벨 할	63	복숭아 도	64	쌀 포
65	이 치 / 나이 치			66	거울 감	67	건널 도
68	바꿀 체	69	넘을 월	70	갑자기 돌	71	꾀 책
72	푸를 창	73	①	74	④	75	⑤
76	⑨	77	⑩	78	生	79	此
80	富	81	表	82	往	83	固
84	睦	85	帝	86	加	87	滿
88	儿	89	子	90	貝	91	月
92	牛	93	傳統	94	命脈	95	進路
96	相談	97	手配	98	檢擧	99	隊列
100	合流	101	難民	102	救濟	103	北極
104	可能性	105	家事	106	分擔	107	訓練
108	休息	109	經驗	110	地平	111	製造
112	工程	113	國有化	114	低下	115	忠告
116	畫風	117	意識	118	素質	119	義務
120	規定	121	直結	122	課題	123	應試
124	要件	125	活力	126	報答	127	稅金

128	善	129	目	130	卒	131	肉
132	然	133	鐵	134	價	135	未
136	不	137	新	138	間選	139	境界
140	修身	141	綠陰	142	歷史	143	拜
144	当	145	声	146	성내어 소리를 지름		
147	남의 어머니를 높여 일컫는 말					148	늦벼
149	금지하였던 것을 풀어 줌			150	빛이나 색이 바램		

해설

02 歸還(귀환) : 본래 있던 곳으로 돌아오거나 돌아감.
☞ 서로 뜻이 비슷한 한자로 결합된 한자어이다.
참 07. 消滅 10. 貢獻 13. 抵抗 14. 奬勵 16. 謙讓 17. 倉庫 22. 忍耐 25. 輸送 26. 整齊 28. 契約 30. 燃燒 33. 危殆 35. 比較

08 迎接(영접) : 손님을 맞아서 대접함.
☞ 여기에서 '接'자는 '대접(待接)하다'를 뜻한다.

09 症狀(증상) : 병을 앓을 때 신체에 나타나는 여러 가지 상태나 모양, 증세(症勢).
☞ '狀'자는 뜻에 따라 '상' 또는 '장'으로 읽는다.

12 凡常(범상)하다 : 중요하게 여길 만하지 아니하고 예사롭다.
☞ 여기에서 '凡'자는 '평범(平凡)하다'를 뜻한다.

15 橫財(횡재) : 뜻밖에 재물을 얻음 또는 그 재물.
☞ 여기에서 '橫'자는 '뜻밖의, 갑작스러운'을 뜻한다.

20 御用(어용) : ① 임금이 쓰는 것 ② 정부에서 쓰는 일 ③ 자신의 이익을 위하여 권력에 영합하여 줏대 없이 행동하는 것을 낮잡아 이르는 말.
☞ 여기에서 '御'는 '임금에 관한 사물이나 행위에 붙이는 경칭(敬稱)'을 뜻한다.

23 氏譜(씨보) : 씨족(氏族)의 계보, 족보(族譜).

24 般若(반야) : (불교에서) 모든 사물의 본질을 이해하고 불법(佛法)의 참다운 이치를 깨닫는 지혜.
☞ '若'자는 쓰임에 따라 '야' 또는 '약'으로 읽는다.
☞ '반야'는 불교의 근본교리 중의 하나로 '지혜[慧]'를 뜻한다.

31 琴鶴(금학) : '거문고와 학'이라는 뜻으로, '관리의 청렴함'을 비유하여 이르는 말.
☞ 송(宋)나라의 조변(趙抃)이 관리가 되어 촉(蜀)의 성도(成都)로 부임할 때에 말 한 필만 타고 촉에 들어가 간편한 정사를 폈고, 나올 때에는 거문고 하나와 학 한 마리만 있었다는 〈일금일학(一琴一鶴)〉의 고사에서 유래한 말이다.

34 畿湖(기호) : 경기도와 황해도 남부 및 충청남도 북부를 이르는 말.
☞ 여기에서 '湖'자는 '호서(湖西 : 충청도)'를 뜻한다.

64 '쌀 포(包)'자의 뜻인 '쌀'은 '싸다'는 말로, '물건을 안에 넣고 보이지 않게 씌워 가리거나 둘러 마는 것, 보따리, 꾸러미 따위'를 이르는 말이다.

79 彼此(피차) : ① 저것과 이것 ② 이쪽과 저쪽의 양쪽.
☞ 서로 뜻이 반대(상대)되는 한자로 결합된 한자어로, '彼'자는 '我(나 아)'자와도 상대되는 한자어를 이룬다.

99 隊列(대열) : 줄을 지어 늘어선 행렬.
☞ '列'자는 본음이 '렬'이나 '모음'이나 'ㄴ' 받침 뒤에 이어지는 '렬, 률'은 '열, 율'로 적는다.

110 地平(지평) : ① 대지의 편평한 면 ② 사물의 전망이나 가능성.

116 畫風(화풍) : 그림을 그리는 방식이나 양식.
☞ 여기에서 '風'자는 '풍도(風度 : 풍채와 태도)'를 뜻한다.

128 多多益善(다다익선) ☞ 여기에서 '善'자는 '좋다'를 뜻한다.

130 烏合之卒(오합지졸) ☞ 여기에서 '卒'자는 '군사, 병졸'을 뜻한다.

135 欲言未吐(욕언미토) ☞ 여기에서 '未'자는 '아직 ~하지 못하다'의 뜻으로, '그것이 아직 아닌' 또는 '그것이 아직 되지 않은'의 뜻을 더하는 접두사이다.

137 溫故知新(온고지신) ☞ 여기에서 '溫'자는 '익히다'를 뜻한다.

13회 3급Ⅱ 예상문제

111쪽~114쪽

01	친목	02	간호	03	희미	04	항거
05	탈환	06	선발	07	결혼	08	강철
09	막사	10	할당	11	피습	12	진설
13	모양	14	부속	15	횡포	16	구니
17	연락	18	어좌	19	단풍	20	저술
21	수식	22	공하	23	배우	24	교가
25	벽계	26	배설	27	맥분	28	모피
29	누대	30	평양	31	도기	32	부유
33	축쇄	34	서리	35	취미	36	징험
37	경골	38	절계	39	상실	40	잠재
41	막연	42	연금	43	신려	44	권투
45	재림	46	당나라 당 / 당황할 당			47	의심할 의
48	놀이 희	49	자랑할 과	50	잔치 연	51	정자 정
52	간 간	53	매화 매	54	난초 란	55	귀신 귀
56	칠 목	57	어른 장	58	넓을 호	59	품을 회
60	판 국	61	기계 계	62	화로 로	63	이미 이
64	빼어날 수	65	항목 항	66	치마 상	67	칼 검
68	누를 압	69	찔 증	70	넓힐 척 / 박을 탁			
71	말 물	72	아침 단	73	음운	74	母音
75	체계	76	현상	77	세기	78	近代
79	開化期	80	차이	81	新文明	82	傳來
83	단어	84	導入	85	記錄	86	表記
87	解讀	88	實際	89	여간	90	訓民正音
91	創製	92	자료	93	確保	94	程度
95	可望性	96	一時的	97	斷念	98	③
99	③	100	④	101	②	102	④
103	悲	104	親	105	低	106	曲
107	益	108	過失	109	自動	110	極貧
111	往復	112	平面	113	綠	114	聞
115	下	116	功	117	承	118	思
119	五	120	斗	121	情	122	隊
123	耳	124	門	125	舟	126	頁
127	貝	128	⑧	129	①	130	④
131	⑦	132	②	133	先約	134	氣道
135	所生	136	家長	137	調和	138	航
139	律	140	硏	141	習	142	球
143	죽은 이가 생전에 이루지 못하고 남긴 뜻						
144	급히 통지함 / 급보			145	한데서 밤을 지냄 / 한뎃잠		
146	까닭 / 혈연이나 인척 관계·정분 등에 의한 특별한 관계 또는 그런 관계의 사람						
147	걸어서 감	148	旧	149	数	150	広

해설

04 抗拒(항거) : 옳지 않은 것에 순종하지 아니하고 맞서서 반항함.
☞ 서로 뜻이 비슷한 한자로 결합된 한자어이다.
참 06. 選拔 14. 附屬 21. 修飾 23. 配偶 39. 喪失.

10 割當(할당) : 몫을 갈라 나눔. 몫 나누기.
☞ 여기에서 '當'자는 '(임무, 책임을) 맡다'를 뜻한다.

11 被襲(피습) : 습격을 받음.
☞ 여기에서 '被'자는 '당(當)하다, 해를 입다'를 뜻한다.

15 橫暴(횡포) : 제멋대로 굴며 몹시 난폭함.
☞ '暴'자는 쓰임에 따라 훈과 음이 달라지는 글자이다. 참 暴(사나울 폭, 모질 포)

16 拘泥(구니) : 필요 이상으로 마음을 쓰거나 얽매임.
☞ 여기에서 '泥'자는 '거리끼다, 구애되다'를 뜻한다.

22 恭賀(공하) : 삼가 축하함. 근하(謹賀).
☞ 여기에서 '恭'자는 '삼가다'를 뜻한다.

26 배설(排雪) : 길바닥이나 열차 선로 따위에 쌓인 눈을 치워 버림 또는 그 눈.
☞ 여기에서 '排'자는 '밀어내다'를 뜻한다.

32 浮遊(부유) : ① 물위나 물속 또는 공기 중에 떠다님 ② 행선지를 정하지 아니하고 이리저리 떠돌아다님.

34 署理(서리) : 조직에 결원이 생겼을 때, 그 직무를 대리함 또는 그런 사람.
☞ 여기에서 '署'자는 '대리(代理)'를 뜻한다.

38 折桂(절계) : '계수나무의 가지를 꺾는다'는 뜻으로, '과거에 급제함'을 비유하여 이르는 말.

56 '牧(칠 목)'자의 '치다'는 '가축이나 가금 따위를 놓아기르다'를 뜻한다.

89 如干(여간) : 보통으로, 어지간하게. [주로, '부정'의 의미를 나타내는 말과 함께 쓰이는 말로, 그 상태가 보통으로 보아 넘길 만한 것임을 나타내는 말.]

104 親疏 / 親疎(친소) : 친함과 친하지 아니함.
☞ '疏'자와 서로 뜻이 상대되는 한자는 '親'자 이외에 '密'자도 있다. 그러나 상대되는 한자로 한자어를 완성하는 문제에서는 '疏密'은 인정하나 '密疏'는 인정하지 않는다. '疏密'은 '성김과 빽빽함'을 뜻하고, '密疏'는 '남몰래 상소함'을 뜻하기 때문이다.

109 他動(타동) ☞ 상대어는 '自動'이나 '自動'의 반대어는 '他動'과 '手動'이 있다.

111 片道(편도) : ① 가거나 오는 길 가운데 어느 한쪽 ② 일방적으로만 함.
☞ 여기에서 '片'자는 '쪽, 한쪽'을 뜻한다.

117 起承轉結(기승전결) : (한시에서) 시구(詩句)를 구성하는 방법. ['起'는 시작하는 부분(1구 또는 1・2구), '承'은 그것을 이어받아 전개하는 부분(2구 또는 3・4구), '轉'은 시의(詩意)를 한 번 돌리어 전환하는 부분(3구 또는 5・6구), '結'은 전체 시의를 끝맺는 부분(4구 또는 7・8구)]

129 尺度(척도) : 자로 재는 길이의 표준.
☞ 여기에서 '尺'자는 '자, 길이의 단위(한 치의 열 배)'를 뜻하고, '度'자는 '자, 도구(눈금의 하나)'를 뜻한다.

145 露宿(노숙) ☞ 여기에서 '露'자는 '드러내다. 한데'를 뜻한다.

147 徒步(도보) ☞ 여기에서는 '徒'자는 '걷다, 걸어다니다'를 뜻한다.

한자능력검정시험

기출 · 예상 문제 정답 및 해설

01회 3급Ⅱ 기출 · 예상문제

147쪽~150쪽

01	투철	02	결함	03	삭막	04	부과
05	수탈	06	나열	07	위협	08	재배
09	연단	10	긴박	11	후보	12	거리
13	감찰	14	퇴역	15	돌격	16	기관
17	내진	18	폐광	19	우수	20	변혁
21	숭사	22	이두	23	좌시	24	도리
25	기총	26	모사	27	반선	28	경장
29	연소	30	도치	31	망각	32	박빙
33	귀성	34	수연	35	초상	36	유현
37	잡곡	38	근육	39	포구	40	마포
41	기강	42	누전	43	안료	44	계명
45	항복	46	밟을 답	47	엄습할 습	48	자못 파
49	정수리 정	50	이길 극	51	진흙 니	52	찌를 충
53	붙일 속	54	사양할 양	55	이을/얽을 락	56	실을 재
57	돌/순행할 순	58	면할 면	59	마칠 필	60	주먹 권
61	어릴 치	62	천할 천	63	떨칠 분	64	아름다울 가
65	곧을 정	66	우레 뢰	67	가운데 앙	68	말씀 변
69	넉넉할 유	70	아뢸 주	71	자세할 상	72	힘쓸 노
73	高度	74	修練	75	要求	76	形態
77	呼吸	78	調節	79	科學	80	政治
81	藝術	82	原動力	83	技法	84	傳統
85	破格	86	眞實	87	廣告	88	基本
89	製品	90	情報	91	消費	92	認知
93	明快	94	論理	95	制壓	96	能事
97	協約	98	規律	99	利害	100	解決
101	爭議	102	提示	103	③	104	①
105	④	106	②	107	④	108	婦
109	益	110	凶	111	惡	112	玉
113	非難	114	放任	115	溫暖	116	輕減
117	禁止	118	深	119	麗	120	卒
121	曲	122	奉	123	表	124	貧
125	得	126	斷	127	絶	128	臼
129	口	130	卩/㔾	131	儿	132	匕
133	⑧	134	⑥	135	⑦	136	②
137	④	138	短期	139	自願	140	謝意
141	支障	142	暴飮	143	좋은 생각	144	굳음
145	덮거나 씌움	146	언덕	147	결혼하기를 청함		
148	仏	149	仮	150	医		

해설

03 索莫 / 索寞 / 索漠(삭막)하다 : ① 쓸쓸하고 막막하다 ② 인정이 없이 메마르다.
☞ 여기에서 '索'자는 '쓸쓸하다'를 뜻한다.
☞ '索'자는 쓰임에 따라 뜻과 소리가 달라지는 글자이다. 참 索(찾을 색, 노 삭)

04 賦課(부과) : ① 세금이나 부담금 따위를 매기어 물게 함. ② 일정한 책임이나 일을 부담하여 맡게 함.
☞ 여기에서 '課'자는 '세금(稅金)'을 뜻한다.

06 羅列(나열) : ① 죽 벌여 놓음 ② 나란히 줄을 지음.
☞ '羅'자는 본음이 '라'이나 여기에서는 두음법칙에 따라 '나'로 읽고 적으며, '列'자는 본음이 '렬'이나 'ㄴ'이나 '모음'으로 끝나는 말 뒤에서는 '열'로 읽고 적는다. 참 98. 規律.

11 候補(후보) : ①(선거에서) 직위나 신분을 얻으려고 일정한 자격을 갖추어 나섬 또는 그런 사람. ②(시상식·운동 경기 등에서) 지위에 오를 자격이나 가능성이 있음.
☞ 여기에서 '候'자는 '기다리다, 기다리는 (사람)'을 뜻한다.

20 變革(변혁) : 급격하게 바꾸어 아주 달라짐.
☞ 여기에서 '革'자는 '고치다'를 뜻한다.

22 吏讀(이두) : 신라 때부터 한자의 음과 뜻을 빌려 우리말을 적은 표기법.
☞ 여기에서 '讀'자는 '구절(句節)'을 뜻하고 발음은 '두'이다.

27 盤旋(반선) : 길이나 강 따위가 구불구불하게 빙빙 돎.
☞ 여기에서 '盤'자는 '굽다'를 뜻한다.

28 更張(경장) : 고쳐서 확장함.
☞ '更'자는 쓰임에 따라 뜻과 소리가 달라지는 글자이다. 참 更(다시 갱, 고칠 경)

45 降伏/降服(항복) : 상대의 힘에 눌리어 굴복함.
☞ '降'자는 쓰임에 따라 뜻과 소리가 달라지는 글자이다. 참 降(내릴 강, 항복할 항)

73 高度(고도) : 수준이나 정도가 매우 높거나 뛰어남.
☞ 여기에서 '度'자는 '정도(程度)'를 뜻한다.

96 能事(능사) : (주로, '아니다' 등의 부정적인 의미와 함께 쓰여) '잘하는 일'을 뜻한다.

111 好惡(호오) : 좋음과 싫음.
☞ '惡'자는 뜻에 따라 '악' 또는 '오'로 발음한다.

120 烏合之卒(오합지졸) ☞ 여기에서 '卒'자는 '군사'를 뜻한다.

127 天下絶色(천하절색) ☞ '絶色'은 '견줄 데 없이 빼어나게 아름다운 여자'를 뜻한다.

134 過誤(과오) : 부주의나 태만 따위에서 비롯된 잘못이나 허물, 과실(過失).
☞ 여기에서 '過'자는 '허물, 잘못'을 뜻한다.

145 覆蓋(복개) ☞ '覆'자는 쓰임에 따라 '복' 또는 '부'로 읽고 적는다.

02회 3급Ⅱ 기출·예상문제

151쪽~154쪽

01	균형	02	답사	03	운율	04	이력
05	완충	06	융기	07	함축	08	혜택
09	인계	10	지적	11	범칙	12	간척
13	간청	14	횡포	15	두뇌	16	괴멸
17	도취	18	매우	19	발군	20	비분
21	수시	22	연암	23	유구	24	절친
25	총선	26	승부	27	희미	28	건습
29	고부	30	파사	31	독단	32	삼라
33	묵념	34	벽보	35	과장	36	습격
37	결핵	38	폐습	39	주화	40	일주
41	하곡	42	환경	43	숙려	44	경영
45	난이	46	번성할 번	47	삼갈 신	48	잘 침
49	엷을 박	50	긴뱀 사	51	지킬 위	52	넓을 홍
53	화로 로	54	점점 점	55	뜰 부	56	겹칠 복
57	인쇄할 쇄	58	밤 률	59	이미 이	60	놀 유
61	일찍 증	62	쾌할 쾌	63	거느릴 어	64	떨칠 불
65	피리 적	66	항상 항	67	인륜 륜	68	틈/겨를 가
69	책력 력	70	남녘 병	71	밝을 철	72	거짓 위
73	開發	74	製藥	75	特許	76	登錄
77	使用料	78	生産	79	空間	80	共感
81	原典	82	美的	83	省察	84	眞實
85	政黨	86	接近	87	利益	88	勢力
89	不道德	90	國庫	91	硏究	92	有權
93	餘他	94	小說	95	興味	96	合意
97	結論	98	前提	99	技術	100	導入
101	建築	102	施設	103	②	104	④
105	②	106	③	107	①	108	可
109	守	110	陸	111	信	112	凶
113	暗黑	114	話者	115	惡化	116	和解
117	本質	118	肉	119	退	120	陽
121	淸	122	煙	123	思	124	脈
125	度	126	樹	127	鐵	128	鼻

129	亠	130	二	131	鼓	132	口
133	④	134	①	135	③	136	⑥
137	②	138	聖壇	139	往事	140	油田
141	是非	142	上申	143	칭찬하는 말	144	고향을 그림
145	만남	146	굳이 사양함	147	모진 말	148	宝
149	昼	150	欠				

해설

03 韻律(운율) : 시문(詩文)에서 행을 이루는 단어의 배열과 글자의 발음에 의하여 일정한 리듬감을 자아내게 하는 것. [소리의 강약, 장단, 고저 등을 이용하거나 동음, 유음의 반복을 통해 리듬을 만들어 낸다]
☞ '律'자는 본음이 '률'이나 'ㄴ'이나 '모음'으로 끝나는 말 뒤에서는 '율'로 읽고 적는다.

05 緩衝(완충) : 맞서거나 반대되는 사이에서 일어나는 불화나 충돌을 중간에서 누그러지게 함.
☞ 여기에서 '衝'자는 '부딪치다'를 뜻한다.

10 指摘(지적) : ① 허물을 드러내어 꼭 집어 말함 ② 꼭 집어서 가리킴.
☞ 여기에서 '摘'자는 '들추어내다'를 뜻한다.

11 犯則(범칙) : 규칙을 어김.
☞ 여기에서 '犯'자는 '(법을) 어기다'를 뜻한다.
☞ '則'자는 쓰임에 따라 뜻과 소리가 달라지는 글자이다. 참 則(곧 즉, 법칙 칙)

12 干拓(간척) : 바다나 호수의 일부를 둑으로 막고, 그 안의 물을 빼내어 육지나 경지(耕地)로 만드는 일.
☞ '拓'자는 쓰임에 따라 뜻과 소리가 달라지는 글자이다. 참 拓(넓힐 척, 박을 탁)

14 橫暴(횡포) : 제멋대로 굴며 몹시 난폭함.
☞ '暴'자는 쓰임에 따라 뜻과 소리가 달라지는 글자이다. 참 暴(사나울 폭, 모질 포)

18 梅雨(매우) : '매실이 익을 무렵에 내리는 비'라는 뜻으로, '해마다 초여름인 유월 상순부터 칠월 상순에 걸쳐 계속되는 장마'를 이르는 말.

22 燕巖(연암) : 조선후기의 실학자 박지원(朴趾源 : 1737 ~ 1805년)의 호(號).

24 切親(절친)하다 : 더할 나위 없이 아주 친하다.
☞ 여기에서 '切'자는 '아주, 매우'를 뜻한다.
☞ '切'자는 쓰임에 따라 뜻과 소리가 달라지는 글자이다. 참 切(끊을 절, 온통 체)

28 乾濕(건습) : 마름과 젖음.
☞ 여기에서 '乾'자는 '마르다'를 뜻한다.

30 破邪(파사) : 나쁘고 그릇된 것을 깨뜨림.
☞ '破邪'는 '절복(折伏 : 나쁜 사람이나 外道·邪道를 꺾어 굴복시키는 일)'과 같은 말이다.

40 逸走(일주) : 도망쳐 달아남.
☞ 여기에서 '逸'자는 '달아나다'를 뜻한다.

83 省察(성찰) : 자기의 마음을 반성하고 살핌.

90 國庫(국고) : 국가 소유의 현금을 출납하고 보관·담당하기 위해 중앙은행에 설치한 정부의 예금 계정.

111 信疑(신의) : 믿음과 의심.
참 信義(신의) : 믿음과 의리.

123 易地思之(역지사지) ☞ 여기에서 '之'자는 '대명사'로 쓰였다.

125 置之度外(치지도외) ☞ 여기에서 '之'자는 '대명사'로 쓰였고, '度外'는 '한도나 범위의 밖'을 뜻한다.

126 風樹之歎(풍수지탄) ☞ 『韓詩外傳』에서 "나무는 고요하고자 하나 바람이 그치지 않고, 자식은 봉양하고자 하나 어버이가 기다려 주지 않는다(樹欲靜而風不止, 子欲養而親不待)"라고 말한 것에서 유래한 말로, '효도를 다하지도 못했는데 어버이가 돌아가시어, 효도하고 싶어도 할 수 없는 슬픔'을 이르는 말.

142 上申(상신) ☞ 여기에서 '申'자는 '알리다, 진술하다'를 뜻한다.

146 固辭(고사) : 다른 사람이 제의하거나 권유한 일을 굳이 사양함.
☞ 여기에서 '辭'자는 '사양하다'를 뜻한다.

03회 3급Ⅱ 기출·예상문제

155쪽~158쪽

01	산책	02	계몽	03	현저	04	공헌
05	용이	06	멸균	07	번성	08	미동
09	광분	10	제휴	11	오도	12	유세
13	조숙	14	침체	15	접촉	16	각오
17	뇌염	18	겸칭	19	대우	20	철근
21	삭발	22	복사	23	성신	24	신중
25	위원	26	궁정	27	질서	28	폐강
29	환불	30	막사	31	경각	32	교묘
33	노정	34	단군	35	맹수	36	배출
37	사탑	38	수요	39	열락	40	유혹
41	투혼	42	최면	43	호걸	44	격려
45	곤궁	46	손바닥 장	47	문서 부	48	맏 맹
49	가릴 택	50	기와 와	51	맺을 계	52	빌/빌릴 차
53	대 대	54	열흘 순	55	의뢰할 뢰	56	싹 아
57	수풀 삼	58	허락할 낙	59	부드러울 유	60	버금 중
61	거칠 황	62	견딜 내	63	느릴 완	64	띠 대
65	생각할 억	66	언덕 릉	67	편안할 일	68	기울 경
69	거의 태	70	잡을 집	71	간절할 간	72	드리울 수
73	固有性	74	合當	75	洗練味	76	基準
77	發展	78	改善	79	不斷	80	開放
81	政治	82	經濟	83	弱化	84	人權
85	認識	86	分野	87	集會	88	事前
89	許可	90	申告	91	節次	92	意見
93	同感	94	周邊	95	視線	96	參考
97	登場	98	新造語	99	住宅	100	確保
101	配置	102	一律的	103	③	104	④
105	②	106	①	107	③	108	明
109	形	110	殺	111	貴	112	夫
113	建設	114	反目	115	理想	116	原因
117	增進	118	益	119	應	120	報
121	聲	122	雄	123	論	124	身
125	天	126	往	127	頭	128	力
129	土	130	豕	131	木	132	巾
133	⑦	134	⑥	135	③	136	②
137	⑤	138	監査	139	求道	140	歷史
141	祖師	142	街談	143	다리	144	불을 끔
145	보리밥	146	(원하고) 바람			147	공격과 수비
148	兴	149	歯	150	灯		

해설

01 散策(산책) : 휴식이나 건강을 위해서 (지팡이를 짚고) 한가로이 거닐음.
☞ 여기에서 '散'자는 '한가롭다'를 뜻하고, '策'자는 '지팡이'를 뜻한다.

03 顯著(현저)하다 : 뚜렷이 드러나 있다.
☞ 여기에서 '顯'자는 '뚜렷하다'를 뜻한다.

05 容易(용이)하다 : 어렵지 아니하고 매우 쉽다.
☞ 여기에서 '容'자는 '받아들이다'를 뜻하고, '易'자는 '쉽다'를 뜻하며 발음은 '이'이다.

10 提携(제휴) : 공동의 목적을 위하여 서로 붙들어 도와줌.
☞ 여기에서 '提'자는 '붙들어주다'를 뜻한다.

12 遊說(유세) : 자기 의견 또는 소속 정당의 주장을 선전하며 돌아다님.
☞ 여기에서 '說'자는 '달래다'를 뜻하고, 발음은 '세'이다.

14 沈滯(침체) : ① 현상이나 사물이 진전하지 못하고 제자리에 머묾 ② 벼슬이나 지위가 높아지지 아니함.
☞ '沈'자는 쓰임에 따라 뜻과 소리가 달라지는 글자이다. 참 沈(성 심, 잠길 침)

23 星辰(성신) : (모든) 천체.
☞ '星'과 '辰'은 '별이름'을 뜻하므로 각각 쓰일 때에는 '성'과 '진'으로 발음한다. 그러나 '辰'자는 쓰임에 따라 뜻과 소리가 달라지므로 독음에 주의해야 한다. 참 辰(별 진, 별 신, 때 신)

24 愼重(신중) : 매우 조심스러움.

☞ 여기에서 '愼'자는 '삼가다(몸가짐이나 언행을 조심하다)'를 뜻하고, '重'자는 '조심하다'를 뜻한다.
☞ '愼重'은 서로 뜻이 비슷한 한자로 결합된 한자어이다.

29 還拂(환불) : 이미 지불한 돈을 되돌려 줌.
☞ 여기에서 '拂'자는 '값을 건네주다'를 뜻한다.
참 換拂(환불) : 돈이나 물건을 바꾸어 지불함.

31 頃刻(경각) : 눈 깜빡할 사이, 아주 짧은 시간.

36 輩出(배출) : 인재(人材)가 계속하여 나옴.
참 排出(배출) : (주로 불필요한 물질을) 안에서 밖으로 밀어 내보냄.

39 悅樂(열락) : ① 기뻐하고 즐거워함 ② 인간의 유한한 욕구를 넘어서서 얻는 큰 기쁨과 즐거움.
☞ '說樂(열락)'으로 쓰기도 하는데, 이때 '說'자는 '기쁠 열'로 읽는다.

45 困窮(곤궁) : 가난하여 살림이 구차함.
☞ 여기에서 '窮'자는 '막히다, 다하다'를 뜻한다.

101 配置(배치) : 사람이나 물자 따위를 일정한 자리에 알맞게 나누어 두는 것.
참 排置(배치) : 일정한 차례나 간격에 따라 벌여 놓음.

109 形影(형영) : '형체와 그림자'라는 뜻으로, '항상 서로 떨어질 수 없는 불가분의 관계에 있는 것'을 비유하여 이르는 말.

114 反目(반목) : 눈길을 돌림, 서로 미워하거나 대립함.
☞ 여기에서 '反'자는 '뒤집다'를 뜻한다.

119 臨機應變(임기응변) ☞ 여기에서 '機'자는 '때, 시기(時期)'를 뜻한다.

120 盡忠報國(진충보국) = '갈충보국(竭忠報國)'

122 群雄割據(군웅할거) ☞ '割據'는 '땅을 나누어 차지하고 굳게 지킴'을 뜻하는 말로, 여기에서 '割'자는 '(영토를)나누어 주다, 차지하다'를 뜻한다.

141 祖師(조사) ☞ 여기에서 '祖'자는 '시조(始祖)'를 뜻한다.

04회 3급Ⅱ 기출 · 예상문제

159쪽~162쪽

01	유구	02	영욕	03	구속	04	옥고
05	간청	06	관철	07	임종	08	묵주
09	발아	10	재배	11	배역	12	고무
13	부채	14	잠적	15	비속	16	천박
17	피격	18	탄압	19	초월	20	일화
21	참조	22	복개	23	오역	24	경적
25	정제	26	주철	27	간척	28	탈환
29	할부	30	폐쇄	31	인감	32	투혼
33	긴밀	34	답습	35	맥락	36	노숙
37	요정	38	촉매	39	투영	40	승낙
41	기부	42	포획	43	기교	44	윤택
45	완급	46	어두울 몽	47	찔 증	48	굴 혈
49	견딜 내	50	언덕 릉	51	봉할 봉	52	허파 폐
53	꼬리 미	54	돌 선	55	곳집 창	56	시내 계
57	적을 과	58	비낄 사	59	땀 한	60	밤 률
61	날개 익	62	탑 탑	63	갑자기 돌	64	다락 루
65	잃을 상	66	아낄 석	67	굳을 경	68	푸를 벽
69	막힐 체	70	고개 령	71	근심 우	72	빠질 함
73	④	74	②	75	①	76	④
77	③	78	考案	79	低溫	80	傳統
81	調律	82	禁煙	83	圓卓	84	銃聲
85	寺院	86	眼球	87	絶景	88	暴雨
89	牧草	90	南端	91	衛星	92	貯蓄
93	素朴	94	極限	95	餘波	96	除隊
97	博識	98	應答	99	測量	100	監督
101	舊官	102	藝術	103	志操	104	雄飛
105	議決	106	蟲齒	107	麗謠	108	怒
109	慶	110	稅	111	獨	112	觀
113	起	114	是	115	過	116	鄕
117	呼	118	開業	119	物質	120	增進
121	收入	122	惡化	123	師弟	124	武臣
125	買氣	126	假說	127	講壇	128	復

129	難	130	盛	131	引	132	解
133	學	134	思	135	經	136	夜
137	合	138	隹	139	殳	140	月(肉)
141	二	142	臼	143	担	144	為
145	党	146	착한 일을 많이 함				
147	미리 나타나는 조짐			148	먹의 향기		
149	흙으로 만든 그릇			150	몹시 더운 날씨		

해설

02 榮辱(영욕) : 영예(榮譽)와 치욕(恥辱).
☞ 서로 뜻이 상대(반대)되는 한자로 결합된 한자어이다. 참 45. 緩急

06 貫徹(관철) : 어려움을 뚫고 나아가 목적을 이룸.
☞ 여기에서 '貫'자는 '뚫다'를 뜻한다.
☞ 서로 뜻이 비슷한 한자로 결합된 한자어이다.
참 19. 超越 35. 脈絡 44. 潤澤

07 臨終(임종) : ① 죽음에 이름 ② 부모가 운명할 때 그 곁을 지키며 있음.
☞ 여기에서 '臨'자는 '임하다(臨-- : 사태나 일에 직면하다)'를 뜻하고, '終'자는 '죽다'를 뜻한다.

13 負債(부채) : 남에게 빚을 짐 또는 그 빚.
☞ 여기에서 '負'자는 '빚지다'를 뜻한다.

17 被擊(피격) : 습격이나 사격을 받음.
☞ 여기에서 '被'자는 '당하다, 해를 입다'를 뜻한다.

18 彈壓(탄압) : 권력이나 무력 따위로 억지로 눌러 꼼짝 못하게 함.
☞ 여기에서 '彈'자는 '치다, 때리다'를 뜻한다.

20 逸話(일화) : 세상에 널리 알려지지 않은 흥미로운 이야기.
☞ 여기에서 '逸'자는 '숨다'를 뜻한다.

29 割賦(할부) : 대금을 여러 번에 나누어 치름.
☞ 여기에서 '割'자는 '나누다'를 뜻한다.

37 料亭(요정) : 기생을 두고 술과 요리를 함께 파는 집.
☞ 여기에서 '料'자는 '요리(料理)'를 뜻하고, '亭'자는 '주막집'을 뜻한다.
참 妖精(요정) : 서양의 신화나 전설에 나오는 자연계의 정령(精靈).

39 投影(투영) : ① 물체의 그림자가 지면이나 수면 따위에 비침 ② 일이나 생각 따위를 다른 것에 반영시켜 나타냄을 비유하여 이르는 말.
☞ 여기에서 '投'자는 '비추다'를 뜻한다.

41 寄附(기부) : 자선 사업이나 공공사업을 돕기 위하여 돈이나 물건 따위를 대가 없이 내줌.
☞ 여기에서 '寄'자는 '주다'를 뜻하고, '附'자는 '보태다'를 뜻한다.

81 調律(조율) : ① 악기의 음을 표준음에 맞도록 고름 ② 일이나 의견 따위를 적절하게 조절함.
☞ '律'자는 '모음'이나 'ㄴ' 뒤에서는 '율'로 읽는다.

101 구관(舊官)이 명관(明官)이다 : ① 무슨 일이든 경험이 많은 사람이 그렇지 않은 사람보다 더 낫다는 말 ② 나중 사람을 겪어 보니 이전 사람이 더 좋은 줄을 알게 된다는 말.

103 志操(지조) : 원칙과 신념을 끝까지 지켜나가는 꿋꿋한 의지나 기개(氣槪).
☞ 여기에서 '操'자는 '절조(節操), 절개(節槪/ 節介)'를 뜻한다.

107 麗謠(여요) : '고려 가요'를 줄여 이르는 말.
☞ 여기에서 '麗'자는 '고려(高麗)'를 뜻하고, '謠'자는 '가요(歌謠)'를 뜻한다.

114 是非(시비) : 옳음과 그름.

115 功過(공과) : 공로(功勞)와 과실(過失).
☞ 여기에서 '過'자는 '과실'을 뜻한다.

132 結者解之(결자해지) ☞ 여기에서 '之'자는 '대명사'로 쓰였다.

135 經世濟民(경세제민) ☞ 여기에서 '經'자는 '다스리다'를 뜻한다.

137 烏合之卒(오합지졸) ☞ '오합(烏合)하다'는 '까마귀들이 모인 것처럼 질서가 없이 모이다'를 뜻한다.

05회 3급Ⅱ 기출·예상문제

163쪽~166쪽

01	일제	02	강점기	03	항일	04	혁신
05	조사	06	기관	07	무대	08	본격적
09	수탈	10	시작	11	영향	12	필자
13	주장	14	기록	15	유물	16	명심
17	연행	18	통신사	19	교류사	20	대동맥
21	경향	22	주변	23	신비	24	다양
25	소재	26	윤택	27	계도	28	편승
29	강건	30	승낙	31	항복	32	이력
33	폐차	34	맹폭	35	방치	36	묵상
37	열락	38	편모	39	공헌	40	요새
41	유세	42	결함	43	감격	44	위세
45	희미	46	고칠 개	47	겹칠 복	48	느릴 완
49	인륜 륜	50	팔 매	51	기와 와	52	머금을 함
53	거느릴 어	54	거짓 위	55	밝을 철	56	간절할 간
57	맡을 사	58	엄습할 습	59	이미 이	60	떨칠 분
61	거동 의	62	항상 항	63	밤 률	64	일찍 증
65	얕을 천	66	모을 축	67	깨달을 각	68	삼갈 신
69	밟을 천	70	사내 랑	71	치마 상	72	찌를 충
73	最高	74	科學	75	世宗	76	百姓
77	生産	78	消費	79	充足	80	經濟
81	德目	82	風俗	83	情報	84	技術
85	念頭	86	提案	87	父子	88	夫婦
89	兄弟	90	重視	91	親族	92	發見
93	各種	94	取得	95	單位	96	設計
97	前例	98	變化	99	平和	100	對立
101	永遠	102	全盛	103	②	104	①
105	②	106	③	107	④	108	可
109	陰	110	罰	111	暗	112	吉
113	急進	114	深夜	115	冬至	116	吸氣
117	結果	118	走	119	九	120	難
121	來	122	餘	123	背	124	命
125	必	126	逆	127	雄	128	③
129	④	130	⑧	131	⑥	132	①
133	口	134	黑	135	力	136	鬼
137	行	138	指章	139	都下	140	制約
141	境界	142	田園	143	処	144	鉄
145	価	146	빠른 걸음				
147	나그네의 근심			148	식물을 심어 가꿈		
149	공격과 수비			150	뜬구름		

해설

02 強占(강점) : 남의 물건, 영토, 권리 따위를 강제로 빼앗아 차지함.
☞ 여기에서 '強'자는 '억지로'를 뜻한다.
참 強點(강점) : 남보다 우세하거나 뛰어난 점.

04 革新(혁신) : 묵은 제도나 방식을 바꾸거나 고쳐서 아주 새롭게 함.
☞ 여기에서 '革'자는 '고치다'를 뜻한다.

08 本格的(본격적) : 일의 진행 상태가 제 궤도에 올라 제격에 맞게 매우 활발한 것.
☞ 여기에서 '格'자는 '격식, 법식'을 뜻하고, '-的'자는 '그 성격을 띠는'의 뜻을 더하는 접미사이다.

09 收奪(수탈) : 재물 따위를 강제로 빼앗음.
☞ 여기에서 '收'자는 '빼앗다'를 뜻한다.

17 燕行(연행) : 예전에, 사신이 중국의 베이징에 가던 일 또는 그 일행.
☞ 여기에서 '燕'자는 '연(燕)나라'를 뜻한다. [연경(燕京)은 중국 베이징(北京)의 옛 이름으로, 옛날 연(燕)나라의 도읍이었다.]

25 素材(소재) : 어떤 것을 만드는 데 바탕이 되는 재료.
☞ 여기에서 '素'자는 '바탕'을 뜻한다.

26 潤澤(윤택) : ① 맵시나 빛깔이 부드럽고 번지르르함 ② 살림이 풍부함.
☞ 여기에서 '澤'자는 '윤, 윤택'을 뜻한다.

27 啓導(계도) : 남을 깨우쳐 이끌어 줌.
☞ 여기에서 '啓'자는 '일깨워주다'를 뜻한다.

38 片貌(편모) : 단편적인 모습.
☞ 여기에서 '片'자는 '쪽, 한쪽'을 뜻한다.

40 要塞(요새) : 군사적으로 중요한 곳에 튼튼하게 만들어 놓은 방어시설.
☞ 여기에서 '塞'자는 '변방, 요새'를 뜻한다.

47 '複(겹칠 복)'자는 '復(회복할 복, 다시 부)'자와 모양이 비슷하여 혼동하기 쉬운 글자이다.

51 瓦(기와 와)자는 '互(서로 호)'자와 모양이 비슷하여 혼동하기 쉬운 글자이다.

58 '襲(엄습할 습)'자는 '엄습(掩襲)하다(뜻하지 아니하는 사이에 습격하다)'를 뜻한다.

79 充足(충족) : 일정한 분량을 채워 모자람이 없게 함.
☞ 여기에서 '足'자는 '넉넉하다'를 뜻한다.

80 經濟(경제) : ① 경세제민(經世濟民)의 준말 ② 인간 생활에 필요한 재화나 용역을 생산, 분배, 소비하는 모든 활동.
☞ 여기에서 '經'자는 '다스리다'를 뜻한다.

81 德目(덕목) : ① 충(忠), 효(孝), 인(仁), 의(義) 따위의 덕을 분류하는 명목 ② 타고난 천성으로 간주하여 추구하고 실천해야 할 가치 항목.
☞ 여기에서 '目'자는 '조목(條目)'을 뜻한다.

85 念頭(염두) : ① 마음의 속 ② 생각의 맨 처음.
☞ 여기에서 '頭'자는 '처음, 시초'를 뜻한다.

108 可否(가부) : ① 옳고 그름, 가불가. ② 찬성과 반대.
☞ 여기에서 '否'자는 '불가(不可)하다'를 뜻한다.

122 窮餘之策(궁여지책) : 궁한 나머지 짜낸 계책.
☞ 여기에서 '窮'자는 '궁하다(일이 난처하거나 막혀 피하거나 변통할 도리가 없다)'를 뜻한다.

124 命在頃刻(명재경각) ☞ '경각(頃刻)'은 '아주 짧은 시간 또는 눈 깜빡할 동안'을 뜻한다. 여기에서 '刻'자는 '시각(時刻)'을 뜻한다.

138 指章(지장) : 도장을 대신하여 손가락에 인주 따위를 묻혀 그 지문(指紋)을 찍은 것.
☞ 여기에서 '指'자는 '손가락'을 뜻하고, '章'자는 '인장(印章), 도장(圖章)'을 뜻한다.

한자능력검정시험

3급Ⅱ

• 인　쇄 · 2024년 2월　5일
• 발　행 · 2024년 2월 10일

저자와의 협의하에 인지 생략

• 엮은이 · 원 기 춘
• 발행인 · 최 현 동
• 발행처 · 신 지 원

• 주　소 · 07532
서울특별시 강서구 양천로 551-17, 813호(가양동, 한화비즈메트로 1차)

• T E L · (02) 2013-8080~1
F A X · (02) 2013-8090
• 등　록 · 제16-1242호
• 교재구입문의 · (02) 2013-8080~1

정가 15,000원

ISBN 979-11-6633-393-4 15710